D0836161

LA PRISONNIÈRE

Déjà publié par MICHÈLE FITOUSSI ·

LE RAS-LE-BOL DES SUPERWOMEN, Calmann-lévy, 1987. (Le Livre de poche).

LETTRE À MON FILS, Calmann-Lévy, 1991. (Le Livre de poche).

CINQUANTE CENTIMÈTRES DE TISSU PROPRE ET SEC, roman, Grasset, 1993. (Le Livre de poche).

UN BONHEUR EFFROYABLE, roman, Grasset, 1995. (Le Livre de poche).

DES GENS QUI S'AIMENT, nouvelles, Grasset, 1997.

MALIKA OUFKIR et MICHÈLE FITOUSSI

LA PRISONNIÈRE

BERNARD GRASSET
PARIS

Je dédie ce livre aux Castors.
A « Picsou », ma mère chérie,
la plus merveilleuse des femmes. Je lui dois ma survie.
A « Petit Pôle », Myriam ma sœur bien-aimée
dont je salue le courage.
A « Mounch », Raouf, mon frère, mon ami,
mon soutien, mon exemple de dignité.
Au « Négus », ma sœur Maria, qui m'a donné la chance de
recommencer une vie dans le pays de la démocratie. Merci.
A « Charlie », ma très talentueuse sœur Soukaïna, en qui j'ai foi.
A « Géo Trouvetout », Abdellatif mon jeune frère, qui m'a insufflé la
force de lutter et d'espérer.
A « Barnabé », Achoura, et à « Dingo », Halima, pour leur fidélité à
toute épreuve.
A « Méchant loup », mon père chéri, qui je l'espère est fier de nous.
A Azzedine, mon oncle et à Hamza mon cousin, trop tôt disparus.
Aux enfants des Castors, Michaël, Tania et Nawel, mes neveu et
nièces. Que ce récit ne les empêche pas d'aimer leur pays, le Maroc.

M.O.

A Léa, ma fille, à qui j'ai sans cesse pensé tout au long de ce récit.

M.F.

Préface

Pourquoi ce livre ? Une évidence. Si nous ne nous étions pas croisées par hasard, Malika Oufkir aurait un jour écrit ce récit. Depuis sa sortie de prison, elle a toujours voulu raconter son histoire, exorciser ce passé douloureux qui n'en finit pas de la hanter. Le projet prenait forme dans son esprit, mais sans hâte. Elle n'était pas encore prête.

Pourquoi ensemble ? Une autre évidence, appuyée par un coup de pouce du destin. Il a suffi d'une rencontre fortuite, d'un coup de foudre amical, pour qu'elle ait le courage, enfin, de se livrer, pour que je bouleverse mes projets en acceptant de l'écouter et de transcrire son récit.

Nous nous sommes vues pour la première fois en mars 1997, à une soirée où nous étions conviées pour fêter le nouvel an iranien. Une amie commune me désigne une jolie jeune femme brune et mince, perdue dans la foule des invités.

— C'est Malika, la fille aînée du général Oufkir.

Le nom me fait sursauter. Il évoque l'injustice, l'horreur, l'indicible.

Les enfants Oufkir. Six gamins et leur mère, vingt années d'emprisonnement dans les terribles geôles marocaines. Des bribes de récit lues dans la presse me remontent à la mémoire. Je suis bouleversée.

— Comment peut-on afficher un semblant de normalité après toutes ces souffrances ? Comment peut-on vivre, rire ou aimer, comment peut-on continuer quand on a perdu injustement les plus belles années de sa vie ?

Je la regarde. Elle ne me voit pas encore. Son maintien est

9

celui d'une personne habituée au monde, mais dans ses yeux se reflète une détresse qu'il est difficile de ne pas percevoir. Elle est dans la pièce, avec nous, et pourtant étrangement ailleurs. Je continue de la dévisager avec une insistance qui pourrait paraître impolie si elle faisait seulement attention à moi. Mais elle n'a de regards que pour son compagnon et s'accroche à lui comme à une bouée de sauvetage. On nous présente enfin. Nous échangeons des banalités prudentes sur nos pays de naissance, elle le Maroc et moi, la Tunisie. Chacune essaye de jauger l'autre, de prendre sa mesure.

Toute la soirée, je l'observe à la dérobée. Je la regarde danser, je remarque la grâce de ses mouvements, sa façon de se tenir droite, sa solitude au milieu de tous ces gens qui s'amusent ou font semblant. Parfois, nos regards se croisent et nous nous sourions. Cette femme m'émeut. En même temps, elle m'intimide. Je ne sais pas quoi lui dire. Tout paraît banal, dérisoire. L'interroger serait indécent. Et pourtant, je brûle déjà de l'envie de savoir.

Au moment de partir, nous échangeons nos numéros de téléphone. A cette époque, j'achève un recueil de nouvelles qui doit paraître au mois de mai. J'ai encore quelques semaines de travail devant moi. Je lui suggère de nous revoir dès que j'aurai terminé. Malika acquiesce, sans se départir de sa réserve.

Les jours qui suivent, je pense sans cesse à elle, je revois son beau visage triste. J'essaie de me mettre à sa place. Ou du moins d'imaginer ce qui n'est pas imaginable. Des dizaines de questions m'assaillent. Qu'a-t-elle connu ? Que ressent-elle aujourd'hui ? Comment sort-on du tombeau ?

Je suis secouée par ce destin peu ordinaire, par les souffrances qu'elle a endurées, par cette résurrection qui tient du miracle. A un an près, Malika et moi avons le même âge. Elle est entrée en prison en décembre 1972, à dix-huit ans et demi, l'année où, mon bac en poche, j'entamais mon année préparatoire à Sciences-Po. J'ai obtenu mon diplôme, j'ai réalisé mes rêves d'enfant en devenant journaliste, puis écrivain. J'ai travaillé, voyagé, aimé, souffert, comme tout le monde. J'ai eu deux enfants magnifiques, j'ai vécu une vie riche et bien pleine, avec sa part de chagrins, ses expériences et ses bonheurs divers.

Pendant tout ce temps-là, elle était enfermée avec sa famille, à l'écart du monde, dans des conditions horribles, avec pour seul horizon les quatre murs de sa cellule.

Plus je pense à elle, et plus un désir, un seul, me taraude, qui mêle la curiosité de la journaliste, l'excitation de l'écrivain et l'intérêt de l'être humain pour ce destin de femme hors du commun : je veux qu'elle me raconte son histoire et je veux l'écrire avec elle. Cette idée-là s'impose à moi avec force. Pour tout dire, elle m'obsède.

Dans la semaine, je lui envoie mes livres en guise de signal amical, avec l'espoir qu'ils puissent lui transmettre l'envie qui m'habite. Quand j'ai enfin rendu mon manuscrit, je l'appelle pour l'inviter à déjeuner.

Au téléphone, sa voix est sans force. Elle a du mal à s'acclimater à Paris. Elle habite chez Eric, son compagnon, depuis huit mois à peine. Cinq ans après sa sortie de prison, en 1991, la famille Oufkir a pu obtenir le droit de quitter le Maroc, grâce à l'évasion de Maria, l'une des filles cadettes, qui a demandé l'asile politique à la France.

L'affaire a fait beaucoup de bruit. On a vu le petit visage tendu de Maria à la télévision, puis assisté peu de temps après, toujours sur le petit écran, à l'arrivée sur le sol français d'une partie de la famille : Malika, sa sœur Soukaïna et son frère Raouf. Myriam, leur autre sœur, les a rejoints peu après. Abdellatif, le petit dernier, et Fatéma Oufkir, leur mère, résident encore au Maroc à cette époque, m'apprend Malika au cours de ce déjeuner qui se prolonge tard dans l'après-midi.

Je l'écoute, fascinée. Malika est une conteuse hors pair. Une Schéhérazade. Elle a une façon tout orientale de raconter, de parler lentement, d'une voix égale, de ménager ses effets, de bouger ses longues mains pour appuyer son récit. Ses yeux sont incroyablement expressifs ; elle passe sans transition de la mélancolie au rire. Dans la même seconde, elle est une enfant, puis une jeune fille, puis une personne mûre. Elle a tous les âges, pour n'en avoir vraiment vécu aucun.

Je connais peu de chose à l'histoire du Maroc, et aux causes de son emprisonnement. Je sais simplement qu'elle a été enfermée avec ses cinq frères et sœurs et sa mère, pendant deux décennies, en punition de la tentative de coup d'Etat de son père. Le général Mohammed Oufkir, deuxième personnage du royaume, attente à la vie du roi Hassan II le 16 août 1972. Le complot échoue et le général Oufkir meurt, exécuté de cinq balles dans le corps. Le roi exile alors la famille dans des bagnes, des mouroirs abominables, dont en principe on ne revient jamais. Abdellatif, le plus jeune, n'a pas encore trois ans. Mais la propre enfance de Malika est encore plus singulière. Elle a été adoptée à cinq ans par le roi Mohammed V, pour être élevée avec sa fille, la petite princesse Amina qui a le même âge qu'elle. A la mort du monarque, son fils, Hassan II, s'occupe lui-même de l'éducation des deux fillettes, à l'égal de ses enfants. Malika passe onze années à la cour, dans l'intimité du sérail, sans jamais ou presque en sortir. Elle est déjà une prisonnière, à l'intérieur de palais somptueux. Quand elle s'en échappe enfin, c'est pour vivre pendant deux ans, auprès de ses parents, une adolescence dorée.

Après le coup d'Etat, la jeune fille est orpheline de deux pères qu'elle chérissait. La tragédie de Malika Oufkir est là, dans ce double deuil qu'elle portera en secret pendant des années. Qui aimer, qui haïr, quand votre propre père a voulu tuer votre père adoptif ? Et quand celui-ci devient soudain votre bourreau et celui de votre famille ? C'est terrible, déchirant. Et infiniment romanesque.

Peu à peu je comprends que nous avons la même idée en tête. Malika a envie de me raconter ce qu'elle n'a encore jamais révélé. A cette soirée iranienne, le coup de foudre a été réciproque, immédiat, instinctif.

Même si tant de choses nous séparent, éducation, milieu, études, enfants, métier, caractère et jusqu'à la religion, elle la musulmane et moi la juive, nous appartenons à la même génération, nous avons une même sensibilité, un même amour pour notre Orient natal, un même humour, un même regard sur les êtres. L'amitié que nous nous portons déjà et qui ne cessera de grandir confirme l'intuition que nous avons eue à notre première rencontre.

Nous ferons ce livre ensemble. Mais il faudra encore un peu de temps avant que le désir de Malika devienne une volonté vraie. Nous signons le contrat chez Grasset en mai 1997, mais ce n'est qu'au mois de janvier 1998, après de longues péripéties, que nous pouvons enfin commencer à travailler dans le plus grand secret. Car Malika a peur d'être espionnée, écoutée. Pendant les cinq années que les Oufkir ont passées au Maroc, juste après leur libération, ils ont été quotidiennement en proie aux tracasseries policières, ainsi que les rares amis qui les fréquentent. Malika a gardé cette habitude de ne jamais parler de choses importantes au téléphone, de regarder par-dessus son épaule quand elle marche dans la rue. La terreur qui l'habite depuis vingt-cinq ans, ne l'a toujours pas quittée à Paris. Elle veut qu'on apprenne « là-bas » le plus tard possible qu'elle écrit son histoire.

Je dois suivre moi aussi la règle de la discrétion. Seuls quelques-uns de mes intimes sont au courant de notre travail. Pendant un an ou presque, je mène une double vie. Je ne parle de Malika à personne. Pourtant nous travaillons ensemble près de trois fois par semaine et nous nous appelons quotidiennement.

Le reste est la chronique d'une amitié qui s'est construite et consolidée au jour le jour, au fur et à mesure de l'avancée de ce livre. De janvier à juin, nous nous sommes vues chez moi ou chez elle. Nous avons eu nos petits rituels, les deux magnétophones pour doubler les cassettes au cas où « on » nous les déroberait, le thé, les petits gâteaux, mes enfants qui nous interrompent pour discuter, les coups de fil tendrement inquiets d'Eric. Puis je me suis mise à écrire et Malika à me relire, ce qui n'a pas toujours été facile. Raconter n'est déjà pas simple. Elle a dû s'y reprendre à plusieurs fois avant de me confier des épisodes pénibles. Voir son cauchemar imprimé a souvent été au-dessus de ses forces. J'ai craint parfois qu'elle n'abandonne, terrassée par ses craintes ou ses fantômes. Mais elle a tenu jusqu'au bout. Sans cesse passionnant, le récit de Malika a été douloureux, choquant, horrifiant. J'ai tremblé, frémi, compati, j'ai eu faim, froid, peur avec elle. Mais nous avons eu aussi de nombreux fous rires, car Malika manie en virtuose cet humour qui a permis à la famille Oufkir de résister en se moquant de tout et d'elle-même. A travers ses dires, elle m'a fait connaître les siens, ses frères et sœurs qu'elle a maternés, protégés, éduqués, guidés pendant toutes ces années noires, et sa mère, Fatéma, qui, si belle encore, semble être sa sœur aînée. Ils ont d'abord été pour moi des personnages de roman, façonnés par Malika, jusqu'à ce que je les rencontre les uns après les autres. Elle n'avait pas menti. Ils sont tous, sans exception, dignes, drôles, généreux, émouvants et intenses, comme Malika l'est aussi.

Malika est une survivante. Elle en a la dureté et la force. Pour avoir approché la mort d'aussi près, elle éprouve envers la vie un détachement qui souvent me sidère. Elle n'a pas la notion du temps, pas plus que celle de l'espace. Une heure, un jour, un impératif, ne signifient rien pour elle. Ses rendez-vous manqués, ses retards, son absence absolue de sens de l'orientation, sa peur du métro, de la foule, de la technologie, m'étonnent encore et m'amusent.

Malgré son allure moderne et son inséparable portable, elle semble parfois une martienne égarée sur la planète Terre. Elle s'alarme d'un rien, ne connaît pas les codes, manque souvent de repères. A d'autres moments, son jugement, son intuition, sa capacité d'analyse m'impressionnent. Elle est touchante, fragile, souvent faible, marquée par les maladies, les privations, l'isolement, et pourtant si solide. Si ces vingt années de prison et de souffrances ont, hélas, laissé des dégâts irréparables, elles ont aussi forgé une belle âme, une admirable personne. De nous deux, je ne sais finalement laquelle a le moins vécu.

Avec elle, pendant toute cette année, j'ai ri, pleuré, je lui ai servi de nounou, de conseiller, je l'ai bordée, consolée, écoutée, plainte, remontée, bousculée aussi, parfois jusqu'à l'épuisement. Mais cette relation n'a jamais été à sens unique.

L'allée des princesses

Ce que Malika m'a apporté, et pour toujours, est incommensurable. Sans doute ne s'en est-elle même pas rendu compte. Elle m'a enseigné que le courage, la force, la volonté, la dignité de l'humain peuvent subsister même dans les conditions les plus extrêmes et les plus monstrueuses. Elle m'a appris que l'espoir, la foi en la vie peuvent déplacer des montagnes (ou creuser un tunnel à mains nues...). Elle m'a souvent obligée à aller au fond de moi-même, à remettre en question mes conceptions de l'existence. Elle m'a même donné l'envie de connaître ce Maroc dont elle parle avec tant de chaleur et de passion, sans rancune pour un peuple qui l'a pourtant abandonnée. J'irai sans doute avec elle... un jour.

Ecrire ce récit était bien sûr pour moi une façon de dénoncer l'arbitraire, le calvaire atroce d'une mère et de ses six enfants. Ce que cette famille a subi n'en finira pas de me révolter, comme me révoltent, partout sur cette terre, les violations des droits de l'homme. Encore une évidence, peut-être, mais à force de fermer les yeux sur les horreurs du monde, parce que trop, c'est trop, on finit par oublier que chaque individu qui subit d'iniques souffrances est votre pareil, votre égal, que vous auriez pu être à sa place, et qu'il aurait pu un jour devenir votre ami.

Pour autant, ce livre n'est pas un réquisitoire. Il appartiendra à l'histoire de juger les crimes et ce n'est pas notre propos. Ce n'est pas non plus une enquête. J'ai transcrit ce que j'ai entendu au fil des jours, le témoignage brut de Malika, avec ses hésitations, ses incertitudes, ses parts d'ombre, mais aussi, le plus souvent, son impitoyable précision.

Ce que je voulais raconter, ce que nous racontons ensemble, avec ses mots et les miens, avec ses sentiments et notre émotion commune, est avant tout l'itinéraire incroyable d'une femme de ma génération, enfermée de palais en prisons depuis sa plus tendre enfance et qui tente aujourd'hui de vivre. En l'accompagnant le plus loin que j'ai pu, j'espère avoir contribué, comme tous ceux qui aujourd'hui l'aiment et l'entourent, à lui en redonner le goût.

Michèle Fitoussi.

Première partie

L'allée des princesses

Maman chérie

Du salon s'échappent des airs de mambo et de cha-cha-cha ; les percussions et les guitares rythment l'arrivée des invités. Les rires, les conversations envahissent les pièces, gagnent la chambre où je ne parviens pas à dormir.

Tapie dans l'entrebâillement de la porte, mon pouce calé dans la bouche, je détaille les femmes qui rivalisent de beauté, d'élégance, dans leurs robes du soir de grands couturiers. J'admire les chignons laqués, les bijoux qui scintillent, la sophistication des maquillages. Elles ont l'air des princesses de mes contes préférés auxquelles j'aimerais tant ressembler quand je serai grande. Qu'il me tarde de l'être...

Soudain elle apparaît, la plus belle à mes yeux, vêtue d'une robe blanche dont le décolleté rehausse la rondeur de sa gorge. Le cœur battant, je la regarde saluer et sourire, embrasser ses amis, incliner sa nuque gracile devant des inconnus en smoking. Bientôt, elle ira danser, chanter, tapera dans ses mains, s'amusera jusqu'à l'aube, comme chaque fois que mes parents donnent une réception à la maison.

Elle m'oubliera pour quelques heures, tandis que je lutterai contre le sommeil dans mon petit lit, en pensant encore et toujours à elle, au satiné de sa peau, à ses cheveux souples dans lesquels il fait bon enfouir mon visage, à son parfum, à sa chaleur. Maman.

Maman chérie dont je n'imagine pas, dans mon paradis enfantin, qu'on puisse un jour me séparer d'elle.

Ma mère et moi sommes liées par un destin semblable, tissé d'abandon et de solitude. Agée de quatre ans à peine, elle perdait sa propre mère, morte en couches avec l'enfant qu'elle portait. A cinq ans, j'étais arrachée à la douceur de ses bras pour être adoptée par le roi Mohammed V[1]. Sont-ce nos enfances orphelines de tendresse maternelle, notre faible différence d'âge – elle avait dix-sept ans quand je suis née –, notre incroyable ressemblance physique ou bien nos vies de femmes brutalement brisées qui ont scellé entre nous cet attachement si fort? Comme moi, maman a toujours eu le regard grave de ceux sur lesquels le sort s'acharne.

Quand sa mère mourut, au tout début de la guerre, son père, Abdelkader Chenna, officier dans l'armée française, venait de recevoir l'ordre de rejoindre son régiment en Syrie. Il lui était impossible d'emmener avec lui sa fillette et son fils cadet. Il plaça les deux orphelins à Meknès où il habitait alors, dans un couvent tenu par des religieuses françaises, afin qu'ils y reçoivent une bonne éducation. Le petit garçon succomba à une diphtérie. Ma mère, qui aimait beaucoup son frère, se remit mal de cette perte qui la laissait seule au milieu d'étrangers. Elle eut dans sa vie bien d'autres chagrins.

Les bonnes sœurs entreprirent de faire une parfaite chrétienne de cette jolie Fatéma que le ciel leur envoyait. Elle apprit le signe de croix, et vénérait la Vierge, Jésus et tous les saints quand mon grand-père revint la chercher pour la ramener chez eux. De rage, ce musulman pratiquant qui avait déjà accompli le pèlerinage à La Mecque faillit en avaler ses médailles...

Il n'était pas bon qu'un militaire de carrière élève seul une si petite fille. Ses amis le pressèrent de se remarier. Il choisit une très jeune femme de la bonne société, qu'il épousa d'abord pour ses talents de cordon-bleu. Khadija n'avait pas son pareil

---

1. Mohammed V : 1911-1961. Descendant du Prophète, de la dynastie des Alaouites, il devient sultan en 1927, sous le protectorat français, succédant ainsi à son père, le sultan Youssef ben Youssef. Il devient roi du Maroc en 1957, tout de suite après l'indépendance de son pays. Il régnera jusqu'à sa mort, en 1961.

pour préparer les pastillas dont mon grand-père était friand. Ma mère ne supportait pas de partager son père adoré avec une étrangère, de quelques années seulement son aînée. La naissance d'une sœur, Fawzia, puis d'un frère, Azzedine, avivèrent sa jalousie. Elle aspira vite à échapper à un foyer où elle se sentait malheureuse et où son père l'enfermait, comme il était de tradition avec les filles. Elle n'avait cependant guère de lieux où trouver une chaleur qui lui manquait. La famille de sa mère, de riches Berbères du Moyen Atlas, était presque toute décimée. Mes arrière-grands-parents avaient eu quatre filles dont la beauté était réputée à des kilomètres à la ronde. Trois moururent à l'adolescence. La quatrième, ma grand-mère Yamna, convola avec son voisin, le bel Abdelkader Chenna, dont les terres jouxtaient les siennes.

Il dut l'enlever pour l'épouser comme dans la meilleure tradition des contes. De cette aïeule, morte à dix-neuf ans, je sais simplement qu'elle était une maîtresse femme, moderne et délurée, qui aimait s'habiller, voyager et conduire. A quinze ans, elle était déjà mère. A dix-huit, elle tenait un salon littéraire en Syrie où mon grand-père avait suivi son régiment.

Ma mère et son jeune oncle, fruit de l'union tardive de mon arrière-grand-père et d'une esclave noire, furent bientôt les seuls survivants de toute cette famille. Les terres à blé et l'or amassé pendant des générations en firent une riche héritière, moins que son oncle cependant, à qui, comme le veut la coutume marocaine, revint le plus gros de la fortune. Elle possédait des immeubles, des villas et tout un quartier de la vieille ville de Salé[1]. En attendant qu'elle puisse disposer de son bien, mon grand-père fut chargé de le gérer. Il était, hélas, piètre gestionnaire et gaspilla plus qu'il ne fit fructifier. Ce qui revint à ma mère à sa majorité restait cependant considérable.

A douze ans, ma mère était déjà très belle. Ses grands yeux noirs, son visage fin, sa peau mate, son petit corps joliment galbé ne laissaient pas indifférents les officiers amis de son

---

1. Ancienne ville corsaire fortifiée, séparée de Rabat par le fleuve Bouregragh.

père qui avaient leurs entrées chez eux. Ce n'était pas pour lui déplaire. Elle voulait se marier, fonder une famille. Un jeune officier qui revenait d'Indochine couvert de médailles se mit à fréquenter leur maison. Mon grand-père qui le connaissait déjà, l'avait revu au mess. Séduit par son intelligence et sa réputation de bravoure au front, il en fit son ami et l'invita chez lui. Dissimulée derrière des rideaux, ma mère l'observa pendant tout le dîner. L'officier remarqua son manège et leurs yeux se croisèrent. L'intensité de son regard le frappa. Elle admira sa prestance dans son bel uniforme blanc.

Mon grand-père tenta de convaincre son nouvel ami de ne pas repartir en Indochine. Celui-ci fut touché par ses arguments et sans doute aussi par la beauté de sa fille. Quelques jours plus tard, mon père, puisqu'il s'agissait de lui, vint la demander en mariage. Mon grand-père en fut surpris, et pour tout dire, presque irrité.

— Fatéma n'est qu'une gamine, protesta-t-il. A quinze ans, pense-t-on au mariage ?

Abdelkader était encore traumatisé par le décès de Yamna, sa première femme tendrement aimée, qu'il attribuait à des grossesses précoces et trop rapprochées. Mais il finit par se laisser fléchir, d'autant que ma mère avait accepté avec enthousiasme la demande de son prétendant. Elle ne le connaissait pas, du moins pas encore, mais il lui fallait partir de chez elle. Il lui fit une cour empressée.

Elle ne tarda pas à tomber amoureuse.

Mes parents avaient vingt ans de différence. Mohammed Oufkir, mon père, était né à Aïn-Chaïr[1], dans la région du Tafilalet, le fief des Berbères du Haut Atlas marocain. Son nom, Oufkir, signifiait « l'appauvri ». Dans sa famille, le gîte et le couvert étaient toujours prêts pour le mendiant ou le nécessiteux, nombreux dans ces régions rudes et désertiques. A l'âge de sept ans, il perdit son père, Ahmed Oufkir, chef de son village et, plus tard, nommé pacha[2] de Bou-Denib, par Lyautey[3].

---

1. Le 29 septembre 1920.
2. Pacha : gouverneur d'une province.
3. Le protectorat français fut officialisé en 1912 par le traité de Fès, qui laissa la bande côtière nord du territoire aux Espagnols. Le sultan conservait

L'allée des princesses

Son enfance fut solitaire et sans doute assez triste. Il étudia au collège berbère d'Azrou près de Meknès. Ensuite, l'armée lui tint lieu de famille. A dix-neuf ans, il entrait à l'école militaire de Dar-Beïda [1], et à vingt et un ans, il s'engageait comme sous-lieutenant de réserve dans l'armée française. Il fut blessé en Italie, passa sa convalescence en France, gagna ses galons de capitaine en Indochine. Lorsqu'il rencontra ma mère, il était aide de camp du général Duval, commandant des troupes françaises au Maroc. La vie de garnison commençait à lui peser. Lui, le militaire de carrière qui fréquentait les bordels et les maisons de jeu, fut attendri par l'enfantine innocence de sa promise. Il se montra tout de suite doux et attentionné.

Mohammed Oufkir et Fatéma Chenna se marièrent le 29 juin 1952. Ils s'installèrent dans une petite maison très simple, en rapport avec la modeste solde du capitaine Oufkir. Pour ma mère, mon père se fit pygmalion : il lui apprit à s'habiller, à se tenir à table et dans le monde. Du haut de ses seize ans, elle prit très au sérieux son rôle d'épouse d'officier. Ils étaient heureux et éperdument amoureux. Ma mère qui rêvait d'avoir huit enfants fut tout de suite enceinte.

Je naquis le 2 avril 1953, dans une maternité tenue par des religieuses. Mon père était fou de bonheur. Peu lui importait que je sois une fille, j'étais la prunelle de ses yeux, sa petite reine [2]. Comme ma mère, il désirait plus que tout une famille. Ils n'étaient pas tout à fait d'accord sur le nombre d'enfants à venir. Mon père voulait s'en tenir à trois. Deux ans plus tard, naquit ma sœur Myriam [3] et trois ans après elle, mon frère Raouf [4], le premier garçon, pour lequel on donna une fête mémorable.

---

son prestige, son pouvoir spirituel, et laissait à la résidence le pouvoir législatif et excécutif qu'il contresignait. Le résident était nommé en France en Conseil des ministres. Il représentait le Maroc sur la scène internationale, commandait l'armée, l'administration, promulguait les décrets, décidait des lois. Il était responsable de la communauté française au Maroc. Lyautey fut résident de 1912 à 1925.
1. Le Saint-Cyr marocain.
2. Malika signifie « reine » en arabe.
3. Le 20 janvier 1955.
4. Le 30 janvier 1958,

De ma petite enfance, je n'ai que des souvenirs heureux. Mes parents m'entouraient d'amour, mon foyer était paisible. Je voyais peu mon père. Il rentrait tard, s'absentait souvent. Sa carrière avançait vite[1]. Mais je n'avais aucun doute sur l'affection qu'il me portait. Quand il était à la maison, il savait me démontrer à quel point il m'aimait. Son absence ne me pesait pas. Le centre du monde était maman. Je l'aimais et l'admirais. Elle était belle, raffinée, l'exemple même de la féminité. Sentir son odeur, caresser sa peau suffisaient à mon bonheur. Je la suivais comme une ombre. Elle adorait le cinéma et y allait presque tous les jours, parfois même à deux ou trois séances. Dès l'âge de six mois, je l'accompagnais dans mon couffin. Sans doute dois-je à cette précocité cinéphile ma passion pour le septième art. Elle m'emmenait chez son coiffeur à qui elle demandait de me faire des permanentes. Elle aurait voulu avoir une petite fille aux cheveux bouclés en anglaises, comme Scarlett O'Hara. Mais hélas, au premier coup de vent, ma jolie coiffure tombait à plat.

Je la suivais chez ses amies, dans ses courses, au cheval, au bain maure qui me mettait au supplice quand il fallait me déshabiller devant tout le monde. Je la regardais s'habiller, se coiffer, se maquiller d'un trait de khôl. Je dansais avec elle sur les rocks endiablés de notre idole commune, Elvis Presley. Dans ces moments-là, nous avions presque le même âge.

La vie tournait autour de moi. J'étais gâtée, habillée comme une petite princesse dans les boutiques les plus élégantes, « Le Bon Génie » à Genève, « La Châtelaine » à Paris. Maman était coquette et dépensière, au contraire de mon père que les contingences financières ennuyaient. L'argent lui brûlait les doigts.

---

1. Mohammed Oufkir fut nommé chef du protocole à la résidence générale de France en avril 1953. Au mois d'août de la même année, Mohammed V fut destitué et exilé avec la famille royale en Corse, puis à Madagascar. Oufkir prit une part active au départ de son successeur Ibn Arafa et au retour du roi, en 1955. Il quitta alors l'armée française avec le grade de commandant, chef de bataillon, et fut nommé chef des aides de camp du roi. A la mort de Mohammed V, en février 1961, il était chef de la police depuis six mois.

L'allée des princesses

Elle pouvait vendre un immeuble pour s'acheter toute la collection de Dior et Saint Laurent, ses couturiers préférés, et dépenser vingt, trente mille francs en un après-midi, pour ses menus loisirs.

Après la petite maison de capitaine, nous avons déménagé, au Souissi[1], à Rabat, dans l'allée des Princesses. La villa donnait sur un jardin sauvage où poussaient des orangers, des citronniers, des mandariniers. Je partageais mes jeux avec Leïla, une cousine un peu plus âgée, que ma mère avait adoptée.

Quelques années plus tard, alors que je n'habitais plus avec les miens, mon père, alors ministre de l'Intérieur du roi Hassan II, fit construire une autre villa, toujours dans l'allée des Princesses. Mes parents avaient eu deux autres enfants, Mouna-Inan[2], qui deviendra Maria en prison, et Soukaïna[3], un an plus tard.

Ma famille était proche de la famille royale. Mes parents étaient les seuls étrangers au Palais autorisés à y pénétrer et à se promener partout. Mon père, chef des aides de camp du roi, avait gagné la confiance de Mohammed V. Maman, elle, connaissait le souverain depuis l'enfance. Avant le remariage de son père, elle avait vécu un temps à Meknès, chez l'une des sœurs du roi chez laquelle il se rendait souvent. Mohammed V avait remarqué la beauté de la fillette qui avait alors huit ans. Il lui témoigna tout de suite une affection que le temps ne démentit pas.

Il la revit à l'occasion de l'anniversaire de ses vingt-cinq ans de règne[4], une cérémonie à laquelle furent conviés ses aides de camp et leurs épouses. Comme mon père, ma mère eut désormais ses entrées privilégiées au Palais. Le roi avait confiance en elle. Il appréciait sa compagnie, mais cet homme sévère était bien trop respectueux des principes pour se permettre une quelconque ambiguïté envers une femme mariée.

---

1. Quartier résidentiel de Rabat. Le déménagement eut lieu en 1957.
2. 17 février 1962.
3. 22 juillet 1963.
4. Le 18 novembre 1952.

25

La prisonnière

Ma mère devint l'amie des deux épouses du roi qui exigèrent de la voir quotidiennement. Elle vivait dans leur intimité. Les deux reines étaient cloîtrées dans le harem. Maman leur achetait des vêtements, des produits de beauté, elle leur racontait par le menu les événements du dehors. Elles étaient avides de détails sur sa vie, ses enfants, son mariage.

Rivales auprès du roi, les deux femmes étaient différentes au possible. L'une, Lalla Aabla, qu'on appelait la reine mère ou Oum Sidi[1], avait donné naissance au prince héritier, Moulay Hassan. L'autre, Lalla Bahia, une nature sauvage à la beauté renversante, était la mère de l'enfant chérie du roi, la petite princesse Amina, née en exil, à Madagascar[2], alors qu'elle se croyait stérile.

Si Lalla Aabla, rompue aux intrigues de sérail, pratiquait en virtuose l'art de la diplomatie, Lalla Bahia prisait peu les mondanités et la dissimulation de rigueur à la cour. Entre les deux, maman s'initia très tôt au compromis, car au Palais la neutralité était impossible. Il fallait être de l'un ou l'autre camp.

Moulay Hassan, qu'on appelait aussi Smiyet Sidi[3], habitait une maison voisine et venait souvent chez nous, ainsi que les princesses, ses sœurs, et son frère, le prince Moulay Abdallah. On me demandait de leur dire bonjour avec déférence. Un soir de ramadan[4], après la rupture du jeûne, ma mère était allongée dans son salon, entourée de quelques amies. Moi, je chahutais dans la maison. En traversant le couloir, je vis un monsieur

---

1. Oum Sidi : la mère du maître. Outre le roi Hassan II, Lalla Aabla donna au roi Mohammed V quatre autres enfants : Lalla Aïcha, Lalla Malika, Moulay Abdallah et Lalla Nehza. Mohammed V eut aussi une fille d'une concubine-esclave, Lalla Fatima-Zohra. Il ne la reconnut pas tout de suite, mais la mère de l'enfant l'ayant suivi de son plein gré en exil, alors qu'il avait donné la liberté à ses concubines, il s'attacha à la fillette et l'éleva comme une princesse royale à son retour. Les titres Lalla pour une femme et Moulay pour un homme sont donnés aux membres de la famille royale, aux descendants du Prophète, et plus généralement dans la vie quotidienne, en signe de déférence.
2. Le 14 avril 1954.
3. Smiyet Sidi : « le presque maître ».
4. Ramadan : mois pendant lequel les musulmans doivent observer, entre autres prescriptions, un jeûne strict entre le lever et le coucher du soleil.

inconnu qui sortait de la cuisine. Impressionnée par sa prestance, je m'arrêtai de courir. Il me sourit, m'embrassa.
— Va dire à ta mère que je suis là.
Je courus la prévenir. Elle se prosterna immédiatement
devant cet homme étrange.

C'était le roi Mohammed V qui passait la voir sans
s'annoncer, comme il lui arrivait parfois. Il lui dit qu'il s'était
permis d'entrer dans la cuisine parce qu'il avait senti une
odeur de brûlé. La cuisinière avait oublié la théière qui
commençait à fondre sur le gaz. Sa Majesté nous avait sauvées
d'un incendie.

J'avais cinq ans quand maman m'a emmenée pour la première fois au Palais. Les deux épouses du roi et toutes ses
concubines insistaient pour me connaître. Nous sommes
arrivées toutes les deux à l'heure du déjeuner dans une des salles à
manger du roi, peuplée des femmes du harem qui déambulaient
avec grâce, en traînant derrière elles les longues traînes
chatoyantes de leurs caftans. Une véritable volière d'oiseaux
exotiques, tant par la diversité des couleurs que par leur
pépiement incessant.

La pièce était gigantesque, je n'en avais jamais vu qui eût de
pareilles dimensions, bordée de balcons sur toute la longueur,
décorée de mosaïques qui couvraient les murs à mi-hauteur. A
l'une des extrémités, majestueusement posé sur une estrade, se
trouvait le trône royal. Sur un des côtés s'élevait une montagne
de cadeaux encore emballés, reçus par le souverain à l'occasion
de fêtes, de cérémonies ou de visites officielles. A l'autre bout,
dans une alcôve, la table du roi était dressée à l'européenne,
avec des assiettes de porcelaine, des verres en cristal et des
couverts de vermeil et d'argent. Ses concubines s'asseyaient à
ses pieds, à même le sol recouvert de tapis bruns, autour de
tables rectangulaires qui pouvaient accueillir huit personnes.
Leur vaisselle était des plus simples. Il n'était pas rare de les
voir se servir dans des gamelles en fer-blanc les plats que leurs
propres esclaves avaient cuisinés pour elles.

La reine mère présidait la table la plus proche de celle du roi, entourée des concubines du moment, qu'on appelle en arabe *moulet nouba*, « celles dont c'est le tour ». Elles étaient de ce fait plus maquillées et mieux habillées que les autres et affichaient un petit air supérieur. Quant à celles qui avaient bénéficié la veille ou l'avant-veille des faveurs royales, elles affectaient une mine dédaigneuse et comblée en faisant bruyamment claquer dans leur bouche de la gomme arabique.

Intimidée, je m'accrochai au caftan de ma mère, mais l'envie me démangeait de galoper partout. Soudain une clameur joyeuse emplit la salle. Les femmes saluaient quelqu'un que je ne réussissais pas à voir. En me faufilant entre leurs jambes, j'aperçus une fillette vêtue d'une robe blanche, attachée dans le dos par un grand nœud. Je la trouvais magnifique avec ses cheveux noirs coiffés en anglaises, sa complexion laiteuse et les minuscules taches de rousseur qui parsemaient son visage espiègle. En comparaison ma peau mate et mes cheveux raides me paraissaient bien communs.

J'étais soulagée de voir enfin une enfant de mon âge, mais je restai perplexe. Pourquoi avait-elle droit à tant d'honneurs ? On nous présenta l'une à l'autre et nous nous embrassâmes timidement. J'appris alors que cette jolie petite fille était la princesse Amina qu'on appelait Lalla Mina, l'enfant chérie du roi et de Lalla Bahia.

Puis ce fut à nouveau l'agitation. Le roi Mohammed V fit son entrée dans la salle à manger du côté gauche, comme le voulait la coutume. Quand son tour fut venu de le saluer, maman lui baisa la main et me présenta à lui. Il me prit simplement dans ses bras et prononça quelques paroles gentilles. Tout le monde prit alors place autour des tables et le roi s'installa tout seul à la sienne. Le repas fut servi par les esclaves et les plats les plus exquis défilèrent.

Sitôt quelques bouchées avalées, je m'éclipsai pour jouer avec Lalla Mina. Pendant un court moment notre entente fut parfaite. Mais bientôt un hurlement troubla notre harmonie. La princesse m'avait mordu sauvagement l'avant-bras. Je me retournai en sanglotant et cherchai le regard de maman. Gênée, elle me fit un signe discret signifiant que je devais me calmer.

28

Indignée par ce manque de considération, je me précipitai alors sur Lalla Mina et je lui arrachai la joue d'un coup de dents. La princesse se mit à son tour à hurler si fort que la cour entière se leva. Je sentis une menace planer comme si toute l'assemblée allait fondre sur moi pour me battre. La petite cherchait son père du regard, mais en vain. Elle se roula alors par terre et reprit ses hurlements de plus belle. Honteuse, je me réfugiai dans les bras de maman.

Le roi intervint enfin. Il me prit dans ses bras et me demanda de lui raconter l'incident.

— Elle a injurié mon père, dis-je en pleurant, et moi aussi j'ai injurié son père et je lui ai arraché la joue.

La cour était horrifiée par mes paroles, mais le roi s'amusait beaucoup. Il me fit répéter plusieurs fois les insultes sacrilèges. Puis on nous sépara, mais la princesse et moi continuâmes à nous défier du regard.

A la fin du repas, Mohammed V s'avança vers maman :

— Fatéma, je vais te demander quelque chose que tu ne pourras pas me refuser, lui dit-il. Je ne peux pas trouver mieux comme compagne, comme sœur pour Lalla Mina, que ta fille. Je désire adopter Malika. Mais je te promets que tu pourras venir la voir quand tu voudras.

L'adoption était chose commune au Palais. Les concubines sans enfants adoptaient des orphelines, des petites déshéritées, des victimes de tremblements de terre. D'autres fillettes arrivaient à l'adolescence pour devenir des demoiselles de compagnie. Mais il était rare qu'un enfant adopté par un souverain devienne, comme moi, presque l'égal d'une princesse.

Je dois sans doute les liens privilégiés, quasi filiaux que j'eus avec Mohammed V puis ensuite avec Hassan II, à ma volonté et à mon caractère. Pendant toutes ces années passées au Palais, je fis en sorte de gagner leur affection, de m'insérer dans leur vie, de me rendre indispensable. Je ne voulais à aucun prix rester anonyme.

Ce qui a suivi est demeuré confus dans ma mémoire, comme si j'avais été la victime d'un enlèvement. Je me souviens que maman partit précipitamment, qu'on me prit et qu'on m'engouffra dans une voiture qui me conduisit à la villa Yasmina, où vivaient Lalla Mina et sa gouvernante, Jeanne Rieffel.

M'arracher à ma mère, c'était m'arracher à la vie. J'ai pleuré, hurlé, trépigné. La gouvernante m'installa de force dans la chambre d'amis et m'enferma à double tour. J'ai sangloté toute la nuit.

Mes parents ne m'ont jamais parlé de cette période. S'il y a eu des explications, je les ai oubliées. Ma mère a-t-elle pleuré jusqu'à l'aube comme je l'ai fait ? Ouvrait-elle de temps à autre la porte de ma chambre, respirait-elle mes vêtements, s'asseyait-elle sur mon lit, s'ennuyait-elle de moi ? Je n'ai jamais osé le lui demander.

Avec le temps, cette séparation était devenue un état de fait que j'acceptais, malgré mon chagrin. J'aimais tellement ma mère, je souffrais tant d'être loin d'elle, que chacune de ses visites était un terrible supplice. Les rares fois où elle passait me voir, elle arrivait à midi et repartait à deux heures. Quand la gouvernante m'annonçait sa venue, j'éprouvais une joie qui n'avait d'égale, en intensité, que la peine immédiate qui l'accompagnait.

La nuit qui précédait sa visite, je ne dormais pas ; le matin, je ne travaillais pas en classe. Les heures semblaient interminables. A midi et demi, je sortais de l'école et le même cérémonial commençait alors. Maman était là. Je galopais dans les escaliers pour gagner le salon et je m'arrêtais avant d'entrer parce que je sentais son parfum, « Je reviens » de Worth. Ce premier moment m'appartenait. Devant le portemanteau, j'enfouissais mon visage dans sa veste.

Ma mère était assise sur un canapé. Pourquoi m'accueillait-elle avec tant de calme ? Ne devions-nous pas nous retrouver dans le déchirement et dans les larmes ? Alors je me freinais, je l'embrassais froidement. Mais ensuite, pendant les quelques minutes en tête à tête octroyées par la gouvernante, j'embrassais furtivement sa main, je caressais son avant-bras, je la comblais de mille gestes de tendresse et d'amour qui m'étaient devenus étrangers et dont j'étais toujours affamée.

A table, la gouvernante accaparait ma mère, m'empêchait de lui parler. Je ne mangeais pas, je la contemplais, je buvais ses paroles, je suivais le mouvement de ses lèvres. J'enregistrais le plus de détails que je pouvais et je me les repassais chaque nuit avant de m'endormir, dans la solitude de ma chambre. J'étais si fière de sa beauté, de son élégance, de sa jeunesse. Lalla Mina l'admirait aussi et cela m'emplissait de bonheur.

Mais l'heure tournait, je devais repartir pour l'école. Ses visites s'espaçaient, je me sentais de plus en plus séparée d'elle. Mon foyer ne se trouvait plus allée des Princesses, mais au Palais de Rabat. J'y vécus tout ce temps-là presque cloîtrée, sans autre horizon que son enceinte et celles des autres palais royaux où l'on nous emmenait pour les vacances.

Je voyais la vie des autres, la vie réelle, à travers les vitres des somptueuses voitures qui nous conduisaient d'un endroit à un autre. La mienne était luxueuse et préservée du monde, autre siècle, autre mentalité, autres coutumes.

Il m'a fallu onze ans pour m'en échapper.

Le palais de Sidi[1]

(1958-1969)

Au temps de Mohammed V

Le roi ne voulait pas que sa fille préférée soit élevée dans l'atmosphère confinée du Palais. Il fit aménager la villa Yasmina pour elle. C'était un paradis pour enfants sages, préservé de la brutalité du monde, un domaine de contes de fées où tout n'aurait dû être que luxe, calme, et belles histoires. On m'y a enseigné l'art d'être une princesse. La grande maison blanche, de proportions agréables, était située à dix minutes du Palais, sur la route des Zaers. On franchissait son portail en voiture. Une petite route menait au bâtiment principal où logeaient Lalla Mina et Jeanne Rieffel, sa gouvernante. Leurs appartements occupaient le premier étage avec la cuisine, la salle de bains, le salon où trônait un piano à queue, la salle à manger, la salle de télévision, la chambre d'amis et celle de Lalla Mina attenante à celle de la gouvernante. L'ensemble était décoré de façon moderne, confortable, avec des canapés et des rideaux de chintz fleuri, des tapis épais, des meubles cosy.

---

1. Sidi : « le maître ».

33

Au rez-de-chaussée se trouvait une immense salle de jeux emplie des jouets les plus divers, vélos, garages, billard, voitures miniatures, peluches, poupées et leurs accessoires, déguisements, et une salle de cinéma pour notre usage personnel. Un jardin magnifique, agrémenté de mille variétés de fleurs, jasmins, chèvrefeuilles, rosiers, dahlias, pensées, camélias, bougainvilliers, pois de senteur, s'étendait autour de la maison. Les allées étaient bordées de mandariniers, d'orangers, de citronniers et de palmiers. Pour distraire la princesse, on avait installé un portique avec des barres, des balançoires, des toboggans.

Lalla Mina, qui adorait les animaux, avait son propre zoo, un minuscule enclos où s'ébattaient des singes, des moutons, un écureuil rapporté d'un voyage en Italie, une chèvre et des pigeons, et même son haras situé derrière la maison, avec ses box et sa carrière. Encore derrière, un grand verger était planté de centaines d'arbres fruitiers. A la villa Yasmina, nous avions même notre petite école primaire. La directrice s'appelait madame Hugon et notre institutrice, mademoiselle Capel. Je garde de cette dernière un souvenir ému.

Les premiers temps, je dormis dans la chambre d'amis proche de celle de la princesse. Un an avant la mort du roi, deux fillettes d'origine modeste, Rachida et Fawzia, choisies parmi les meilleures élèves du pays, vinrent nous rejoindre pour être élevées avec Lalla Mina. Je m'installai alors avec elles dans une maisonnette située dans le jardin, à côté du zoo. Deux chambres donnaient sur un patio à ciel ouvert, surmonté d'un plafond de verre. Je partageais désormais celle de Rachida.

Notre emploi du temps était immuable et le demeura sous le règne de Mohammed V comme sous celui de Hassan II. Tous les matins, vers six heures trente, le roi venait nous réveiller. Il passait d'abord dans la chambre de Lalla Mina puis il se dirigeait vers la mienne. Il dépliait les draps, me prenait par les pieds et il me tirait à lui, par jeu.

Dès le début, il ne fit aucune différence entre sa fille et moi, et nous manifestait à toutes deux la même affection bienveillante. Le roi adorait sa fille. Il était peu démonstratif, mais à son regard posé sur elle, on comprenait à quel point il l'aimait. Sa présence auprès de nous était constante et régulière. Il partageait notre petit déjeuner puis il restait avec nous jusqu'à notre entrée en classe. Il revenait vers onze heures et demie, assistait au cours d'arabe et s'en allait à nouveau.

Nous prenions nos repas à la maison sous la houlette de Jeanne Rieffel, la gouvernante alsacienne recommandée au roi par le comte de Paris, après qu'elle eut élevé ses enfants. Rieffel était une vieille fille autoritaire qui avait dû être très jolie : elle avait encore de grands yeux bleu vif, une chevelure cendrée, un beau port de tête. Je la craignais et la détestais. Elle n'était pas méchante, mais n'entendait rien à la pédagogie, pas plus qu'à la psychologie. Elle nous menait à la baguette et n'avait de cesse de nous punir et nous brimer pour mieux nous élever, pensait-elle.

— Un être passe pour son éducation et non pas pour sa culture.

Cette phrase sibylline qu'elle nous répétait quotidiennement de son accent teuton, me résonne encore aux oreilles. Elle était en cela en guerre perpétuelle avec madame Hugon, notre directrice qui nous poussait à réussir dans nos études.

Mohammed V était un roi austère. Il entendait que les mœurs au Palais le soient aussi. Il était très pieux, et révéré comme une idole par son peuple. Tous les vendredis, en fin de matinée, il sortait à cheval par la grande porte du Palais pour se rendre à la mosquée située dans l'enceinte. Il arborait une djellaba blanche, sa tenue d'apparat, et portait une chéchia rouge sur la tête. Des esclaves tenaient un grand dais de velours au-dessus de lui, pour le protéger du soleil. Il traversait l'enceinte entouré des plus beaux étalons de son haras, qui dansaient au rythme des tambours de la garde royale. Massée des deux côtés de l'avenue, une foule en délire acclamait son souverain. La dévotion à son égard était telle que les gens se jetaient au sol pour ramasser le crottin de ses chevaux.

Lalla Mina et moi, nous venions en voiture pour le voir, et dès qu'il sortait nous l'applaudissions avec enthousiasme.

Après la prière, il retournait au Palais en carrosse. Cette vision du roi à cheval était féerique. Je ne m'en lassais pas. Cependant les distractions étaient rares sous son règne. Nous partions en vacances dans les palais royaux, à Fès, à Ifrane dans le Haut Atlas, ou à Wallidia, au bord de la mer. Le passe-temps favori du roi était la pétanque, un sport qu'il pratiquait avec son chauffeur, un décorateur, et un intendant qui l'avait suivi à Madagascar. Après l'école, nous allions l'encourager.

Lalla Mina était néanmoins une enfant très gâtée. Du vivant de son père, les chefs d'Etat du monde entier lui envoyaient des milliers de jouets qui s'empilaient dans la salle de jeux. A Noël, elle en recevait tant que la gouvernante les confisquait pour les distribuer aux pauvres. Walt Disney avait conçu une voiture américaine exprès pour elle. L'intérieur était décoré des personnages de tous ses dessins animés et il avait fait ajouter une minuscule cuisine et tout le mobilier d'une maison miniature. Nous étions souvent filmées et photographiées : les magazines du monde entier s'intéressaient au quotidien de la princesse.

Mohammed V décéda brutalement à cinquante-deux ans [1], au cours d'une banale intervention chirurgicale. Il mourut sur la table d'opération. Je n'avais que huit ans mais je me souviens avec précision du deuil observé au Palais et du chagrin de la petite princesse. Le matin de sa mort, je l'ai retrouvée dans notre jardin, qui sanglotait au milieu des parterres de fleurs. Je l'ai serrée dans mes bras, tendrement, sans rien oser lui dire.

J'éprouvais une immense compassion pour elle, sa douleur me touchait aussi fortement que si elle avait été la mienne. N'était-elle pas ma presque sœur ? J'avais aimé Mohammed V parce qu'il avait toujours été juste et bon avec moi. Mais il n'était pas mon père et mon cœur se serrait à la pensée que moi aussi, un jour, je pourrais perdre le mien.

Au Palais, tout le monde était vêtu de blanc, la couleur du deuil. Pour la fillette que j'étais, peu rompue encore à toutes les coutumes royales, il se passait des choses étranges et contradic-

---

1. Le 26 février 1961.

toires. Dans une pièce se tenait la *aamara*, le chœur des esclaves qui tapaient sur des tambourins selon une rythmique bien particulière. D'autres psalmodiaient :

— Le roi est mort, vive le roi...

Elles se réjouissaient de l'intronisation de Hassan II[1], le nouveau roi, âgé de trente-deux ans. Un peu plus loin, dans la pièce où était entreposé le cercueil de Mohammed V, ses concubines le pleuraient avec un chagrin bruyant.

A la mort du roi, ma mère songea naturellement à me reprendre, mais les subtilités et les susceptibilités du Palais compliquaient toujours les actes les plus simples. Mon retour à la maison aurait signifié que ma mère témoignait moins de déférence à Hassan II qu'elle n'en avait témoigné à son père. Et puis comment aurait-elle pu avoir le cœur, en ces circonstances tragiques, de priver Lalla Mina de ma compagnie réconfortante ? Ce n'était pas le bon moment.

Cela ne le serait pas davantage dans les années qui suivraient. A la longue, je deviendrais une monnaie d'échange : plus mon père s'imposerait politiquement et plus je serais un enjeu entre le roi et lui. Si mon père émettait par hasard l'idée de me récupérer, ne serait-ce pas parce qu'il contestait l'éducation du roi ?

De longues années passèrent avant que j'impose, toute seule, ma volonté de rentrer chez moi.

L'éducation d'une princesse

Lorsqu'il était encore prince héritier, le jeune roi avait promis de traiter Lalla Mina comme sa fille. A la mort de Mohammed V, le Palais fut dans l'expectative : allait-il tenir sa promesse ? Il la tint.

La princesse ne changea pas de statut et la vie continua pour

---

1. Hassan II, né le 9 juillet 1929, est le 35e descendant du Prophète, et le 17e souverain alaouite. Il a été intronisé le 3 mars 1961.

nous, presque à l'identique. Hassan II ne venait pas nous réveiller le matin, n'assistait pas à notre petit déjeuner ni à nos cours comme son père avait coutume de le faire, mais à chaque fin d'année, lors de la distribution des prix, il était présent à la fête de notre petite école.

Nous chantions, nous dansions, nous lisions des poèmes, récitions des sourates[1] du Coran, nous jouions des pièces de théâtre, en français et en arabe. Le roi était assis au premier rang avec ses concubines, entouré de quelques ministres et de la cour. Cet effort, car c'en était un pour lui, était sacré à ses yeux. Il le faisait par respect pour son père et par amour pour sa jeune sœur. Hassan II n'avait pas encore d'enfants et la princesse et moi, nous ne nous privions pas d'accaparer toute son attention.

Nous nous glissions dans sa voiture dès que l'occasion s'en présentait, nous montions à cheval avec lui, nous allions le voir jouer au golf, nous l'encouragions lors de ses parties de tennis, nous partions en vacances avec lui. Nous assistions même aux Conseils des ministres. Nous étions deux petites filles espiègles de huit ans qui cherchaient toutes les occasions pour rire et s'amuser, en oubliant les fastes du Palais.

Comme par le passé, on nous réveillait à six heures trente. Toilette, habillement, prière puis nous retapions nos lits, rangions nos chambres, cirions nos chaussures. La gouvernante arrivait à l'improviste, vérifiait que tout était impeccable. Vers sept heures trente, le petit déjeuner était servi à la salle à manger. A partir de la sixième, une voiture suivie d'une escorte nous emmena chaque matin à huit heures au lycée qui se trouvait dans l'enceinte du Palais. Les enseignants étaient recrutés pour leur excellence dans tout le royaume. Quelques ministres du roi nous donnaient aussi des cours.

Une demi-douzaine d'élèves, parmi les meilleures de chaque province, étaient venues rejoindre notre groupe de quatre, Lalla Mina, Rachida, Fawzia et moi. L'enseignement se faisait en français et en arabe, et, plus tard, en anglais. Notre programme

---

1. Sourates : chapitres du Coran.

comprenait de l'histoire, de la grammaire, de la littérature, des mathématiques, des langues, et même de la religion. Depuis Mohammed V, il était de tradition d'instruire les princesses jusqu'au bac. L'une de ses filles, la princesse Lalla Aïcha, était si brillante que son frère Hassan II la nomma ambassadrice à Londres et à Rome.

Elève rebelle et plutôt dissipée, j'adorais jouer des tours à mes professeurs et mes notes s'en ressentaient. Notre professeur de Coran, un vieux monsieur à l'allure altière, avait été celui de Hassan II. Quand il pénétrait dans la classe, il exigeait qu'on se précipite vers lui pour lui embrasser la main. J'étais chargée de lui retirer son burnous et de l'accrocher au fond de la classe.L'arabe classique qu'il nous enseignait était une de mes matières favorites ; sa calligraphie ressemblait au dessin, où j'excellais. J'aimais aussi l'entendre chanter les sourates de sa voix ample et bien posée.

Ce saint homme croyait fermement aux esprits. Il prétendait que les djinns font partie de nous, de jour comme de nuit. Je n'ai jamais cru aux forces surnaturelles, mais puisqu'il semblait tellement persuadé de leur existence, je décidai de lui préparer une farce.

Un matin, je profitai d'un moment où il était au tableau pour m'installer sous les vêtements pendus au portemanteau, les pieds bien calés sur les montants. Au moment où il se retourna, le portemanteau commença à marcher. Il se mit à trembler de tous ses membres. Plus j'avançais vers le bureau, plus il avait peur, et plus il psalmodiait des versets du Coran. N'y tenant plus, j'éclatai de rire. La rage le suffoqua. J'avais osé humilier le patriarche vénéré de tous et même de Sa Majesté.

Le Palais fit des gorges chaudes de ce mauvais tour. Le roi rit aussi de bon cœur, même s'il fut troublé par la colère du vieil homme qui m'accusait de ne pas croire en Dieu.

Incorrigible, j'accumulais les bêtises : scier la chaise du prof d'anglais, lâcher des abeilles sur un prof allergique... Chaque fois, madame Hugon notre directrice allait se plaindre au roi. Sur mon carnet de notes hebdomadaire, les appréciations étaient cinglantes : « Elève insoumise et rebelle, fait le pitre, bavarde. »

J'apportais mon carnet au roi pendant son repas. J'attendais en tremblant ma punition, muette de terreur.

Un jour, il se retourna vers les concubines :

— Je ne comprends pas. On me dit qu'elle est bavarde, mais je n'arrive pas à lui tirer un mot.

Toute la salle s'esclaffa : elles me connaissaient bien.

A midi trente, les cours de la matinée se terminaient. La voiture nous emmenait au golf pour saluer le roi. Parfois nous déjeunions au Palais, mais le plus souvent nous rentrions à la villa Yasmina. En attendant le repas, nous allions dans la salle de jeux. Un moment précieux que je mettais à profit pour jouer du piano ou croquer le portrait de toutes les vedettes du cinéma et de la chanson qui me faisaient rêver.

La gouvernante nous appelait pour le déjeuner vers treize heures et nous rabâchait le cérémonial immuable, de son accent détestable.

— Vous allez aux toilettes, vous faites « coulette » ou « pousse-pousse », vous vous lavez les mains et le « petit plum ». Dépêchez-vous mesdemoiselles...

Pendant le repas, l'allemand était obligatoire. Je ne supportais pas cette langue puisqu'elle était celle de Rieffel, mais ce n'était pas seulement son emploi qui me mettait au supplice.

Je détestais la nourriture insipide qu'on nous servait à la villa sous prétexte de diététique. Je rêvais de tagines, de soupes, de boulettes, de crêpes marocaines, de gâteaux dégoulinants de miel. La reine mère et Lalla Bahia, qui connaissaient mon péché mignon, nous faisaient parvenir une fois par semaine toutes sortes de plats succulents, mais Rieffel ne nous permettait jamais d'y goûter. Elle poussait le sadisme jusqu'à nous les faire présenter à table puis elle ordonnait qu'on les renvoie.

On nous préparait à la place des salades de viande et des gratins d'épinards, du poisson bouilli et des pommes vapeur saupoudrées de persil. Je détestais la viande, le pain, les légumes. Je n'aimais que les œufs durs qu'on nous servait avec parcimonie, et surtout la cuisine marocaine. Autant dire que je ne mangeais rien à table. Rieffel nous obligeait à tout avaler.

J'inventais mille stratagèmes pour n'en rien faire, avec la hantise d'être privée de cinéma en punition de mes méfaits.

Après manger, nous avions un petit moment de liberté avant de repartir pour le lycée. Vers dix-huit heures trente, à la fin des cours, nous retournions au Palais pour voir le roi. S'il était en Conseil des ministres, nous rendions visite à Oum Sidi, la reine mère, qui était notre complice contre Rieffel. Elle retenait sous divers prétextes la gouvernante et nous en profitions pour filer.

Le dîner était servi vers vingt heures à la villa. En période d'examens, je travaillais tard dans la nuit. Autrement, vers vingt et une heures au plus tard, nous allions nous coucher. Nous n'avions pas le droit de regarder la télévision, ni même de lire, il fallait éteindre tout de suite. J'écoutais en cachette « Les tréteaux de la nuit » sur un petit transistor que je dissimulais sous mon oreiller.

Mon lit donnait sur le patio. Je l'avais choisi près de la fenêtre pour regarder le ciel et les étoiles dont le spectacle m'apaisait. La nuit était mon domaine, mon havre de repos. Personne ne pouvait troubler mes pensées. Je m'évadais dans une vie que je m'inventais, j'étais enfin libre. Je ne dormais pas beaucoup, je pleurais, je pensais à maman qui me manquait chaque jour un peu plus.

J'étais assaillie de sentiments contradictoires. Je n'étais pas malheureuse. Lalla Mina m'aimait comme une sœur et je lui rendais son amour. Le roi, la reine mère, Lalla Bahia, les concubines m'entouraient d'affection même si elle n'était jamais démonstrative. Je vivais une enfance de rêve, j'avais tout ce que je désirais et même d'avantage.

Mais les miens me manquaient cruellement. J'avais appris par le Palais la naissance de mes petites sœurs. Myriam et Raouf étaient de parfaits inconnus pour moi. Je ne connaissais rien d'eux, ni leurs goûts, ni leurs jeux, ni leurs amis. Quand par extraordinaire, la gouvernante me permettait de retourner à la maison pour l'après-midi, les jours suivants étaient terribles. Je ne mangeais ni ne dormais plus, mon chagrin ne s'atténuait qu'après des jours et des nuits de larmes secrètes.

Il m'arriva, à deux reprises, de passer quelques jours de vacances avec eux, mais tout de suite on venait me rechercher, sous n'importe quel prétexte. Lalla Mina s'ennuyait de moi. Je voyais parfois mon père au Palais, mais nos contacts étaient trop brefs. Peu expansif, les effusions le mettaient mal à l'aise. Il suffisait pourtant d'un regard ou d'un serrement de mains pour que je comprenne qu'il m'aimait. Souvent même, je percevais sa tristesse de ne pas m'élever lui-même. Au fil du temps, j'appris par l'entourage que mon père était un homme très important, mais il me fallut grandir un peu plus pour apprécier réellement son rôle politique. Je vivais tellement enfermée que je ne savais rien de ce qui se passait dans le monde. Je ne compris même pas l'affaire Ben Barka[1]. A peine si je sentis que la sécurité était devenue plus vigilante à mon égard. A la radio j'entendais le nom de mon père revenir dans la bouche des journalistes, sans saisir de quoi il s'agissait.

Par-dessus tout, j'étais obsédée par l'envie d'appeler ma mère. Dès qu'un téléphone se trouvait à portée de moi, il me fallait essayer de la joindre. A l'entrée de la villa, dans une petite maison, vivaient monsieur et madame Bringard, l'intendant et la gouvernante générale. En face, se trouvait le bureau de monsieur Bringard avec l'un de ces téléphones tant convoités. Parfois je quittais ma chambre en pleine nuit pour me glisser hors du patio, sans faire de bruit parce que Rieffel nous surveillait de sa fenêtre. Je traversais le jardin en essayant d'éviter les nombreux gardes qui y étaient postés. J'allais

---

1. Affaire Ben Barka : le 29 octobre 1965, Medhi Ben Barka, ancien professeur de mathématiques du roi Hassan II, chef de file de l'opposition marocaine (fondateur de l'Union nationale des forces populaires) et porte-parole du tiers-monde, est enlevé devant la brasserie Lipp à Paris par deux policiers français Souchon et Voitot, pour être conduit dans une villa de Fontenay-le-Vicomte. On ne le reverra plus.
Le général Oufkir, alors ministre de l'Intérieur, et le colonel Ahmed Dlimi, directeur de la Sûreté nationale, sont accusés par la France d'être les instigateurs de l'enlèvement et de la mort de Ben Barka. Un mandat d'arrêt international est lancé contre eux. Dlimi se livre à la justice française et est acquitté en juin 1967. Le général Oufkir est condamné par contumace à la prison à perpétuité par la France. Au Maroc, il recevra l'hommage du roi « pour son attachement indéfectible à notre personne ».

jusqu'au bureau de l'intendant et m'emparais du téléphone en tremblant. La journée, j'utilisais tous les stratagèmes pour m'isoler et appeler ma mère. Mais quand, au prix de mille ruses, je l'avais enfin au bout du fil, quand j'entendais derrière elle les voix, les rires, je ne savais plus quoi lui dire. Je ressentais avec douleur que les miens avaient leur propre vie dont je ne faisais plus partie.

Les fins de semaine différaient un peu de notre strict emploi du temps. Le samedi, le cours d'allemand durait toute la matinée. La gouvernante nous enseignait sa langue à grand renfort de punitions et de gifles. Ensuite Lalla Mina, qui avait la passion des chevaux, allait vers son haras et moi je descendais à la salle de jeux pour dessiner, écouter de la musique, jouer de l'accordéon, de la batterie. Comme toutes les petites filles du monde, nous aimions aussi jouer à la poupée et à la dînette. Nous recevions nos invités dans une jolie cabane décorée, nous leur offrions des feuilles d'arbre servies dans des bols en argent.

Si un film nous avait plu la semaine précédente, je m'empressais de le reconstituer. Nous piochions dans les coffres bourrés de déguisements pour jouer les personnages. J'étais toujours le metteur en scène et je distribuais rôles et répliques. Nous avons eu ainsi la période *Carmélites*, puis la période *Mélodie du bonheur*, *Romulus et Rémus* ou les *Trois Mousquetaires*.

Après le déjeuner, nous partions nous promener à la campagne, prendre « un bol d'air » comme l'exigeait la gouvernante. Tous les samedis et parfois en semaine lorsque le roi n'était pas disponible, nous sortions de Rabat. On nous déposait à une trentaine de kilomètres du Palais et nous marchions deux ou trois heures pour revenir chez nous, suivies par la voiture et celle de l'escorte qui roulaient au pas.

A l'aller, dès que je sentais que Rieffel s'assoupissait, je regardais le chauffeur d'un air complice et il allumait la radio. J'entendais alors mes chansons favorites, du rock, du twist, de la variété, pas ces horribles lieds allemands que la gouvernante nous obligeait à entonner. C'était un plaisir d'autant plus délicieux qu'il nous était interdit.

Le samedi soir était un de mes moments de prédilection parce qu'on nous projetait de vieux films. Mais je préférais par-dessus tout le cinéma du Palais. Nous pouvions regarder tous les films récents que nous voulions, sans qu'ils soient censurés par Rieffel. Les samedis de ramadan, les cuisines nous préparaient de merveilleuses collations que nous dégustions avec le roi et les concubines, en visionnant des films jusqu'au lever du jour. Inutile de préciser que le dimanche, tout le monde faisait la grasse matinée.

Quand son père était encore vivant, Lalla Mina avait reçu un éléphanteau de la part du pandit Nehru. On installa l'animal dans le magnifique parc du palais de Dar-es-Salem, situé en pleine nature, sur la route de Rabat. Petites filles, nous y allions souvent à l'heure du déjeuner pour nourrir les canards qui s'ébattaient sur le lac.

L'éléphanteau devint notre jouet favori. Il était doux, affectueux, avalait prestement les quignons de pain que nous lui glissions sous la trompe. Nous passions le voir tous les jours et notre plus grande joie était de faire le tour du parc sur son dos, accompagnées par son cornac, venu des Indes. Ce dernier voulut rentrer chez lui. Un palefrenier marocain s'occupa alors de l'animal et bientôt le maltraita. A bout de nerfs, l'éléphant attaqua son bourreau. On dut l'abattre. Lalla Mina et moi en avons été longtemps inconsolables.

Notre passion pour les animaux n'avait pas de limites. A l'écurie, parmi les chevaux, vivait une petite chamelle blanche, Zazate, que le gouverneur de Ouarzazate nous avait offerte au cours d'un voyage dans le Sud en compagnie de Moulay Ahmed Alaoui, le cousin du roi. Cet homme intelligent et féru de culture marocaine avait été chargé de nous faire connaître le pays à notre adolescence.

Pendant deux ou trois ans, pour les vacances, il nous emmena de villages en petits bourgs, de déserts en montagnes.

Avant chaque visite, il nous donnait des cours de géographie et d'histoire. Grâce à lui, je connus la région de mes ancêtres paternels, les *charfa*, descendants du Prophète en ligne directe. Dans ces déserts du Sud, peuplés par les hommes bleus, je fus plus acclamée encore que la princesse Lalla Mina. En notre honneur, ils organisèrent une fantasia à dos de chameau.

Zazate vint vivre avec nous. Nous l'avions installée dans un des boxes du haras de la villa Yasmina, à côté de l'étalon de la princesse. Le samedi après-midi, je cédais parfois aux supplications de Lalla Mina et j'acceptais de l'accompagner dans ses promenades à cheval. Je préférais monter la chamelle et nous nous amusions ainsi. Parfois aussi, elle me demandait de prendre un cheval et me défiait à la course.

Ces moments-là m'emplissaient d'un bonheur intense. Je me sentais libre, légère. J'adorais galoper dans le vent, sentir les branches me fouetter le visage. Il me semblait que je n'appartenais plus à personne. J'étais enfin moi-même, sans contraintes ni obligations. Je comprenais mieux ce qu'était le bonheur de monter.

Pour les vacances, outre les voyages avec Moulay Ahmed, nous avions le choix entre les nombreux palais du royaume : Tanger, Marrakech au printemps, ou le palais de Fès qu'Hassan II fit restaurer et qui devint l'un des plus beaux du pays.

L'endroit que je préférais entre tous était Ifrane, dans le Haut Atlas. On avait l'impression d'arriver en Savoie. Les maisons étaient en briques rouges, comme celles de Blanche-Neige ; l'hiver, la neige recouvrait les flancs des montagnes. On s'en donnait à cœur joie pour le ski. Lalla Mina et moi habitions une immense villa à six étages, celle où vivait le roi Mohammed V lorsqu'il était prince héritier. Une route en lacet montait à travers la forêt de sapins pour atteindre le château du roi, perché au sommet et entouré d'un parc de contes de fées. Comme la plupart de ses palais, Hassan II l'avait fait réaménager avec luxe.

En juillet 1969, pour ses quarante ans, il fit donner *Le Lac des cygnes* sur le lac d'Ifrane. Un spectacle inoubliable, digne des Mille et Une Nuits. Quand Nasser vint lui rendre visite, le roi organisa une grande fête pour sa venue. A Michlifèn, à côté d'Ifrane, un ancien volcan au cratère gigantesque trônait au milieu de la forêt. L'hiver nous allions skier sur ses pentes. Le *raïs* [1] eut droit au spectacle inoubliable d'une fantasia à cheval en plein milieu du cratère. Nous étions tous confortablement installés sous une immense tente caïdale dressée pour l'occasion.

A Ifrane, la nuit, nous chassions la panthère en hélicoptère, ou bien le sanglier et le lièvre en Jeeps décapotables. J'étais toujours assise à côté du roi, consciente de vivre des moments d'exception.

La vie au Palais

Le Palais était notre domaine, notre terrain de jeux favori. Nous n'avions jamais fini de galoper dans les couloirs, d'explorer les alcôves, les patios, de nous glisser partout où on nous laissait entrer, chez le roi, dans le harem, dans les cuisines. Lalla Mina glissait sa frimousse mutine en ouvrant une porte, je me hasardais moi aussi, l'air malicieux. On nous apercevait, on nous appelait... Nous étions chouchoutées, embrassées, cajolées, nourries, on satisfaisait tous nos caprices.

On pénétrait dans le domaine royal par une enceinte [2] qu'une route traversait de part en part. A l'intérieur de cette enceinte, on trouvait la mosquée avec son petit mausolée, le quartier des esclaves mariés, le bâtiment du protocole, celui de la garde royale, et un peu plus loin le garage, un de mes endroits favoris, où s'alignait l'impressionnante collection de voitures du roi. Un grand portail s'ouvrait sur le Palais, qui était aussi grand

---

1. Autre nom pour « roi », titre donné au président égyptien Gamal Abdel Nasser.
2. L'enceinte du Palais est aussi ancienne que la ville de Rabat. C'était, à l'origine, les murs d'anciennes écuries où l'on attachait les chevaux. Le nom de Rabat signifie « attaché ».

qu'une ville, avec sa clinique, son golf, son hammam, son lycée, ses souks, ses terrains de sport, son grand zoo où la princesse et moi allions très souvent.

Les bâtiments d'habitation étaient divisés en plusieurs édifices gigantesques, richement décorés, communiquant entre eux par des couloirs interminables : le palais de Hassan II qui déménageait sans cesse d'un coin à un autre selon sa fantaisie, celui de Mohammed V, trop grand et trop sombre à notre goût, ceux des concubines où chacune possédait son appartement, ceux de Oum Sidi et de Lalla Bahia, construits par le roi défunt. Le labyrinthe qui reliait ces derniers était long de deux kilomètres. Nous le parcourions toujours en courant ; il y avait tant de choses à voir et à faire... Les deux palais des souveraines étaient dotés d'une salle de cinéma, d'un jardin d'été, d'un jardin d'hiver, de salons italiens couverts de fresques exquises dont les fenêtres donnaient sur un patio de mille mètres carrés et sur la piscine qui recouvrait toute l'esplanade.

Lalla Bahia, que nous appelions Mamaya, dormait dans un imposant lit à baldaquin tapissé de soie blanche. Dans l'intimité, elle était souvent vêtue de peignoirs de soie et de mules à pompons qui mettaient en valeur ses petits pieds. Une vraie star hollywoodienne. Elle passait des heures dans sa salle de bains de marbre blanc, envahie par les produits de beauté.

J'adorais la regarder s'enduire le visage de Nivea, puis l'essuyer longuement avec des piles de serviettes de coton fin préparées à cet effet. « Ma fille, me répétait-elle de sa voix sensuelle, aucune crème, même la plus coûteuse, n'est aussi efficace que celle-là. » A en juger par sa peau parfaite, plus blanche que le lait, je ne pouvais que la croire sur parole...

Lalla Mina et moi restions des heures dans son salon, installées par terre à feuilleter ses albums de photos qui retraçaient l'histoire de la famille royale : la naissance des princesses, le départ et le retour d'exil, les mariages du roi et de ses sœurs, les fêtes et les anniversaires. Avec sa fille, Mamaya n'était ni maternelle ni démonstrative. Oum Sidi manifestait à la petite princesse bien plus de chaleur et d'affection, mais elle pouvait aussi se montrer sévère. J'aimais beaucoup la reine mère j'admirais son maintien, son port altier, sa personnalité particulière, toute de retenue et de réserve.

Nous allions souvent faire un tour aux cuisines pour nous empiffrer de tout ce que Rieffel nous interdisait à la villa. Ou bien nous empruntions, en galopant, les couloirs interminables qui menaient chez les concubines ou chez les esclaves. Ceux-ci, qu'on appelle *aabid*, vivent au palais de Rabat depuis des générations ; ils descendent des esclaves noirs achetés aux négriers d'Afrique. Leurs arrière-arrière-petits-enfants servent toujours le roi, dans chacun de ses palais marocains. Ils appartiennent à la famille royale mais ils sont libres de se marier au-dehors et de quitter le Palais s'ils le désirent. En pratique, ils ne le font guère. La coutume voulait que lorsqu'un mariage princier était célébré au Palais, on mariât le même jour une quarantaine de couples d'esclaves qui habitaient ensuite l'enceinte, dans de petites maisons construites exprès pour eux. Leurs enfants étaient à leur tour esclaves. Seuls les esclaves du feu, chargés d'administrer les corrections corporelles, avaient une fonction précise. Le reste formait une armée de serviteurs, interchangeables, un petit personnel taillable et corvéable à merci et payé de salaires de misère. Certains dépendaient de l'épouse du roi, d'autres, des concubines, d'autres enfin du roi lui-même.

Les femmes travaillaient aux cuisines, au ménage, étaient nounous, couturières, repasseuses ou même concubines de troisième catégorie. Les hommes s'occupaient du garage, servaient à table, ou veillaient, telles des statues de pierre, dans chaque recoin du Palais, ou dans les niches qui en garnissaient les innombrables couloirs. Les célibataires et les veuves demeuraient à l'intérieur du Palais, dans un quartier spécial. Elles habitaient seules ou à deux dans de petites alcôves fermées par des rideaux, qui se succédaient de part et d'autre d'une avenue à ciel ouvert. Elles cuisinaient sur des butanes les plats les meilleurs du Palais. Malgré leurs pauvres moyens, leurs *koubas*[1] rutilaient et elles-mêmes étaient toujours impeccables.

Toute la journée, les esclaves écoutaient de la musique

---

1. Koubas : alcôves de tailles variables qui bordent les patios du Palais.

orientale sur leurs transistors ouverts à fond. Elles étaient branchées sur la même station, ce qui donnait un effet stéréo saisissant quand on arrivait chez elles. De leurs koubas s'échappaient de délicieuses odeurs de nourriture. Pour nous attirer à elles, elles nous appelaient en jouant sur notre corde sensible, la gourmandise :

— Lalla Mina, Smiyet Lalla, venez... J'ai fait un tagine, des bonnes crêpes...

Certaines préparaient la *hachischa*, la confiture de hachisch, cuite pendant des heures dans de petites casseroles posées sur les butanes. Il m'arrivait de leur en dérober un pot que je partageais en secret avec Lalla Mina. Nous étions parties pour des heures d'éclats de rire.

Devant les portes des concubines s'empilaient des montagnes de chaussures de femmes, car au Palais, on circulait pieds nus sur les tapis et dans les koubas. On jetait ses chaussures avant d'y marcher et on les récupérait ensuite. Ces tas m'ont toujours paru comiques.

En arrivant au Palais, j'avais été adoptée par le harem de Mohammed V. A sa mort, j'avais vu arriver celui de Hassan II. Je connaissais bien toutes ces femmes, j'étais admise dans leur intimité, je partageais leurs confidences. Celles de Mohammed V vivaient dans un endroit ravissant que le roi Hassan II avait fait construire spécialement pour elles, un petit village de maisons blanches entourées de jardins, situé en face de notre lycée. Elles avaient leurs piscines, leurs souks, leur hammam, leur clinique, leur salle de cinéma. Elles avaient continué à servir le nouveau souverain, à le conseiller, à l'entourer, et jouaient un rôle important, quoi qu'on dise.

Les concubines de Hassan II étaient de très jeunes filles choisies pour leur beauté, qui venaient de toutes les régions du pays. Les plus âgées n'avaient pas dix-sept ans. Elles étaient gauches, maladroites, incertaines, elles ne savaient pas se tenir. On les installa dans les anciens appartements des concubines de Mohammed V.

Tout de suite, elles furent prises en main par les anciennes qui leur enseignèrent la vie au Palais, le protocole, les traditions, les habitudes. Elles les préparaient à leur vie de femme, car la sexualité d'une concubine n'est pas celle du commun des mortelles. Des secrets jalousement gardés se transmettaient de harem en harem. On changeait leurs prénoms. Les Fatiha et Khadija, souvent des filles du peuple, devenaient Noor Sbah, « lumière de l'aube », ou encore Shem's Ddoha, « soleil couchant ». Après leur formation, on les mariait par trois ou quatre au roi, dans son palais de Fès, au cours de cérémonies somptueuses où je n'étais pas la dernière à danser et à chanter. Le roi était heureux. C'était alors un héritier plein d'espoir que les fractures politiques n'avaient pas encore aigri.

Hassan II eut de nouvelles concubines jusqu'au début des années soixante-dix, une quarantaine en tout qui s'ajoutaient à la quarantaine de femmes de son père. Elles le suivaient partout dans le Palais, à la toilette, au bain maure, chez le coiffeur, au cours de gymnastique. Elles se regroupaient en clans : les anciennes, les complices, les provocatrices, les joueuses, les cochonnes... Leur but était d'attirer son attention, d'être ses favorites du moment. Quand elles y parvenaient, c'était la gloire. Jusqu'à ce qu'un autre clan gagnât ses faveurs et que le premier soit rejeté comme s'il était passé de mode.

Parmi les concubines, les plus considérées avaient un statut d'épouse sans enfants, car elles n'ont, en principe, pas le droit de procréer. Seule la femme du roi lui donne des héritiers. Ensuite venaient les femmes d'intérieur, chargées de mener à bien l'intendance du Palais ou de faire perdurer les traditions dont le roi était respectueux.

Mohammed V avait une concubine qui, les jours de fête, lui faisait revêtir sa tenue d'apparat, une djellaba blanche et un pantalon de même couleur. A sa mort, elle continua avec Hassan II. Cette cérémonie particulière avait lieu dans une salle du Palais, composée d'un grand patio de marbre blanc au centre duquel gargouillait une fontaine. La pièce était bordée sur trois côtés de koubas carrelées de *zelliges*[1] de couleurs

---

1. « *Zelliges* » : mosaïques.

vives, garnies de tapis de soie, de coussins et de tissus précieux, brocarts et velours. Ces koubas étaient isolées du patio par un rideau de taffetas ou de velours. Ce principe architectural se répétait dans tout le palais de Rabat ainsi que dans tous les autres palais du roi.

Les jours où il se rendait à la mosquée, Hassan II entrait dans sa kouba suivi de la concubine qui portait sa tenue. Celles de ses femmes qui le désiraient pouvaient l'accompagner. Quand il était habillé, la concubine chargée de l'encens faisait brûler de petits bâtonnets odorants. Une autre apportait un ravissant coffret de marqueterie disposé sur un coussin de velours vert émeraude, la couleur du Palais. Dans le coffret étaient alignés de petits flacons d'huiles essentielles, ambre, musc, santal ou jasmin, qui venaient de La Mecque. Le roi versait quelques gouttes de l'essence choisie sur un bout de coton et le passait derrière ses oreilles. Puis il le jetait à terre.

C'était le signal de la ruée. Toutes les concubines se disputaient ce morceau de coton et le passaient de main en main pour recueillir la précieuse odeur mêlée à celle de leur seigneur et maître. J'essayais toujours d'être la première à le ramasser pour me repaître avant elles de son parfum.

Quand le roi revenait de la mosquée, les voix des esclaves hommes annonçaient son arrivée en psalmodiant sans cesse :

— Que Dieu lui prête longue vie...

Puis la *aamara*[1] commençait à se manifester en rythmant les chants avec des tambourins. Il était interdit de s'approcher du roi avant qu'il ne se soit lavé les mains. Lorsque son retour de la mosquée coïncidait avec la fin du ramadan ou la fête de l'Aïd, Hassan II s'installait devant la kouba, dans un fauteuil majestueux comme un trône. Ce jour-là, toutes les concubines punies ou répudiées avaient le droit de lui demander grâce en se jetant à ses pieds.

Tous les soirs, avant le dîner, la concubine du bain lavait le roi selon un rituel bien précis de parfums et de savons. Une autre concubine était chargée de la cérémonie du bois de santal

---

1. Voir page 37. ♡ d'esclave

51

qui avait lieu à toutes les fêtes, toutes les célébrations religieuses, et aussi à tous les deuils et tous les enterrements. Le
bois de santal venu de La Mecque brûlait en permanence dans
un précieux récipient en argent ciselé, rempli de charbon de
bois incandescent.

La concubine présentait au roi de petits morceaux de santal
qu'il jetait dans cette coupe. On passait dans toutes les pièces
pour les purifier. L'odeur du santal imprégnait tout le Palais.
On mettait de la poudre de santal dans les aspirateurs, on brûlait du bois de santal dans des *mbehhra*[1] que faisaient circuler
les esclaves. Les appartements, les voitures, et jusqu'aux
habitants du Palais étaient imbibés de cette odeur.

Naïma, la concubine des clés de l'extérieur, était une jeune
fille très vive, la seule parmi toutes les femmes à avoir un
contact avec les « gens du dehors », et surtout avec les hommes, qu'ils fussent jardiniers, décorateurs, gardes ou cabinards.
Elle était aussi responsable de la presse qu'elle apportait tous
les jours au roi.

En fin d'après-midi, Hassan II avait instauré un rituel. On lui
massait les mains et le cuir chevelu dans une minuscule kouba
qui datait de Mohammed V. Nous assistions toutes à la séance,
assises en tailleur à ses pieds, en commentant toutes les opéra-
tions avec force éclats de rire. J'allais ensuite lui embrasser les
mains dont la peau était si douce. La coiffeuse et la manucure
étaient des Françaises, comme les deux professeurs de gymnastique qui donnaient des cours aux concubines sur l'esplanade
de leur palais.

Le roi cherchait toujours de nouvelles distractions pour amuser toutes ses femmes, dont certaines n'étaient encore que des
enfants. Il fit venir des Etats-Unis des bicyclettes à plusieurs
selles. Les couloirs immenses du palais de Fès ont résonné plusieurs semaines de nos éclats de rire : il fallait nous voir, toutes
en file indienne, pédalant à sa suite...

Durant leur formation, les concubines portaient, comme les

---

1. Mbehhra . encensoir oriental.

esclaves, un caftan de soie vert bouteille, grise, ou marron, orné d'une passementerie de soie ton sur ton. Elles en relevaient les longues manches jusqu'au coude à l'aide de gros élastiques. Autour de leur taille, un autre tissu, le *tehmila*, formait comme un tablier. Devenues concubines confirmées, elles pouvaient enfin arborer des caftans de toutes les couleurs. Le roi se mêlait des plus petits détails de leurs tenues. Il décidait des modèles des caftans de cérémonie, des coloris, des matières, des ceintures. C'était un spectacle magnifique de les voir évoluer dans le Palais, revêtues de leurs tenues colorées. Toutes les nuances étaient permises, des teintes les plus vives aux pastels les plus délicats. Elles avaient une façon gracieuse de se mouvoir, de porter leurs vêtements pourtant si lourds, de relever leurs manches ou le bas de leurs robes. On aurait dit qu'elles dansaient.

La tradition voulait qu'elles soient toujours vêtues de caftans à l'intérieur du Palais. A l'extérieur, à la plage, au golf, au tennis, à cheval, elles arboraient des tenues européennes à la dernière mode. On faisait venir les tissus d'Italie ou d'Europe et le roi les choisissait aussi.

Pour monter dans les voitures, de grosses limousines aux vitres dissimulées par des rideaux, et se déplacer de palais en palais, ou encore pour voyager, les concubines portaient des djellabas particulières noires ou bleu marine, qui ressemblaient à des manteaux à capuche ronde. Leurs visages étaient gracieusement voilés de foulards de mousseline sombre.

Alors que nous étions en vacances à Marrakech, Hassan II nous annonça que nous allions sortir avec lui, ce qui nous mit toutes d'humeur joyeuse ; les occasions étaient si rares de nous promener ensemble en ville ! On nous distribua des djellabas traditionnelles et on nous fit amener des calèches. Dissimulé sous la djellaba d'un esclave, le roi conduisit lui-même la nôtre. Dans la médina, il marchanda les cadeaux qu'il nous offrit. Personne ne le reconnut. Je me souviens de ma jubilation et de nos fous rires.

Il était presque impossible aux femmes de se déplacer sans le roi, sauf à de rares occasions. Un voyage officiel en Yougoslavie, au début des années soixante, avec la reine mère, Oum Sidi, et quelques concubines de ses amies m'est resté en mémoire. Le maréchal Tito avait mis à notre disposition un château situé aux environs de Belgrade, qui ressemblait à la demeure du comte Dracula. Noor Sbah, une des concubines les plus facétieuses, avait dissimulé son visage avec un bas foncé et elle se promenait dans les couloirs sombres, une bougie à la main, en frappant aux portes des chambres. Cette blague de gamine provoqua des hurlements de frayeur dans tout le château et des explosions de rire chez Lalla Mina et moi qui la suivions en douce.

A la fin de notre séjour, la reine mère eut envie de fuguer discrètement en Italie sans en avertir le roi. Mais à Trieste, des journalistes nous attendaient et la balade incognito tomba à l'eau.

Depuis quelques années, le régime carcéral des concubines s'est adouci. Elles se déplacent sans leur voile et sans rideaux aux fenêtres de leurs voitures. La reine Latéfa peut se promener et voyager seule, elle possède ses propres voitures, ses chauffeurs, sa sécurité, ce qui n'était pas le cas à l'époque où elle épousa Hassan II.

Dans l'année qui suivit la mort de Mohammed V, il fallut songer à marier le roi, alors âgé de trente-trois ans. La plus grande famille berbère du pays envoya au Palais deux jeunes beautés, des cousines germaines, Latéfa, quinze ans et Fatéma, treize ans. Elles subirent la même formation que les autres concubines arrivées en même temps qu'elles de toutes les provinces du Maroc.

Mais on savait déjà que le choix royal se ferait entre les deux jeunes filles. Il ne pouvait être pris à la légère. L'épouse légitime deviendrait la mère des enfants du roi, celle, surtout, de l'héritier du trône. Pour des raisons politiques, le maintien d'un subtil équilibre entre les populations marocaines, elle devait être berbère comme toutes les épouses de monarque, comme la reine mère, Lalla Aabla, et comme Lalla Bahia.

Fatéma était grande, bien faite, elle avait la peau blanche, les yeux clairs, un visage de madone. Plus petite, Latéfa était dotée de traits irréguliers, d'un nez proéminent, mais elle avait de grands yeux marron et une chevelure luxuriante. Elle ne possédait pas la beauté spectaculaire de sa cousine, mais sa personnalité était déjà très affirmée.

Les deux jeunes filles étaient à peine plus âgées que moi, mais je les considérais déjà comme des femmes. Je me trouvais aux côtés du roi lorsqu'il reçut leur famille, l'une des plus renommées du pays. Il se comporta avec humilité et déférence, en gendre plutôt qu'en monarque, face à ces Berbères traditionnels qui ne s'encombraient pas des apparences. Les femmes étaient revêtues de voiles blancs, les hommes portaient des djellabas. Leur modestie, leur dignité, la simplicité de leur mise détonnait dans ce décor des mille et une nuits.

Fatéma tomba éperdument amoureuse du roi. Plus orgueilleuse, moins expansive, Latéfa attendit le choix du souverain. La beauté et la fraîcheur de la plus jeune, ainsi que son amour violent et spontané, ne laissaient pas le roi insensible. Le charisme de l'aînée lui plaisait aussi. Seules les intimes connaissaient la rivalité entre les deux cousines. Les anciennes concubines voulurent orienter le monarque vers Fatéma, plus malléable, plus facile à manipuler. Elles tentèrent de forcer la nature pour qu'elle tombe enceinte tout de suite. La naissance d'un héritier officialiserait le mariage. Mais cela ne se produisit pas avec elle.

Latéfa prit un jour la parole et s'adressa au roi.

— Sidi, je n'accepterai jamais d'être une simple concubine dans votre harem.

S'il ne lui donnait pas la chance d'être la mère de ses enfants, ajouta-t-elle, elle préférait rentrer chez elle. Elle ne réfutait pas le statut de concubine ni même l'idée de partage ou d'anonymat. Latéfa voulait être mère. Cette détermination plut au roi, qui préférait aux trop jolies femmes celles qui montraient du caractère. Latéfa en avait à revendre. Du haut de son mètre cinquante-cinq, elle inspirait le respect sans même avoir besoin de parler. Il la choisit pour femme. Sa cousine Fatéma resta concubine dans le harem.

Ces coutumes me paraissaient normales. Elles ne me choquaient guère, puisque c'était ainsi qu'on m'éduquait. J'étais trop jeune, trop ignorante pour juger de leur aspect moyenâgeux. Avec le mariage du roi, j'assistais à une belle mise en scène, comme je les aimais tant. Mais j'étais aussi très heureuse. Je me sentais vraiment concernée par tout ce qui touchait, de près ou de loin, mon père adoptif.

L'année suivante, Latéfa donna le jour à une petite fille, Lalla Meriem[1], qui naquit à Rome. Le baptême fut somptueux, des jours et des jours de musique, de danses, de réjouissances, de repas raffinés où l'on nous servit les mets les plus rares. Latéfa triomphait. La naissance de sa fille l'avait consacrée reine.

Latéfa eut encore quatre enfants[2]. A chacune de ses grossesses, le roi était impitoyable sur son alimentation. Elle devait se nourrir de façon diététique, manger des légumes, éviter le sucre et le gras. Il était intransigeant et elle, affamée.

Elle était enceinte de Moulay Rachid, lorsqu'elle me supplia :

— J'ai envie de « coiffes du caïd ». Tout de suite.

Ce n'était pas une envie facile à contenter. La reine voulait des crêpes qui nécessitent des heures de préparation pour ressembler, à la fin, à un turban trempé dans le miel, d'où leur nom. A cette époque, j'étais déjà rentrée chez moi, mais je venais encore rendre visite aux princesses et aux concubines.

Je courus à la maison et demandai à Achoura, notre gouvernante qui était une cuisinière hors pair, de confectionner les crêpes. Apprenant qui était la destinataire, elle voulut soigner son travail, disposer les douceurs dans une vaisselle d'argent. Mais je n'avais pas beaucoup de temps, Latéfa avait dit « tout de suite », et surtout, je ne voulais pas qu'on me remarque. Le roi aurait pu entrer dans une de ses colères tant redoutées.

Je disposai les crêpes dans un plat ordinaire, enveloppé d'un simple torchon, et je revins au Palais. J'empruntai un chemin

---

1. Le 26 août 1963,
2. Sidi Mohammed, le prince héritier, né en 1964, Lalla Hasmma, née en 1965, Lalla Asmaa, née en 1967, Moulay Rachid, né en 1970.

détourné pour éviter les rencontres, mais je me trouvai bientôt nez à nez avec les anciennes concubines. Elles voulurent savoir où j'allais. Je mentis en affirmant que je rendais visite à la reine mère. Mon plat dégageait une odeur si appétissante qu'elles me questionnèrent sur son emploi. Je prétendis que les crêpes étaient pour Lalla Mina. Le mensonge ne les abusa guère.

— N'apporte surtout pas ces crêpes à Latéfa. Tu pourrais être manipulée, quelqu'un pourrait les empoisonner sans que tu t'en aperçoives et tu aurais alors beaucoup d'ennuis.

Leurs paroles me firent comprendre une réalité du Palais que je voulais ignorer. Là-bas, on craignait les philtres, les ensorcellements, les mauvais sorts, la magie noire. Un an plus tard, on accusa une courtisane jalouse d'avoir voulu empoisonner Latéfa.

Les concubines, surtout les anciennes, étaient des femmes très pieuses. Cinq fois par jour, pour les cinq prières rituelles, elles s'agenouillaient sur leurs petits tapis de soie qu'une esclave leur apportait et elles priaient en direction de La Mecque. Elles restaient longtemps en dévotion après la prière, lisant ou récitant des sourates du Coran.

Je détestais m'attarder avec elles, sauf pour contempler le visage sublime de Lalla Bahia, joliment voilé d'une mousseline. Je n'étais pas une bonne musulmane. Des cérémonies religieuses, je n'aimais que les traditions et les fastes. J'avais de quoi me régaler : les fêtes étaient nombreuses au Palais. Hassan II les avait remises au goût du jour.

La vingt-septième nuit du ramadan, qu'on appelle la nuit sacrée, est consacrée aux prières, dès que l'on a rompu le jeûne. Cette nuit-là, Dieu, dit-on, exauce nos souhaits. Avec le roi, nous allions toutes prier dans la mosquée du Palais. Il s'installait devant et ses femmes s'agenouillaient derrière.

Incapable de me recueillir dans le silence, je faisais le pitre. Oum Sidi et Lalla Bahia ne pouvaient s'empêcher de rire. Le roi les entendait et devinait mes grimaces. Il tentait de se concentrer, mais je voyais bien la colère qui montait en lui. Chaque fois qu'il était énervé, il tirait sur ses manches en signe de profond courroux. Il ne manquait pas ensuite de me rappeler à l'ordre. Ce qui ne m'empêchait pas de recommencer. Le Mouloud, qui marque la naissance du Prophète, était célébré chaque année dans le quartier des esclaves. On remplissait ce jour-là d'immenses plats en bois avec la *zematta*, une préparation spéciale réservée aux baptêmes, à base de farine de blé dur cuite pendant deux jours et mélangée à du beurre fondu, de la noix de muscade, de la gomme arabique, du miel pur, de la cannelle, du sésame, des amandes pilées et frites. La zematta se présentait sous forme de montagnes de pâte noire saupoudrées de sucre glace. Un pur délice.

Dès le matin, on entendait la aamara, appuyée par des musiciens qui jouaient du luth, du violon en scandant des psaumes religieux. Nous arrivions en bas de l'avenue et nous montions les escaliers qui menaient à un balcon surplombant le quartier des esclaves. Les femmes avaient revêtu leurs caftans colorés. Toutes les couleurs étaient permises, sauf le noir et le blanc.

Latéfa, l'épouse du roi, était la plus élégante, la plus parée aussi. Ses bijoux dépassaient en magnificence ceux de toutes les autres. Les sœurs du roi, et sa belle-sœur, Lamia, femme de son frère Moulay Abdallah, étaient vêtues de caftans de mêmes motifs que le sien mais de nuances différentes. Toutes portaient des ceintures d'or rehaussées de pierres précieuses, des boucles d'oreilles, des colliers, des diadèmes et des perles dans les chignons.

De notre promontoire, nous assistions alors à un incroyable spectacle. Toutes les esclaves malades, les épileptiques, les asthmatiques, les rhumatisantes, sortaient de leurs koubas et se mettaient à danser devant nous sur la rythmique de la aamara, et des chants religieux.

Elles entraient en transe pour se débarrasser de leurs djinns, les mauvais esprits cause de tous leurs maux. Un esclave arrivait, portant une coupe débordant d'écorces de figues de barbarie. Elles attrapaient ces écorces à pleines mains, sans paraître endolories par les piquants, les malaxaient et s'en frottaient le corps, en insistant sur les endroits malades. D'autres buvaient de l'eau brûlante à même la bouilloire sans ressentir la moindre douleur. Par la suite, elles n'avaient jamais de stigmates.

Cette cérémonie du Mouloud avait lieu traditionnellement au palais de Meknès. Du temps de Mohammed V, il se passait des choses bien plus terribles encore, racontait Oum Sidi.

— On voyait arriver des blessés qui s'étaient fracassé le crâne de leurs haches, disait-elle, tandis que Lalla Mina et moi, nous frissonnions d'horreur.

Au palais de Rabat, Hassan II contrôlait mieux la situation. Latéfa et moi avons commencé à danser sur la rythmique, pour entrer nous aussi en transes. Mais le roi tança violemment sa femme.

— Ton rang ne permet pas que tu te conduises comme elles. Il t'épargne du démon et de la possession.

C'était ainsi qu'au Palais on expliquait le monde. Les djinns s'attaquaient aux esclaves nées dans la servitude, et ils épargnaient les princesses. Chacun avait sa place et ne pouvait en bouger. Tout allait pour le mieux et pour l'éternité.

D'autres fêtes nous mettaient en joie. Celle du Khôl, qui coïncidait avec la période où les raisins sont mûrs, accordait aux fillettes la permission de se maquiller. Pour humidifier le bâtonnet qui servait à tracer un trait de khôl sous la paupière, on le trempait d'abord dans un grain de raisin. Puis chacune attendait son tour pour être maquillée comme une femme, en riant et en chahutant.

Pour la fête de l'eau, nous devions asperger tous ceux qui se trouvaient à notre portée. C'était une journée très joyeuse que nous passions à guetter nos proies, perchées en haut des balcons ou cachées dans les recoins sombres. Le roi s'amusait beaucoup et nous étions souvent ses complices. Il s'avançait suivi de ses femmes sous un balcon, s'écartait au dernier moment, et Lalla Mina ou moi balancions un seau d'eau sur sa suite qui protestait bruyamment et menaçait de nous faire subir le même sort. On riait tous les trois de bon cœur et les autres finissaient par se joindre à nous.

J'aimais aussi « Achicha Ghadra », la fête des enfants. Dans le grand patio bordé de koubas, nous étions une dizaine de fillettes à faire la cuisine devant des canouns minuscules, aidées par nos nounous respectives. Nous étions déguisées avec de petits caftans de ménagères, et comme les grandes, des élastiques relevaient nos manches jusqu'aux coudes. Toute la vaisselle était à notre taille. Le roi venait ensuite goûter à nos préparations en faisant de petits commentaires, puis il remettait les prix et embrassait les gagnantes.

Le roi n'aimait pas beaucoup manger mais il adorait inventer des recettes. Il faisait souvent installer une cuisine dans la salle à manger du Palais et concoctait lui-même des plats qu'on goûtait à la ronde. Le résultat était hasardeux mais nous n'avions pas le choix. Il nous fallait manger jusqu'au bout en nous exclamant avec force sourires :

— Sidi, quel délice... !

Pour autant, il ne supportait pas qu'on prenne du poids. Il avait promis une surprise à Lalla Mina si elle perdait ses rondeurs adolescentes. Pendant un séjour à Tanger, elle suivit un régime en secret et lui annonça qu'elle avait perdu quatre kilos. Il tint sa promesse et nous annonça qu'il allait faire « Hatefa ».

Il prit place sur le balcon situé au-dessus d'un grand patio. A ses côtés, deux concubines esclaves portaient des caissettes remplies de grandes pièces de cuivre, d'un usage peu courant, qui valaient entre dix et cinquante francs. Oum Sidi, Lalla Bahia, Latéfa et les concubines étaient massées en bas, et nous deux au milieu d'elles, attendant qu'il nous jette les pièces en pluie. Il riait aux larmes de nous voir ramasser cet argent à quatre pattes. La plupart des concubines rivalisaient de pitreries pour attirer son attention. Moi, je ne pipais mot. Je ramassais et j'entassais.

Quand il redescendit, il vint s'enquérir auprès de chacune du nombre de pièces récupérées. Les concubines me désignèrent.

— C'est elle qui en a le plus, dirent-elles, mi-riant, mi-dénonçant.

Il me demanda de lui montrer mon butin. J'ouvris ma jupe dont j'avais relevé le bas pour amasser mon trésor. Il y avait un énorme tas de pièces.

— Tu as bien travaillé, me dit-il. Mais à qui vas-tu les donner ?

— Je vais les offrir à ma maman.

Cette réponse le froissa un peu. Il ne supportait pas que je l'oublie dans ma distribution. Malheureusement, Rieffel me confisqua les pièces.

— Tu es trop jeune, me dit-elle, pour manipuler autant d'argent.

A douze ans on nous perça les oreilles, au cours d'une cérémonie particulière, aussi importante que le baptême et le mariage. Les chants, la aamara, les you-yous des concubines et des esclaves accompagnaient cette entrée dans le monde des femmes. Lalla Mina qui avait peur d'avoir mal se cacha et m'obligea à faire de même. Mais le roi se mit en colère. Il me retrouva et m'obligea à passer la première pour donner l'exemple à sa sœur, dont il ne supportait pas la couardise. Puis les femmes vinrent vers nous et nous félicitèrent à grands coups d'embrassades et de you-yous, cependant que les musiciens frappaient avec force sur leurs tambours.

Autant Mohammed V fermait son Palais, autant Hassan II en ouvrit les portes. Les cérémonies religieuses étaient célébrées dans l'intimité du sérail, mais le roi donnait souvent des fêtes civiles où il conviait la haute société, les officiers et les dignitaires étrangers en visite officielle.

Nous étions toujours très excitées de devoir faire face aux « gens du dehors », les étrangers au Palais. Nous les méprisions tant que nous ne voulions nous mêler à personne. Nous restions toutes ensemble et formions bloc contre l'envahisseur. Quand un spectacle était donné, le roi s'asseyait devant, sa mère derrière, sa femme à côté, et nous toutes en rang serré derrière lui.

Pendant ces fêtes et ces visites officielles, je rencontrais souvent des chefs d'Etat et des personnalités étrangères. Nasser dit à mon père que « j'avais un beau sourire », le roi de Jordanie alla taquiner la truite à Ifrane, le Shah et la Shabanou, Baudouin et Fabiola vinrent en visite officielle. Au risque de paraître présomptueuse, ils ne m'impressionnaient pas. Malgré leur rang élevé, ils appartenaient aux « gens du dehors »...

Parfois, rarement, nous nous échappions du Palais pour rendre visite à Moulay Abdallah, le frère cadet du roi, qui habitait avec sa femme Lamia dans une propriété du quartier de l'Agdal. Grand, bien bâti, élégant, le cheveu noir et l'œil de velours comme Rudolf Valentino, Moulay Abdallah faisait vibrer tous les cœurs féminins par sa beauté et sa gentillesse. Il fréquentait les stars de cinéma, le gotha international. A chacun de ses anniversaires, la jet-set était conviée chez lui.

Mais il était surtout notre ami et notre confident, il savait nous écouter, nous conseiller et nous consoler avec beaucoup d'humanité. Pour nous amuser, il faisait venir des orchestres de rythm'n blues chez lui, invitait quelques amis, et nous étions partis pour des après-midi endiablés de danses et de rires. Il nous emmenait faire de la moto à la plage, sur un parcours délimité, une liberté toute relative car nous étions dûment surveillées par des dizaines de gardes armés.

Nous allions parfois le réveiller le matin. Il nous recevait dans son lit et nous papotions avec lui de choses et d'autres. Il m'offrit une grande partie de sa garde-robe, des costumes, des pulls de cachemire et de soie, des chemises taillées sur mesure, pour mes deux oncles Azzedine et Wahid, les frères cadets de maman. Il me donna aussi une paire de lunettes de soleil à laquelle il tenait beaucoup, en signe de son affection.

C'était un grand honneur que de porter les affaires du souverain et de sa famille. Le roi donnait ainsi ses vêtements aux hommes qui lui étaient le plus proches, ses conseillers, certains de ses ministres. De retour à la maison, il m'a toujours paru étrange de voir mon père arborer les chemises chiffrées du sceau royal.

Le roi et moi

Les disputes entre concubines étaient monnaie courante. Les clans étaient nombreux et toutes les femmes s'empressaient de jeter de l'huile sur le feu dès qu'une querelle était dans l'air. Un jour que pour une histoire ridicule, je me suis prise de bec avec l'une d'entre elles, redoutée pour sa langue de vipère, je lui ai demandé violemment :

— Tu te prends pour qui ?

— Pour ce que je suis, me répliqua-t-elle avec morgue, la concubine de Sidi.

— Eh bien moi, lui dis-je, moi... je suis sa fille.

Je me sentais très proche du roi. Je le considérais comme un second père. Il était autoritaire et je le respectais, mais il était aussi accessible. Quand je lui embrassais la main en signe de soumission, je retournais tout de suite la paume et la pressais de mes lèvres pour lui démontrer mon affection. En retour, il appuyait sa main sur ma bouche pour me signifier qu'il avait bien compris mon geste et qu'il me le rendait.

Nous nous amusions beaucoup, Lalla Mina, lui et moi, surtout pendant les premières années de son règne, avant la naissance de ses enfants. Il lui arrivait de passer ses soirées avec nous à la villa Yasmina.

Je m'installais au piano et je jouais de vieilles chansons que nous reprenions en chœur. J'avais convaincu Lalla Mina de demander une batterie pour son anniversaire. Nous l'avions installée dans la salle de jeux. Je tapais sur mes grosses caisses et le roi dansait avec sa sœur.

J'avais eu envie de prendre des cours de danse classique mais les médecins s'y opposèrent. Lalla Mina n'avait que sept ans et le risque était grand d'entraver sa croissance. D'ailleurs la princesse avait une passion unique, les chevaux. Toute sa vie tournait autour.

Le roi nous fit donner des cours d'équitation, ce que je détestais, parce que cela m'était imposé. Il voulait faire de moi une cavalière accomplie comme mon père l'était et comme il l'était aussi. Chaque fois que j'approchais un cheval, c'était une torture. Tous les stratagèmes étaient bons pour m'éviter le supplice de la carrière.

La veille, je prétextais des fièvres ou des diarrhées, mais le roi n'était pas dupe. Je faisais alors en sorte de tomber de cheval de façon spectaculaire. Je simulais le coma, je hurlais que je m'étais cassé le bras ou la jambe. On me transportait d'urgence à la clinique du Palais où les concubines m'apportaient des douceurs après le passage du médecin.

Le roi apprit mes nouvelles ruses et il fut intransigeant.

— Elle peut se tuer à cheval, cela m'est bien égal. Mais si elle chute, elle doit remonter tout de suite.

Il ne comprenait pas comment je pouvais être aussi peureuse. Un vendredi on nous annonça que nous allions au haras royal de Temara, à une vingtaine de kilomètres de Rabat. Nous montions avec le colonel Laforêt, un Français qui avait en charge les haras, et tout un staff d'officiers. Les femmes suivaient, en tenue de sport, jodhpurs, bottes et bombes : elles montaient comme des hommes, mais moins vite que notre petit groupe.

On nous emmena à la carrière. Tous les chevaux du roi formaient une haie magnifique. Au bout de la file, un minuscule bourricot tranchait dans le décor. Je compris immédiatement que l'ânon était pour moi. Rien ne pouvait me faire plus plaisir. Le roi croyait m'humilier en me faisant chevaucher une si piètre monture alors que la cour paradait sur les beaux étalons.

— C'est pour toi, poltronne, me dit-il.

J'eus le plus grand mal à dissimuler mon soulagement. Mais la journée se termina très mal. Je ne sais plus pourquoi, je fus enfermée dans les oubliettes du haras pendant deux bonnes heures, ce qui me valut une énorme frayeur.

Aux Thermes de Fès où nous allions souvent, la source sulfureuse est réputée pour son excellence à guérir les rhumatismes et l'asthme. Le roi et les concubines venaient y faire des cures.

Je faisais le pitre dans un bassin quand le roi passa par là. J'étais vêtue seulement d'une petite culotte.

— Ôte-la, m'ordonna-t-il d'un air sévère.

Me baigner habillée voulait dire que je redoutais un regard masculin. Mon attitude était blessante pour Sa Majesté, seul homme admis dans cet univers de femmes. Elle signifiait que j'avais des raisons d'avoir honte.

Mais j'avais onze ans, et roi ou pas, j'étais très pudique. Je refusai d'obéir. Mon insubordination me valut une gifle. Il arracha lui-même ma culotte. En pleurs, je restai dans le bassin jusqu'à la tombée de la nuit, de peur qu'on ne me voie nue.

Nous allions plus rarement à Casablanca. Le roi n'aimait pas son palais comme il n'aimait pas non plus la ville, symbole à ses yeux d'émeutes et de troubles. Il ne supportait pas non plus le climat humide qui ravivait sa sinusite chronique. Nous descendions dans la villa de son père et nous nous baignions sur la plage privée. Là-bas, tout le monde était nu, lui comme toutes ses femmes. Je finis par prendre l'habitude de me dévêtir devant lui.

A Casablanca, j'avais repéré une salle de la villa où, comme dans tous les palais royaux, s'empilaient une montagne de cadeaux encore sous emballage. Le roi n'avait jamais le temps de les ouvrir. Je brûlais d'envie d'en dérober au moins un, non tant pour le posséder que par curiosité. C'était l'heure de la sieste. Toute la maison dormait. En tentant d'accomplir mon larcin, je fis tomber quelques paquets qui résonnèrent sur le sol en marbre. Le malheur voulut que la chambre où le roi se reposait fût proche de la chambre aux cadeaux. Il eut cette petite toux caractéristique que je reconnaissais entre mille.

Je me figeai.

— Où est le diable ? demanda-t-il, tout à fait réveillé.

Il connaissait d'avance la réponse. Le « diable » ne pouvait être que moi.

Je cherchai partout un endroit où me cacher et je finis par me glisser à l'intérieur du monte-charge. Mais ensuite, impossible de m'en échapper. Par hasard, il se posta devant et demanda aux esclaves, puis à ses femmes, de me chercher partout. Cela devenait un jeu.

Dissimulée dans mon réduit, j'étais pétrifiée, mes jambes se dérobaient, et lui ne décollait pas de l'endroit. Ses gens revinrent bredouilles. Il eut alors l'idée de regarder dans ma cachette et m'ordonna d'en sortir, ce que je fis en tremblant. Cette fois-là, l'incident se termina dans les rires.

Mais le roi pouvait se montrer terriblement sévère. A l'âge de huit ans, à Temara, je subis une punition particulière appelée *falakha* pour je ne sais plus quelle bêtise que Lalla Mina et moi avions commise. Deux esclaves du feu nous prirent chacune sur leur dos, la tête et les jambes de chaque côté de leurs épaules, et le roi frappa sur la plante de nos pieds nus à coups de nerf de bœuf.

Quand j'atteignis l'âge de quinze ans, je reçus mon premier vrai châtiment. C'était le jour de la remise des carnets et je les déposai à sa table avant de prendre place auprès des concubines qui me narguaient. Elles savaient que mes notes n'étaient pas brillantes, et que je risquais d'être battue. Je fis semblant de rire avec elle, mais je ne me sentais pas très fière. Mon cœur battait avec violence. Je m'efforçai cependant de regarder bravement du côté du roi.

Il tendit les mains et on lui apporta les carnets. Il feuilleta celui de Lalla Mina puis, dans un silence épais, il prit le mien et le regarda avec une attention qui me parut durer des heures. Il leva ensuite la tête et il demanda qu'on appelle les esclaves du feu.

Ses paroles glacèrent l'assistance. Tous les regards étaient braqués sur moi, pleins de pitié à l'idée de la correction qui allait suivre. Le roi me fit signe d'approcher. Il me prit par l'oreille, me sermonna, puis il fit entrer les esclaves du feu, chargés des punitions corporelles. On m'allongea devant lui, sur le tapis. Trois hommes me retinrent par les poignets et trois par les chevilles. L'esclave principal saisit son nerf de bœuf et attendit les ordres du roi. C'était en effet Sa Majesté qui décidait du nombre de coups.

Dans mon malheur j'eus de la chance. Le roi en ordonna seulement une trentaine, mais il ne voulut laisser à personne le soin de me corriger. On lui apporta un petit tabouret où il s'assit pour être à mon niveau. Dans la salle, on entendait voler les mouches. Tout le monde retenait son souffle, n'osant ni parler ni bouger. Le roi avait même interdit à Latéfa, Oum Sidi et Lalla Bahia d'intervenir en ma faveur.

Dans un silence total, il commença à frapper. Un coup, puis deux, puis trois. Je poussai un petit cri, puis un autre tout aussi faible. Le troisième l'intrigua : il frappait si fort que j'aurais dû hurler. Il s'arrêta, se pencha vers moi, appuya ses mains sur mes fesses. Il sentit une triple épaisseur de tissu qui formait comme un rembourrage... Sachant que je ne couperais pas au fouet cette fois-ci, j'avais prévu les coups et entassé des couches et des lainages autour de mon postérieur. Je portais une jupe ample qui dissimulait toutes ces épaisseurs.

Le roi poussa un cri de rage. Dans la salle, tout le monde se mit à rire et il finit par se laisser gagner par l'hilarité générale. Je me jetai alors à ses pieds :

— Sidi, je vous jure de ne plus recommencer.

Au Palais, tout le monde commenta mon audace en faisant des gorges chaudes. Des concubines aux esclaves, il n'y avait personne qui ne fût au courant.

La semaine suivante, mon carnet était identique. Pire même, s'il était possible. Le roi ne dit rien sur le moment, mais il me demanda un peu plus tard de l'accompagner. Il devait sortir du Palais. Sa requête n'avait rien d'inhabituel, il nous arrivait souvent de le suivre dans ses courses, aussi je ne me méfiai pas. La voiture nous conduisit allée des Princesses, dans la maison qu'il habitait avant d'être intronisé.

J'aimais beaucoup cette villa. Je m'y sentais chez moi, d'autant que, pour l'atteindre, il nous fallait passer devant celle de mes parents. Cette vision me mit de bonne humeur. J'étais si peu méfiante que je ne compris pas tout de suite pourquoi le roi m'ordonnait de me déshabiller.

Il me fit passer dans une petite pièce où des esclaves me revêtirent d'une fine djellaba. Je reçus une correction sanglante qui me fit pleurer de douleur pendant des semaines. J'en garde encore aujourd'hui les traces sur les fesses. Mes parents ne m'auraient jamais traitée ainsi. Je regrettais amèrement leur absence.

Une autre fois, mon carnet était si mauvais que le chef du protocole me prit en pitié et promit d'intervenir en ma faveur auprès du souverain. Il se jeta à ses pieds sur le chemin du golf et lui demanda qu'on m'épargne une punition.

Le roi le regarda d'un air glacial.

— Qui es-tu, toi, pour oser intervenir en sa faveur ?

Le malheureux chef du protocole se sentit frémir de honte. Il était ramené plus bas que terre, pis qu'un ver ou un vermisseau. Il fut fouetté à ma place.

Personne au monde n'échappait à la punition royale quand le roi pensait qu'elle était méritée. Avec nous, c'était sa façon de se comporter en père. Il était d'ailleurs si paternel avec Lalla Mina et moi qu'il s'occupait des moindres détails de notre éducation. Lorsqu'il vit que nous étions devenues deux jolies demoiselles de quinze ans, il décida de nous habiller à son goût, qui n'était pas mauvais mais, hélas, un peu trop classique. Il fit venir une couturière et lui passa la commande d'un trousseau complet avec bas, culottes et soutiens-gorge. Il assista même aux essayages et détermina la longueur des ourlets.

J'avais beau le supplier de raccourcir mes jupes, il était impitoyable. Le tissu devait s'arrêter sous le genou. Je choisis donc des robes en lainage fin, pour pouvoir en relever la jupe et la coincer sous une petite ceinture dès que je sortais du Palais. Je pouvais enfin courir partout sans être entravée. Quand je galopais ainsi dans les couloirs, tout le monde me regardait, en riant de mon audace. Exhiber ses mollets nus était une incongruité.

Mais nous étions dans les années soixante, la minijupe était à la mode et, malgré nos contacts restreints avec l'extérieur, ces détails vestimentaires de première importance étaient tout de même parvenus jusqu'à nous, grâce aux quelques journaux que je feuilletais quand je réussissais à me soustraire à la vue de la gouvernante : *Salut les copains, Jours de France, Point de vue, Paris-Match*. Latéfa, les concubines, s'habillaient à la dernière mode occidentale quand elles en avaient l'occasion. J'admirais tout ce qu'elles portaient.

Un jour que je traversais en courant un des plus longs couloirs, ma jupe relevée à mi-cuisses, je ne résistai pas à la satisfaction de me contempler dans un grand miroir qui ornait l'un des murs. C'est alors que je vis le roi arriver en face de moi.

Paniquée, je me mis à tirer sur le tissu. Il s'approcha, défit la ceinture, libéra ma jupe en tirant dessus :

— Tu peux même en faire un caftan si tu veux, me dit-il.

Deux jours plus tard, arriva notre chère couturière. Nous étions en train de dîner. Il me fit appeler, m'ordonna de me déshabiller, ce que je fis avec d'extrêmes réticences. Elle me donna à essayer les tailleurs qu'il avait commandés. Le premier était en lainage. Sa jupe était droite et ultra-serrée, à la mode des années cinquante.

Le roi s'approcha, prit les épingles des mains de la couturière et tâta le tissu en faisant remarquer son épaisseur. Il était impossible de le relever comme avec les robes de lainage. Il me fit signe d'aller et venir dans la pièce et m'observa longuement. Puis il ordonna qu'on m'achète des talons très hauts pour porter ce tailleur.

Une concubine intervint et fit remarquer que j'étais déjà très grande. Les hommes ne voudraient pas de moi si je les dépassais d'une tête. D'un geste, il réfuta cet avis.

— Des talons très hauts, m'expliqua-t-il, te feront travailler le genou. Ils te donneront un bon galbe, un joli mollet, comme une femme.

Une adolescence solitaire

Rieffel haïssait les hommes.

— Ce sont des monstres, disait-elle, ils sont la source de tous les malheurs des femmes. Il faut les éviter comme la peste et le choléra.

Elle nous accablait de diktats bien précis : ne pas se retrouver dans un couloir avec un homme, ne jamais avoir de rapports familiers avec le personnel masculin ou avec n'importe quel individu du sexe opposé. Dans la voiture, nous n'avions pas le droit de nous retourner pour regarder et je recevais souvent des claques en punition de ma curiosité. Lorsque nous avions la chance de nous rendre au centre-ville, elle nous interdisait de descendre.

Ces précautions pour nous préserver du démon étaient presque inutiles. Au Palais, les hommes n'avaient pas droit de cité, exception faite pour mon père qui ne venait qu'à certaines occasions, Moulay Ahmed Alaoui, le cousin du roi, et une dizaine de bouffons choisis pour leur grande culture, leur intelligence, leur sens de la repartie, leur piété.

A table, ils polémiquaient de façon subtile sur la politique du souverain ou bien se lançaient dans des joutes oratoires en citant les plus grands poètes arabes, tout comme à la cour du sultan Haroun al-Rachid. Avec les esclaves et les serviteurs qui ne comptaient pas, c'étaient là nos seuls échantillons de l'autre sexe. Sans compter évidemment le roi.

Mais c'était un homme, un grand mollah, qui nous donnait des cours d'éducation sexuelle à travers le Coran. Il nous apprenait que les femmes ne sont que séduction et soumission, que leur corps sert avant tout à satisfaire les désirs de l'homme. Il nous parlait crûment du rapport sexuel, nous dessinait avec une précision exagérée des vagins et des pénis, sur le grand tableau noir. Pour des gamines de notre âge, cet enseignement était choquant. Nous avions été élevées dans une extrême pudeur, et entendre un homme, un religieux de surcroît, nous parler de sexe, surtout dans ces termes-là, ajoutait à notre confusion.

On ne pouvait pas compter sur Rieffel pour adoucir les propos du mollah. A ses yeux, la féminité était un sujet tabou. On ne devait parler de rien, faire comme si « ça » n'existait pas. Je me souviens de mes premières règles, à douze ans, comme d'un moment difficile de mon existence, moins pour la douleur physique que pour cette atroce impression de honte et de solitude. Les nounous marocaines se chargeaient de nous apprendre l'hygiène. Comment disposer les protections en tissu, comment les laver et nous laver aussi. Ces femmes avaient tous les droits sur nous. Même en présence de dix personnes, elles nous attiraient dans un coin, nous faisaient baisser nos culottes, et si elles étaient souillées, les représailles étaient violentes. La mienne introduisait une clé au bord de mon sexe et la tournait jusqu'à ce que je hurle. Ou encore, elle me pinçait aux endroits les plus sensibles, comme l'intérieur des cuisses.

J'avais besoin d'une mère, d'une sœur aînée, qui m'écoute, m'explique les transformations de mon corps, qui me rassure et me dise le bonheur de devenir une femme, et l'on répondait par la violence et le dégoût à ce moment crucial dans la vie d'une jeune fille. Les concubines m'aidèrent un peu, mais leur soutien était ambigu. Au tout début, elles fêtèrent mon entrée dans leur clan. Je pouvais désormais comprendre leurs conversations, me sentir impliquée. Elles ne se tairaient plus devant moi, ne me demanderaient pas de sortir quand elles auraient des secrets particuliers à se confier.

Deux ans plus tard, elles changèrent d'attitude. J'étais devenue une jeune fille à marier, une rivale potentielle pour les plus jeunes. Nos rapports se modifièrent de façon imperceptible, puis de plus en plus affirmée. Elles détaillaient mon corps lorsque j'étais en maillot de bain, l'été, au palais de Skhirat, lorsque je m'habillais à l'occidentale, ou lorsque je me maquillais. Elles ne me disaient rien de précis, se contentaient de me faire des réflexions, de me provoquer, mais j'étais devenue une menace. Le roi pouvait me choisir pour épouse.

A quel sort meilleur aurais-je pu prétendre puisque c'était le leur ? Je ne pense pas que l'idée ait pu effleurer le roi, mais leur jalousie était là, bien tenace.

J'étais une écorchée vive. En apparence, souriante, joviale, drôle et facétieuse. Mais il suffisait d'un mot, d'un parfum qui me rappelait ma mère, et je me renfermais. La gouvernante me faisait sentir chaque jour davantage que j'étais différente de la princesse Lalla Mina. Je n'avais pas le droit de m'habiller comme elle, ni de porter les cheveux longs parce que les siens étaient frisés.

Maman me rapportait de Londres ou de Paris des vêtements à la mode et me les faisait envoyer à la villa Yasmina. La gouvernante me les laissait porter une journée. Le lendemain elle les récupérait, faisait appel à une couturière qui reproduisait certains modèles pour la princesse, et les valises étaient escamotées.

Au fil du temps, cette souffrance se mua en révolte, difficile à exprimer. La princesse et moi étions attachées l'une à l'autre. Au Palais on me témoignait beaucoup d'affection. Mais dès lors qu'on vous adoptait, on vous amputait de votre passé, de vos racines, on faisait tout pour vous convaincre que vous n'aviez plus de famille. Vous étiez un numéro parmi d'autres.

Le sérail était rempli de femmes sans identité. Moi, j'avais un père, une mère, une famille qu'un jour je reverrais.

Le soir, dans mon lit, je rêvais de liberté. En me repassant les images des films que j'avais aimés, j'imaginais le monde. J'inventais des histoires que je forçais mes camarades de chambre à écouter dans le noir. Si je me suis sans doute mieux adaptée à la prison que mes frères et mes sœurs, c'est que j'avais pris l'habitude d'être cloîtrée. Je savais depuis toujours limiter mon territoire, occuper mon temps, me replier sur moi-même.

Ma mère me manquait tant, je souffrais tellement de solitude que je voulus me suicider à deux reprises. La première fois, j'avais dix ans. Je décidai d'en finir dans le grand champ de tournesols situé derrière le jardin de la villa Yasmina. J'avais affûté une baguette de bambou avec laquelle je piquai l'extrémité de mon pouce pour en faire jaillir le sang. Puis je mélangeai du sable à la plaie pour provoquer une infection et j'attendis, les yeux clos, le cœur battant... La mort tardait à venir, aussi me relevai-je au bout de quelques minutes.

Tous les jours je frottais la blessure avec de la terre, en espérant qu'elle s'aggraverait et qu'on m'hospitaliserait à la clinique du Palais, ce qui me permettrait de voir accourir maman à mon chevet. C'est ce qui se produisit. J'avais tout de même retiré quelques bénéfices secondaires de ce suicide raté.

La seconde fois, j'avais douze ans, et je voulus me jeter du sixième étage de la villa d'Ifrane. Mais la hauteur était impressionnante et la crainte de me faire mal m'en dissuada. Ces tentatives n'étaient pas anodines. Mal à l'aise au Palais, souvent malheureuse, l'idée d'en finir me hantait. Seul le courage me manquait. Ou plutôt, déjà, la rage de survivre.

J'étais sans cesse tiraillée entre l'Orient et l'Occident. Chez mes parents et à la villa Yasmina, nous parlions français, mais au Palais, l'arabe était de rigueur. Un dialecte de cour, désuet et raffiné, avec des expressions, une intonation et une gestuelle particulières que je n'ai jamais réussi à perdre et qui plus tard attirèrent les moqueries de ma famille et le respect des Marocains. Où que j'aille au Maroc, on me demande toujours si j'appartiens à « Dar-el-Mahzran[1] ».

A la villa, la gouvernante nous montrait comment nous comporter à table et dans un salon, comment servir, recevoir, cuisiner, faire la révérence, devenir deux jeunes filles du meilleur monde européen.

Au Palais, on se chargeait de faire de nous des femmes dès que nous devenions pubères. On nous inculquait le protocole ; on nous apprenait à ne pas faire de bévue, à nous tenir devant la cour et dans le harem, à porter les tenues marocaines, à nous soumettre et à nous prosterner. On exaltait le côté féminin le plus superficiel et le plus obéissant de notre personnalité. Nous n'étions rien par rapport aux plus âgés, et moins que rien en tant que femmes. J'apprenais à parler et à me taire, à décoder entre les lignes, à faire de la méfiance une règle et une arme du secret.

Au début de l'adolescence, où le caractère n'est pas vraiment défini, j'aurais pu être attirée par la cour, les belles tenues, les bijoux, les concubines flamboyantes qui n'avaient d'autre souci que de s'occuper de leur corps et de plaire à leur Seigneur et Maître. Mais ces moments d'envie étaient brefs. Je savais que je n'étais pas faite ainsi et que je ne le serais jamais. Je me sentais oppressée. Plus je grandissais et plus j'avais le sentiment d'être prisonnière. J'appartenais corps et âme au Palais et j'étouffais.

Quand nous voyagions par la route suivies de notre escorte, j'essayais de profiter un peu de cet espace de liberté. Je regardais à l'intérieur des voitures que nous dépassions, un couple avec des enfants, ou bien un jeune homme sur sa mobylette. Je me surprenais à jalouser leur liberté. Et puis tout de suite, d'autres portails s'ouvraient et se refermaient, et j'étais à nouveau à l'intérieur, une femme du « dedans ».

Entre mes deux mondes, mes deux éducations, il m'était parfois difficile de tracer la frontière. Je savais qu'un jour prochain, je serais obligée de choisir. J'étais issue d'une famille

---

1. « La maison du pouvoir ».

normale avec des principes et des valeurs autres que celles du Palais. Mais ma vraie vie était soumise au pouvoir d'un monarque absolu de droit divin. J'évoluais parmi le sérail, les esclaves, tout un monde féminin assujetti à un même homme. Tout ce qui se passait au Palais finissait par devenir normal, alors même que la vie de cour était hors normes par ses excès, son opulence, ses fastes, son pouvoir tout-puissant et la crainte qui y régnait.

Au Palais, pourtant, j'étais protégée. Cette petite communauté retirée du siècle me préservait des dangers d'un monde qui ne pouvait être que médiocre. Mais, au plus profond de moi, j'étais une Européenne. Choquée, souvent, par ce qui se passait à l'intérieur de l'enceinte, par la cruauté et l'intensité des sentences punitives.

Des concubines étaient battues, répudiées, bannies, disparaissaient à jamais dans les profondeurs des palais-prisons comme celui de Meknès. Elles étaient dépouillées de toutes leurs richesses et vivaient là-bas comme des spectres.

Hajar et Qamar, deux concubines turques qui avaient appartenu au sultan Youssef ben-Youssef, père de Mohammed V, y avaient été reléguées à la mort de leur maître. Le prince Moulay Abdallah avait eu pitié d'elles. Il les avait recueillies chez lui, à Rabat, pour qu'elles vieillissent en paix. Quand je rencontrais ces deux petites aïeules rousses, à la peau blanche et aux yeux bleus, qui parlaient un arabe étrange, je comprenais à quel point cette vie était moyenâgeuse et ce que ces pratiques avaient de barbare. Je sentais que je butais contre un monde inconnu, souterrain, qui n'était pas le mien mais qui existait dans l'ombre. Je cherchais à connaître les raisons des châtiments, à savoir ce que devenaient les coupables.

Je tendais l'oreille mais le vent ne me renvoyait que des murmures et des rumeurs.

Le départ du Palais

Maman qui ne supportait plus les infidélités répétées de mon père l'avait menacé maintes fois de le quitter. L'occasion se présenta en la personne d'un jeune officier de la région du Nord, dont elle tomba éperdument amoureuse.

Elle partit de la maison, obligea mon père à lui laisser la garde de Maria et de Soukaïna, respectivement âgées de deux ans et un an, et inscrivit Raouf et Myriam dans une pension huppée à Gstaad, en Suisse. Elle loua une petite villa dans le quartier étudiant de l'Agdal, ouvrit une boutique de prêt-à-porter qui devint vite incontournable pour les élégantes de la ville et changea complètement de vie. Elle fréquentait désormais des intellectuels et des artistes.

Maman ne se souciait pas du qu'en-dira-t-on. Elle était heureuse, amoureuse, plus belle que jamais. Cette étape lui était nécessaire. Elle s'était mariée trop jeune, n'avait pas eu d'adolescence. Elle la revivait avec son bel officier.

Le roi organisa le remariage de mon père et me l'apprit lui-même. Je savais seulement que mes parents avaient divorcé mais j'ignorais pourquoi. J'avais pourtant onze ans mais on ne m'expliquait rien, comme si j'étais encore incapable de comprendre. La cour se contentait de me regarder avec compassion.

Le mariage, grandiose, fut célébré au palais de Marrakech. J'en voulus au roi de l'avoir organisé et d'avoir éloigné maman de sa cour. Du jour au lendemain, on l'avait oubliée, les portes se fermaient sur Fatéma Chenna, la femme divorcée. Le beau monde se disputait pour recevoir la nouvelle madame Oufkir, prénommée elle aussi Fatéma et que j'avais surnommée « la cruche » tant elle était bête, et organisait fêtes sur fêtes en son honneur.

J'étais traumatisée par cette trahison qui m'éclairait sur la nature humaine. Ma mère avait été acclamée, adulée, puis on l'avait écartée comme on écarterait un insecte importun. Ce qui lui arrivait pouvait donc m'arriver un jour...

Après le mariage, mon père chercha à me voir. Il me fit venir à la maison, où je ne reconnus plus rien. Je refusai de l'embrasser, lui dis que je le détestais. Il n'avait pas le droit de détruire une famille. Mal à l'aise, il tenta de se justifier. Je sentis que je l'avais blessé et je profitai de cet avantage pour me faire plus violente encore.

— J'aime toujours ta mère, me confia-t-il d'une voix brisée.

Mais je n'entendais rien à ces subtilités de grande personne. Comment pouvait-on aimer une femme et se marier avec une autre ? Et à qui demander des explications ? Mimi et Raouf étaient dans leurs montagnes suisses, mes petites sœurs étaient trop jeunes, Lalla Mina n'aurait pas compris. Je me sentais perdue, plus seule que jamais. J'avais l'impression de trahir ma mère.

Mon père disait vrai. Ses sentiments envers maman n'avaient pas changé, il ne supportait pas de la perdre. Il la surveilla, la menaça, passa ses nuits dans la voiture, en face de chez elle. Le jeune officier fut envoyé dans les coins les plus reculés du pays, désigné pour les missions les plus dangereuses. On exigea de lui qu'il démissionne. Il refusa.

Le chef d'état-major le traita de fou pour s'être attaqué à la femme de l'homme le plus puissant du royaume.

— C'est à présent la mienne, répliqua-t-il, superbe.

A l'occasion d'une visite officielle du roi dans le sud du pays, mon père demanda à ma mère de l'aider à préparer une réception dans son village natal. C'est ainsi qu'ils renouèrent.

Mon père divorça et ils se remarièrent. Maman était très attachée à lui dans le fond de son cœur. Elle me disait souvent que mon père l'avait faite. Elle l'aimait vraiment et l'aime encore aujourd'hui. Jamais, même au plus fort de notre tourmente, je ne l'ai entendue se plaindre du sort que nous subissions par sa faute.

Maman fut à nouveau enceinte. Tout le temps de sa grossesse, mon père lui répétait :

— Le plus beau cadeau que tu puisses me faire, c'est de me donner un fils qui me ressemble.

L'enfant de la réconciliation naquit en 1969[1], le jour du

---

1. Le 27 février.

grand tremblement de terre. Le roi le baptisa Abdellatif, « l'épargné ». Le séisme avait été d'une violence inouïe et malgré tout, les victimes étaient peu nombreuses. Mon père n'a pas eu la chance de le connaître. Abdellatif avait trois ans quand il est mort.

Aujourd'hui, il est tout son portrait.

Mes parents avaient déjà repris la vie commune depuis un bon moment, mais leur histoire demeurait le principal sujet de discussion de la cour. Les concubines adoraient les scandales bien croustillants à se mettre sous la dent. Partout dans le Palais, on murmurait, on chuchotait, on médisait. Pour Rieffel, ma mère était une femme perdue, une putain.

Un jour que toute la cour était à la clinique du Palais, attendant des nouvelles de Oum Sidi qui subissait une opération de la vésicule biliaire, j'entendis la gouvernante dire du mal de ma mère avec une courtisane. Je me mis à hurler contre elles. A l'autre bout du couloir, le roi m'entendit et se précipita vers moi. Son regard m'intima de me taire, par respect pour le repos de sa mère, mais je continuai à crier.

Ma crise de nerfs l'impressionna. Il me prit par la nuque pour me calmer et me demanda de m'expliquer. En sanglotant, je répondis que je voulais rentrer chez moi.

— J'ai une famille, dis-je, je suis déchirée de ne pas la voir.

J'ajoutai que Lalla Mina était une ingrate et que je l'avais bien compris alors que je me donnais à fond, depuis toujours, pour lui faire plaisir.

A ma grande surprise, le roi acquiesça.

— Je ne te donne pas tort, me répondit-il, l'ingratitude est le propre des Alaouites.

Je me rendis compte que ma détermination l'avait touché dans son orgueil. Il ne pouvait plus me demander de rester. Le soir même, j'étais à la maison.

Avant cette scène, j'avais déjà tenté de fuir. J'avais repéré une petite porte du côté des communs, et dans la journée, loin des regards, j'avais réussi à creuser un trou sous le grillage. Un soir, je pus enfin passer de l'autre côté. Mais la liberté m'éblouit, je n'étais pas prête. Je ne savais pas où aller. La peur d'un monde inconnu me fit rebrousser chemin. Le lendemain, j'écrivis une lettre désespérée à mon père, lui disant que j'allais m'enfuir. Au téléphone, il me raisonna et me jura de tout tenter pour que je revienne chez moi.

D'autres raisons me poussaient. Le roi voulait me marier au fils d'un général qui ne me plaisait pas. Si je restais encore un peu, c'en était fait de moi. Je ne pourrais plus mener la vie que je désirais tant, entreprendre de longues études, voyager, devenir actrice ou metteur en scène de cinéma.

Vers la fin, je passais mon temps à réunir les concubines pour tenter de leur ouvrir les yeux sur leur triste sort. Mes propos, loin de les faire réfléchir, les faisaient rire aux larmes. Ces femmes étaient cependant lucides, elles savaient exactement quelle était leur vie, ce qu'elles avaient perdu et gagné en contrepartie.

Pendant les six premiers mois qui suivirent mon retour à la maison, je dormis chez moi le soir, et je continuai à vivre au Palais dans la journée pour prendre mes cours au lycée. Je me sentais dans une situation délicate. J'étais triste à l'idée d'avoir rejeté la vie des concubines, et je voyais bien leur rancune, surtout celle des anciennes. Elles m'avaient maintes fois répété que jamais je ne devais partir ni abandonner Lalla Mina. J'étais mal à l'aise, culpabilisée. Mais soulagée. Mais heureuse.

Dès que mon année scolaire s'acheva, je ne voulus plus m'approcher du Palais. Le protocole appelait sans cesse pour m'inviter et je refusais chaque fois. Mon père m'obligea cependant à y aller, par respect et par politesse.

J'éclatai en sanglots, terrorisée à l'idée qu'on puisse me reprendre.

La maison Oufkir

(1969-1972)

Le retour à la maison

Je suis rentrée chez moi à la nuit tombée. Je me souviens de cette obscurité et de ce sentiment de bonheur intense qui m'a envahie. J'allais rattraper le temps perdu, retrouver mon enfance. Ma place était ici, parmi ma famille, dans ce décor paisible qui serait désormais le mien.

Maman était à Londres, mon père encore au ministère, les enfants avec leurs gouvernantes. J'ai été accueillie par un personnel inconnu, dont la trop grande déférence m'a gênée.

J'ai visité la maison, caressé les murs, effleuré les meubles. Je me suis attardée sur les tableaux au mur, les photos de famille où j'étais absente. Je voyais à travers elles défiler les années, mes frères et sœurs encore enfants, mon père en grand uniforme, ma mère dans des tenues élégantes que je ne lui avais pas connues.

J'ai ouvert les placards de sa chambre et son parfum m'a fait chavirer. J'ai retrouvé les gestes de ma petite enfance, quand j'enfouissais mon visage dans sa veste pour m'imprégner de son odeur. Dans le salon, j'ai osé m'asseoir à la place de mon père, sur son canapé préféré, je me suis lovée dans le creux du coussin où il avait l'habitude de s'installer. En caressant son briquet, j'ai versé des larmes de joie autant que de tristesse. J'avais regretté mon foyer tout au long de mon existence au Palais. Mais c'était seulement de retour chez moi que je m'apercevais combien ce manque avait été violent.

Notre maison était située allée des Princesses, comme la précédente. Mon père avait acheté le terrain avec sa retraite de l'armée française et fait construire la villa à crédit. Elle était vaste, confortable, accueillante surtout. Du portail, une route menait à la maison dont les murs extérieurs étaient couleur d'ocre rouge, comme ceux des villas de Marrakech. D'un côté de la route, une pelouse en pente était entourée d'une haie de cyprès qui nous protégeait des regards. De l'autre, maman avait fait aménager un jardin japonais, couvert de rocailles et planté d'arbres nains. Nous avions une piscine, un tennis, une salle de cinéma, un sauna, un garage qui contenait une dizaine de voitures.

Cependant, rien de tout cela n'était prétentieux ou tape-à-l'œil. Mes parents appréciaient le confort que l'argent procure mais détestaient l'ostentation. Ma mère, dont le raffinement était inné, avait joliment décoré toutes les pièces avec simplicité.

Tous ceux qui venaient chez nous embellissaient la maison dans leurs descriptions. On disait qu'elle était l'une des plus belles de Rabat. Ce n'était pas le cas. La pièce commune où nous nous tenions le plus souvent était de dimensions réduites, meublée en son centre d'une table ronde et basse, à la marocaine. On y déjeunait, on y dînait et on y regardait la télévision. Au premier étage, ma chambre était prête pour mon retour, avec son décor de bonbonnière anglaise.

J'ai obtenu un peu plus tard, non sans heurts avec mon père, de m'installer à l'écart de la maison, dans un studio situé entre la piscine et le sauna. La pièce était minuscule, et contenait seulement un lit encastré, deux bibliothèques et un cabinet de toilette, mais grâce à sa situation éloignée de la maison, je suis devenue un peu plus autonome.

J'ai mis longtemps à m'intégrer à cette vie de famille inconnue. Les premiers mois, j'observais, j'étudiais le rythme des uns et des autres. Mon frère Abdellatif était un nouveau-né. Il accaparait tout mon temps lorsque je rentrais du lycée. J'avais du mal à renouer avec mon frère Raouf et mes trois sœurs, à recréer une complicité que nous n'avions jamais connue ensemble. Avec ma mère, ce fut plus facile. Nous avions tout de suite retrouvé nos marques communes. Notre lien si fort ne s'était pas distendu avec l'éloignement.

Il régnait chez moi une atmosphère sympathique. C'était un vrai foyer, empli d'animation et de gaieté. Mais au fur et à mesure que mon père devenait un personnage important du royaume[1], l'ambiance se fit moins chaleureuse. Notre intimité familiale s'en ressentit.

A la maison, les courtisans étaient encore plus soumis envers mon père qu'ils ne l'étaient au Palais. Les hommes faisaient antichambre. Les femmes venaient dans l'espoir de copier les nouvelles tenues de ma mère, l'arbitre des élégances de tout ce petit monde. Nous vivions sous le regard d'une cour qui disposait de notre vie et de notre temps.

Parfois, nous avions la chance de déjeuner tous en famille. Mais la plupart du temps les courtisans s'incrustaient et se massaient dans le petit salon où mon père recevait les ministres et les officiers pour travailler. Quand leurs femmes arrivaient, ils se déplaçaient tous au premier étage, dans le grand salon, pour prendre un verre et bavarder. Les adultes dînaient tard, il n'était pas rare d'avoir à table une trentaine de convives.

Chez nous on ne sentait pas le faste, mais la toute-puissance de mon père. Je connaissais mal cet aspect de son personnage. J'avais vaguement découvert au Palais qu'il était quelqu'un d'important ; la reine mère l'aimait particulièrement, les courtisans le révéraient, le roi passait beaucoup de temps avec lui.

De retour à la maison, je découvris aussi qu'on le craignait, qu'on le décriait, qu'il passait pour un être féroce. Mes amis en faisaient l'ennemi public numéro un. La simple évocation de son nom les tétanisait.

---

1. 1969 : le général Mohammed Oufkir est ministre de l'Intérieur du roi Hassan II depuis 1964.

Au lycée Lalla Aïcha où mes parents m'inscrivirent en seconde, on me respectait et on m'enviait, mais on chuchotait derrière mon dos, on me montrait du doigt. Une élève me traita de fille d'assassin à propos de l'affaire Ben Barka dont j'ignorais toujours la teneur. Je ne savais pas comment les contredire. Avec la naïveté de mon âge, ce n'était pas mon père que je condamnais dans nos discussions politiques, mais le Pouvoir et la Répression avec un P et un R majuscules.

J'aimais passionnément mon père. Il me semblait qu'on ne le connaissait pas comme je le connaissais moi, avec sa sensibilité, sa générosité, sa bonté. C'était un être calme, discret, plus modéré en apparence que ma mère qui ne mâchait jamais ses mots. En réalité il était bien plus acerbe et bien plus cinglant qu'elle. Son instinct était très sûr et il ne se fiait qu'à lui, au risque de se tromper ou de fâcher son entourage, car il ne savait pas mettre les formes.

D'un caractère méfiant, il pouvait parfois se montrer très coléreux malgré le sang-froid dont il faisait preuve le plus souvent. Il était plutôt lunatique. Parfois gai et détendu, il montrait dans ces moments-là un subtil sens de l'humour qui pouvait se faire tordre de rire toute une assemblée. D'autres fois, il entrait dans un mutisme profond dont nul ne pouvait le tirer. Inapprochable, inabordable, il ressemblait alors à un sphinx.

Il était simple de goûts mais grand seigneur dans l'âme. Même à l'époque où il n'avait pour vivre que sa solde de capitaine, il pouvait la dépenser en une soirée pour emmener maman au restaurant. Il était beau, altier, plein de charisme. Quand il entrait dans une pièce, on ne voyait que lui. Pudique et même pudibond, il n'embrassait jamais maman devant nous. Il l'enlaçait tendrement ou lui serrait la main avec beaucoup d'affection.

Mes parents avaient entre eux une relation douce et respectueuse. Ils n'élevaient pas la voix ni ne se disputaient, quels que fussent leurs conflits, leurs problèmes. Ils avaient beaucoup d'admiration l'un envers l'autre. Pourtant, ils étaient très différents.

Maman était artiste, bohème, éparpillée, dépensière, généreuse et casanière. C'était une femme gaie, qui aimait la vie, la fête, et chanter à tue-tête tout le répertoire de la musique orientale classique. Elle avait une voix magnifique. Elle aimait le cinéma et les voitures rapides qu'elle pilotait elle-même à toute allure dans les rues de Rabat. Autodidacte, elle lisait beaucoup et était curieuse de tout.

Son caractère entier lui valait des ennemis. Elle était franche, directe, impatiente, colérique, manquait de souplesse. Au contraire des courtisans qui l'entouraient ou du Palais qu'elle fréquentait, elle n'était ni calculatrice, ni joueuse, ni manipulatrice. Elle était droite et même presque trop. Avec nous, elle était maternelle, et ne manifestait aucune préférence pour l'un ou pour l'autre de ses enfants, même si je peux me flatter du lien privilégié que j'avais avec elle. Elle était plus présente avec nous que mon père, malgré ses journées chargées.

Mon père demeurait cependant accessible, à condition qu'on se donnât la peine d'aller vers lui. Il entretenait avec chacun de ses six enfants une relation particulière.

Myriam, qui avait alors quatorze ans, était souvent malade. Elle souffrait d'épilepsie. Mes parents avaient consulté des médecins dans le monde entier, mais en vain. Ses crises étaient violentes et spectaculaires. Etait-ce cette affection qui rendait mon père distant à son égard ? Je me souviens cependant d'un jour où elle avait falsifié ses notes sur son carnet. Maman s'en était aperçue et avait demandé à mon père de la corriger. Mais il était incapable de nous punir ou de lever la main sur nous. Il demanda à Mimi de venir dans le salon avec lui. Il ferait semblant de la frapper tandis qu'elle hurlerait à intervalles réguliers pour persuader maman de la réalité de son châtiment...

A douze ans, Raouf était l'héritier, le premier garçon de la famille, un jeune dieu odieusement gâté par les femmes de la maison et vénéré par tous. La garde claquait des bottes devant lui. Il vouait une admiration sans bornes à mon père.

Celui-ci, qui l'adorait, avait cependant une relation difficile avec lui. Adolescent, Raouf était d'une grande beauté, presque féminine, avec ses cheveux longs, sa peau mate, ses pommettes hautes. Mon père redoublait de sévérité et presque d'agressivité

83

envers lui, tant il craignait que son héritier devienne homosexuel.

Cette peur était peu fondée. Mon frère avait déjà beaucoup de succès auprès des jeunes filles et il leur rendait bien l'intérêt qu'elles lui portaient. Après le coup d'Etat de Skhirat[1], Raouf ne lâcha plus mon père d'une semelle. Il avait obtenu de faire partie de l'escorte. Comme il savait déjà conduire à treize ans, il remplaçait souvent le chauffeur, sortait le soir avec mon père et attendait patiemment que ses réunions de travail se terminent, parfois tard dans la nuit.

Maria et Soukaïna, âgées respectivement de sept et six ans, avaient des caractères très différents. Maria, vive et indépendante, charmait mon père mais elle était difficile à saisir. Déjà, à l'époque, elle n'extériorisait pas ses sentiments. Soukaïna, au contraire, était affectueuse et douce. Elle se blottissait contre mon père en suçant son pouce ou bien lui chantait des chansons avec un ton comique qui le faisait rire aux larmes.

— Il était un petitomeu, pirouetteu, cacahoueteu...

Elle passait son temps allongée par terre, à plat ventre, à gribouiller sur du papier. Mon père était persuadé qu'elle deviendrait artiste peintre ou écrivain.

Quant à Abdellatif, encore dans les langes, il faisait la joie de tous. Le souhait de mon père avait été exaucé. Son dernier fils lui ressemblait. Il faillit d'ailleurs le perdre prématurément, dévoré par un lionceau qu'on lui avait offert et qu'il avait ramené à la maison.

L'animal qui s'ébattait librement sur la pelouse s'attaqua d'abord à deux yorkshires avant de s'en prendre au bébé qui jouait non loin de là. Il le bouscula comme une balle sous l'œil impuissant des nurses, puis il le mit entre ses pattes et montra les dents dès que quiconque menaçait de s'approcher. Il fallut appeler mon père pour qu'il constate lui-même le danger. Le lionceau finit par lâcher sa proie et on l'envoya jouer avec ses congénères, au zoo.

---

1. Cf. page 96.

Mon père et moi

Nous étions deux amis, deux complices. Je le charmais, je le provoquais, sans dépasser certaines limites. Je me gardais bien cependant de lui montrer de la crainte ou un respect servile : j'étais bien trop insoumise.

Le matin, il m'appelait pour ajuster son nœud de cravate ou boutonner son col. J'étais fière de ce rituel comme il l'était lui aussi. Un jour que j'avais du mal à fermer sa chemise, je lui fis remarquer pour le taquiner qu'il avait attrapé un double menton. Il était très coquet et prit immédiatement les mesures qui s'imposaient : une partie de tennis à la maison avec son ami, le général Driss Ben Omar, un sauna et quelques légères restrictions alimentaires. Hélas, ces excellentes résolutions ne durèrent pas très longtemps.

Lorsqu'il partait en voyage il me demandait de préparer sa valise. Il le racontait ensuite avec orgueil à ses ministres. Il me disait avec un petit sourire :

— Habille-moi comme tes stars de rock, je veux être à la mode...

Vers treize heures, quand il arrivait du ministère ou de l'état-major, il se rendait dans le grand salon. Il s'installait sur son canapé, toujours à la même place, demandait une bière, la dégustait lentement. Je terminais de déjeuner et je montais le retrouver, souvent avec Soukaïna qui lui portait un amour immense. Je m'occupais de lui, je le servais, je restais à ses côtés jusqu'au moment de repartir pour le lycée, en caressant la cicatrice qu'il avait à sa main droite, séquelle d'un accident de voiture.

Il avait fait installer un grand piano dans le salon et il me demandait de jouer quand nous avions des invités. Il était très fier de mes dons musicaux. Je m'exécutais en rechignant un peu : je n'aimais pas ce rôle de jeune fille de la maison.

Quelques semaines après mon retour, j'accompagnai mes parents en visite officielle en Espagne, à Séville, à l'occasion de la Féria. Ce fut l'occasion de me rapprocher d'eux, de redevenir leur fille, et même leur enfant unique puisque mes frères et mes sœurs étaient restés à Rabat. Je dois à ce voyage mon premier vrai moment de bonheur familial. Nous allions ensemble dans toutes les fêtes données par l'aristocratie espagnole, nous dansions jusqu'à l'aube des flamencos endiablés.

Je découvrais un père enjoué, bon vivant, noctambule, amateur de chansons d'amour et de jolies gitanes. Un père autoritaire aussi. Il m'interdit de sortir un soir vêtue d'une chemise indienne transparente que je portais sans soutien-gorge comme c'était la mode à l'époque. Il était irrité par tant d'indécence.

Notre complicité n'allait pas sans heurts. J'avais seize ans, j'étais rebelle dans l'âme, rétive à toute forme d'autorité. J'avais été bridée pendant de trop longues années. Plus tard, j'ai dû me battre encore pour avoir le droit de porter des minijupes. J'ai refusé qu'un chauffeur m'accompagne le matin au lycée et m'attende à la sortie. Je voulais mener une vie normale, ce qui n'était pas évident quand on était la fille du général Oufkir.

J'ai attendu avec impatience mes dix-huit ans pour passer mon permis de conduire. Mon garde du corps qui conduisait n'importe comment m'avait appris les rudiments du volant. Mais je n'avais aucune notion du code de la route. J'ai obtenu mon permis grâce aux policiers de mon escorte qui ont demandé à l'inspecteur de me le donner.

Je retrouvais chaque jour une bande d'amis que mon père ne voyait pas d'un très bon œil. Certains, comme Sabah, ma meilleure complice, lui paraissaient trop délurés. Véronique et Claudine étaient dans ma classe, en seconde C au lycée Lalla Aïcha. Les parents de Véronique, trotskistes convaincus, étaient affiliés au parti d'Abraham Serfaty[1]. Ils vivaient en soixante-huitards dans une maison de Rabat, non loin de chez nous. Le jardin, à l'abandon, était le domaine des chiens, bergers allemands, dobermans, bulldogs. Les enfants étaient livrés

---

1. Abraham Serfaty : diplômé de l'Ecole française des mines. Cet opposant au régime est le créateur du parti d'extrême gauche, Ilal Amam (« En avant »). Il est arrêté en janvier 1972, relâché puis incarcéré en 1974 à la prison Ghbila, puis à la prison militaire de Kenitra. Il sera libéré en septembre 1991 et expulsé en France.

à eux-mêmes. C'était tout l'opposé de ma vie, mais cela n'entama pas notre amitié naissante. Véronique m'invitait souvent à déjeuner malgré la réticence de ses parents à mon égard. Ils n'hésitaient pas à me provoquer, à faire allusion à mon père. Je finis par leur répondre que je n'avais aucun argument politique pour le défendre, mais qu'il était mon père et que je ne tolérais pas qu'on l'injurie.

Parmi mes amis garçons, il y avait Ouezzine Aherdane, fils d'un chef de parti berbère devenu plusieurs fois ministre sous Mohammed V et Hassan II ; Maurice Serfaty, fils d'Abraham Serfaty ; Driss Bahnini, le fils de l'ex-Premier ministre, le fils d'un homme d'affaires, d'autres encore... Ouezzine affichait le style de Bob Dylan, il portait les cheveux longs, des chemises fleuries. Il conduisait des Coccinelles Volkswagen sans tuyau d'échappement qu'il repeignait selon son humeur : le lundi elles étaient jaune citron, le mardi elles devenaient rose bonbon. Ensuite, il préféra les Mustang décapotables.

J'échangeais volontiers mes grosses voitures avec chauffeur contre ses engins pétaradants. Un après-midi que nous avions fait l'école buissonnière, nous étions tous dans la voiture de Ouezzine à rire et à faire les fous. Au feu rouge, une voiture s'arrêta tout près de la nôtre. A l'intérieur, mon père nous fixait avec sévérité. Terrorisée, la joyeuse bande se glissa sous les sièges. Ouezzine, qui était bien trop fier pour montrer qu'il avait eu peur, démarra en regardant droit devant lui.

J'allais souvent chez Maurice Serfaty, je rencontrais chez lui les militants que son père recevait. J'avais beau être la fille de mon père, être surveillée comme il l'était aussi, mais pour des raisons différentes, Abraham Serfaty me témoigna toujours la plus grande confiance puisque j'étais l'amie de son fils. Il avait l'intelligence de ne pas mêler ses enfants à la politique. Je n'ignorais rien de ses activités, mais il ne me serait jamais venu à l'idée d'en parler à mon père. Lui-même, d'ailleurs, ne m'aurait jamais interdit de fréquenter sa maison.

Mon père s'inquiétait avant tout de ces garçons autour de moi. Il était influencé par son entourage de courtisans hypocrites, qui feignaient de se soucier de ma virginité et de mon honneur. Je n'en avais cure. Les défier m'amusait plus que tout. Bien sûr, je ne voulais pas décevoir mon père ; mais cela ne m'empêchait pas de faire le mur presque tous les soirs pour assouvir ma passion de la musique et de la danse.

J'étais très organisée. Jusqu'à vingt-deux heures, je faisais acte de présence, je répondais aux questions sur mes études comme une jeune fille modèle. Quand on annonçait que le dîner était servi, je me levais, j'embrassais mes parents, je disais bonsoir aux invités en prétextant une interrogation à préparer pour le lendemain. Dans ma chambre, j'enfilais une minijupe ou un short, je me maquillais à outrance. Je plaçais un polochon coiffé d'une perruque dans mon lit et je partais.

Ce n'était pas chose aisée : nous vivions de façon étouffante. Nous étions toujours surveillés. Il n'était pas question de sortir sans escorte. La maison était truffée de gardes et, parmi eux, de nombreux mouchards. Les standardistes qui se relayaient à la maison étaient eux aussi des mouchards. Mais j'avais gagné la complicité de l'un d'entre eux qui m'aidait à m'échapper.

Les deux jeunes frères de ma mère, Azzedine et Wahid, âgés de vingt ans et dix-sept ans, m'attendaient dans leur voiture. Nous filions retrouver les copains dans les boîtes de nuit à la mode. Azzedine veillait sur moi jalousement et ne permettait à personne de m'approcher.

Je dansais jusqu'à l'aube. Le matin, je me réveillais à sept heures pour aller en cours, mais je mettais un point d'honneur à réussir mes examens. Un soir, alors que je me préparais, j'ai entendu les deux battants en bois de la fenêtre s'ouvrir légèrement. Dans l'obscurité, j'ai reconnu mon père. Quelqu'un m'avait donc dénoncée. Ce soir-là, je suis restée tranquillement au lit. Il ne m'a jamais soufflé mot de ce qu'il savait.

Nous passions l'été à la plage, près de Rabat. Mes parents y possédaient deux cabanons, beaucoup plus simples que ceux que la bourgeoisie faisait construire et qui avaient bien souvent l'allure de palais. Ceux de mes parents étaient vraiment des maisons de plage. Ils s'étaient approprié le premier et nous avaient laissé l'autre. Ils voulaient que je m'installe avec eux mais je refusai, prétextant des examens à préparer. En réalité, je voulais continuer à faire le mur, ce qui relevait, une fois de plus, d'un véritable parcours du combattant. Le terrain était truffé de jeeps, la police, l'armée patrouillaient nuit et jour. Je me réveillais souvent à midi. Mon père, qui feignait de croire que mon sommeil profond était dû à mes nuits de bachotage, me proposa un tour en voiture après un déjeuner où je débarquai les yeux encore gonflés. Les tête-à-tête avec lui étaient si rares que j'acceptai avec joie.

Il a conduit un moment sans rien dire, puis il m'a demandé si j'avais entendu parler d'une boîte de nuit qui s'appelait La Cage. J'ai nié avec vigueur, pas très fière de moi. C'était à La Cage que je dansais jusqu'à l'aube. Il s'est garé en face de l'endroit.

— Tu ne le reconnais pas?

J'ai fait semblant de ne pas comprendre et il n'a pas insisté.

Un autre jour, il déclara devant toute une assemblée qu'on m'avait vue en boîte, à Casablanca. Par chance, c'était faux et j'ai pu protester sans arrière-pensée de mon innocence.

— Un soir on me voit à Casa, et pourquoi pas le lendemain à La Cage?

— Pour Casa, je peux te croire, mais à La Cage, là je ne sais pas...

A Londres où il m'emmena pour la première fois avec lui, il me surprit à fumer dans les toilettes du Play Boy, un restaurant à la mode. Il attendit que je sorte et déclara que je pouvais fumer devant lui plutôt que me cacher. Un peu plus tard il eut une discussion devant moi avec le général Ben Omar, un homme austère qui éduquait ses enfants dans la crainte. Il répéta qu'il n'aimait pas les cachotteries. Il préférait me voir fumer plutôt que m'entendre lui mentir, ce qui choqua le brave général.

Mon père mangeait mal, mastiquait bruyamment, n'avait pas de manières. Personne dans son entourage n'osait le lui faire remarquer et maman ne s'en souciait guère. Il détestait aussi la cuisine raffinée. Comme moi, il n'aimait que les œufs, de préférence cuits sur le plat. En visite officielle à Agadir, il était passé voir un de ses meilleurs amis, Henry Friedman. Celui-ci possédait la Casbah d'Agadir, un genre de Club Med qu'il avait été le premier à lancer et qui existe toujours.

De tout son entourage, Henry était le seul à oser dire ses quatre vérités à mon père. C'était un Juif d'Europe de l'Est, roux aux yeux bleus, qui mesurait près de deux mètres et pesait cent cinquante kilos. Un mastodonte, le cigare vissé au bec, la voix cassée, caverneuse. Ancien déporté, il personnifiait la joie de vivre mais avait un côté autoritaire. Il adorait manger. La faim et les privations éprouvées dans les camps de concentration lui avaient donné un profond respect pour la nourriture. Excellent cuisinier, il avait préparé lui-même pour mon père une table couverte de mets appétissants.

Mon père passa en revue tout le buffet.

— Ecoute, je suis désolé, Henry, dit-il enfin, mais ça ne me plaît pas. Je veux deux œufs sur le plat.

Henry se mit en colère et hurla contre mon père qui restait très calme. Les serveurs tremblaient de voir que le général Oufkir se faisait passer un savon, mais Henry, rouge cramoisi, continuait de plus belle. Plus Henry s'échauffait et plus le petit sourire de mon père s'élargissait. Il était ravi de l'avoir provoqué.

A la maison, je ne supportais pas de me mettre à table avec lui. Mon éducation stricte, à l'allemande, ne tolérait pas le moindre écart de tenue. Quand je déjeunais avec les enfants, je ne pouvais m'empêcher de les reprendre. Ils étaient certes bien élevés, mais pas assez à mon goût. Je leur apprenais à découper une sole, à mastiquer lentement. Je ne me faisais pas à leurs manières et eux se moquaient des miennes, inculquées par Rieffel, la gouvernante, et amplifiées par le raffinement inouï du Palais. Je n'ai jamais pu ni su m'en défaire.

Au cours d'un déjeuner en compagnie des officiers de mon père parmi les plus intimes, je fus bien vite exaspérée par le bruit de ses mâchoires. Je le regardai fixement. Il releva un peu la tête, me dévisagea à son tour. Nous nous étions compris sans mot dire. Il se mit alors à mastiquer plus fort encore, tout en me défiant. Je l'imitai et lui dis :

— On ne s'entend pas ici, on n'entend que toi.

Tous les officiers avaient déposé leurs couverts. Ils me désapprouvaient ; j'étais insolente, dévergondée, je manquais de respect envers mon père. Mais il ne répliqua pas.

Un autre jour, il avait décidé de s'arrêter de fumer. Il arriva de l'état-major, les poches pleines de chewing-gum. Il savait que je détestais entendre quelqu'un mâcher. Il ouvrit le paquet, enfourna toutes les tablettes dans sa bouche et il me regarda fixement. Je ne détournai pas mon regard.

Une autre fois, il était dans le salon avec quelques ministres, à discuter politique. Je passai dans la pièce d'à côté, et mis la musique très fort. Il me demanda de diminuer. J'obéis, je laissai passer dix minutes, et je recommençai. C'était le genre de petits jeux auxquels nous nous livrions sans cesse.

A la fin de l'année, mes notes n'étaient pas assez bonnes pour passer en première C. Mes sorties nocturnes avaient laissé des traces. J'optai pour la filière littéraire et demandai à mes parents de me mettre en pension. Je pensais ainsi être plus libre.

A la rentrée suivante, ils nous inscrivirent tous les trois, Raouf, Myriam et moi, à Meknès, au lycée Paul-Valéry. Mon habitude de faire le mur ne m'avait pas quittée et je le fis plus souvent qu'à mon tour, ce qui me valut de très nombreuses réprimandes et même une paire de claques le jour où, au lieu de rentrer à la pension au petit matin, je fuguai une journée entière avec Sabah, à Rabat.

Une jeune fille gâtée

La vie de tout le monde ? J'en rêvais... Mais j'ignorais ce qu'elle pouvait être... Mon univers était si facile. Il suffisait de claquer des doigts et hop, tout m'arrivait sans que j'aie besoin de me fatiguer. Voyager ? Je prenais l'avion en première classe comme d'autres, l'autobus. M'habiller ? Je dévalisais les créateurs des grandes capitales européennes et au besoin j'empruntais les tenues Saint Laurent de maman. Sortir ? Les fêtes, les bals se succédaient avec des invités abonnés au carnet mondain des gazettes. Partir en vacances ? J'avais le choix : le monde entier était à moi. Tout me paraissait normal : l'argent, le faste, le pouvoir, la royauté, la soumission. Autour de moi, les gens étaient si dociles que même si on avait les yeux noirs, ils vous complimentaient sur le bleu de votre regard parce qu'on le leur avait ordonné.

Au bal de mes dix-huit ans, mes parents convièrent toute la bonne société marocaine, le prince Moulay Abdallah, la princesse Lamia, tout le gouvernement, un bon nombre de militaires et quelques stars. Et moi ? Moi, l'enfant gâtée, je faisais la tête. Les essayages m'ennuyaient. Porter une robe de Dior, ça n'était pas pour moi, être coiffée « chonchon » non plus. Dans mon coin, je boudais, je trépignais... Le coiffeur qui passa deux heures à échafauder un chignon compliqué, à grand renfort de laque et de crêpages, jura qu'il ne reviendrait plus jamais me coiffer lorsqu'il vit le peu de cas que je faisais de son chef-d'œuvre. Avant même qu'il ait terminé de remballer ses affaires, je me suis passé la tête sous l'eau et j'ai lâché mes cheveux sur mes épaules. Une vraie tête à claques.

J'ai dû recevoir tous les invités avec mes parents, faire assaut d'amabilités, jouer à la jeune fille parfaite en âge de se marier. J'ai ouvert le bal avec le prince Moulay Abdallah, eu un mot gentil pour les vieilles dames, souri à mon grand-père, aux généraux, aux ministres... J'ai tenu mon rôle une bonne partie de la soirée.

Mais quand le groupe jamaïcain a attaqué les premiers reggae, Malika la trop sage s'est déchaînée sur la piste. J'ai abandonné ma belle tenue de mousseline blanche rebrodée de roses, enfilé un jean et un tee-shirt, et, pieds nus, j'ai dansé à perdre le souffle toute la nuit, le plus souvent avec mon père.

Cette soirée tant redoutée a tout de même fini par me plaire. J'avais été couverte de cadeaux, parmi lesquels des bijoux magnifiques ; on m'avait complimentée sur ma beauté, mes parents étaient heureux... Et je m'étais bien amusée. J'ai gardé longtemps, même pendant les premières années d'emprisonnement, un petit album de photos prises ce soir-là. On me l'a confisqué comme le reste. Mais j'ai pu le récupérer quand on m'a libérée. Les têtes des généraux, exécutés après le coup d'Etat de Skhirat et qui étaient présents ce soir-là, avaient été entourées au stylo vert.

A quoi rêvent les jeunes filles? A l'amour, pour la plupart d'entre elles. Moi, c'était à la lumière... Le cinéma était resté ma grande passion, l'affaire de ma vie, depuis l'époque où je faisais rejouer tous les films qui m'avaient plu à Lalla Mina et à mes camarades du lycée royal. Etre une vedette, voilà ce qui m'animait... Toutes les occasions étaient bonnes pour approcher le show et les paillettes. A Londres où maman possédait une maison dans Hyde Park, j'ai rencontré l'actrice grecque Irène Pappas. Elle jouait dans un film qui se tournait dans les studios londoniens. Tout de suite, la tête m'a tourné. Heureusement pour moi, mes deux oncles Azzedine et Wahid étaient censés me servir de chaperons. En réalité, ils s'amusaient autant que moi.

On se retrouvait dans l'immense appartement qu'Irène avait loué, on dansait le sirtaki, on buvait de la vodka et du champagne, on riait, on chantait, on rentrait à l'aube, raccompagnés dans des Maserati ou des Lamborghini, par le fils du roi Fahd d'Arabie ou par un jeune acteur grec, Yorgo. C'était ainsi que j'étais censée apprendre l'anglais...

Paris me fascinait... Toutes les occasions étaient bonnes pour que je supplie mes parents de m'y envoyer. Il me fallait encore une fois un chaperon. Ma cousine, Leïla Chenna, avec laquelle je jouais enfant, fut chargée de cette tâche. Je me suis installée chez elle avec joie. Un peu plus âgée que moi, Leïla était la plus belle fille de sa génération. Son physique lui avait porté chance : elle était devenue actrice. Le metteur en scène Lakhdar Yamina en était tombé éperdument amoureux et l'avait fait jouer dans la plupart de ses films, dont le fameux *Chronique des années de braise* qui avait reçu la Palme d'Or à Cannes. Elle avait aussi figuré dans un *James Bond*.

Leïla incarnait mon rêve. Elle avait réussi dans le cinéma,

elle était indépendante. Elle côtoyait les acteurs que j'admirais le plus au monde. Et elle n'était pas égoïste... Elle me présenta Alain Delon. La star des stars. L'acteur que les femmes adulaient. Il ne m'impressionnait guère. Pour la gamine de dix-sept ans, capricieuse et spontanée que j'étais, il était déjà un homme mûr. Presque un vieux. Il n'aurait pu être question d'autre chose que d'amitié entre nous, parfois ambiguë, mais toute platonique. Je l'ai vu quelques fois à Paris puis ensuite à New York et au Mexique où il tournait *L'assassinat de Trotski* de Joseph Losey, avec Romy Schneider. Il m'a appris à jouer au Yam's.

Alain avait beaucoup d'affection pour moi, mais respectait la jeune fille que j'étais, bardée de principes vertueux. Mon côté vierge affolée ne lui déplaisait pas. Il m'appelait souvent à Rabat. Alerté par ses courtisans toujours prompts à s'effaroucher pour mon honneur, mon père s'inquiéta de cette relation. Il n'y avait pas de quoi. Alain était un véritable ami, parmi les plus fidèles. Il a prouvé ensuite qu'il ne m'avait jamais oubliée.

Jacques Perrin fréquentait l'appartement de Leïla. Il venait de produire Z. Il était admiré, fêté... Et craquant... J'ai eu avec lui un petit flirt sans conséquence. J'ai sans doute été un peu amoureuse. Mais je n'étais pas encore prête à appartenir à quiconque. Ma liberté toute neuve me grisait trop.

Les Etats-Unis incarnaient mon rêve. New York et Hollywood étaient ma plus belle récompense. J'y ai passé des vacances de Noël mémorables. Dans la Grosse Pomme, je suis devenue l'amie de Marvin Dayan, le neveu de Moshé, ce qui, à mon retour, mit mon père en joie et scandalisa certains de ses ministres. Los Angeles ? Un de mes meilleurs souvenirs. J'accompagnai la princesse Nehza, la plus jeune sœur du roi, et je fus invitée avec elle dans le tout-Hollywood. Nous allions de dîners en soirées tous plus ébouriffants les uns que les autres. J'ai rencontré là-bas tout ce que le cinéma mondial comptait à l'époque de stars et de célébrités, Zsa-Zsa Gabor, Edward J. Robinson, et tant d'autres. J'étais impressionnée, intimidée, mais cependant éblouie... J'avais beau être consciente que je devais ces fréquentations prestigieuses à mon nom, qui m'ouvrait toutes les portes comme un sésame, je n'en étais pas moins étourdie.

Dans une de ces soirées, je suis même tombée éperdument amoureuse d'un cow-boy de cinéma, Stuart Whitman, qui n'eut qu'à cligner ses beaux yeux bleus pour me faire tomber en pâmoison. Je m'ouvris de ce coup de foudre à ma voisine de canapé, un ravissant mannequin français. Elle m'écouta avec un grand sérieux.

— Je comprends, me dit-elle en souriant. C'est vrai qu'il est magnifique.

J'allais enchainer sur l'objet de ma passion subite, détailler tous ses charmes, quand je vis Nehza me foudroyer du regard. Elle me fit signe de la rejoindre.

— Malika, tu te conduis mal. Non seulement tu dévisages cet homme avec impudence, mais en plus tu le fais devant sa propre femme...

C'était ma belle voisine... Elle eut l'élégance de ne pas me tenir rigueur de mon aveu, et m'invita chez elle à plusieurs reprises. Ma naïveté l'avait séduite. Je devins son amie et celle de son mari que ma vaine passion attendrissait.

Chez eux, à Malibu, je me liai d'amitié avec la charmante Brigitte Fossey, comme moi fille d'officier, et mère d'une petite Marie de quatre mois. Un peu plus tard, Steve Mac Queen, rencontré dans une boîte de nuit de Los Angeles où je dansais avec les fils de Dean Martin, m'invita à faire du booggy avec lui dans le désert de Californie. Il connaissait mes parents. Nous avons passé ensemble une journée inoubliable, à foncer en voiture dans les dunes. Je n'ai jamais autant ri.

J'avais tellement envie de devenir actrice que je faillis arracher à un agent américain, ami de mon père, un contrat pour un film. Au téléphone, mon père dut user de toute sa persuasion pour m'en dissuader.

— Malika, passe ton bac et ensuite je t'installe aux Etats-Unis. Tu feras ce que tu voudras.

J'ai obéi à la voix de la raison. Quand je pense que Hollywood m'attendait...

Avec le recul qui est désormais le mien, je regarde avec amusement, avec une certaine affection aussi, cette jeune fille pas trop bête mais gâtée par la vie, dont les sincères accès de révolte auraient certainement fait long feu. Mon sort était tracé d'avance : un riche mariage à vingt ans, une vie de luxe et d'ennui, des coucheries, des infidélités, des frustrations et des insatisfactions noyées dans l'alcool ou la drogue. Un destin identique à celui de tant d'autres jeunes femmes de la bonne société marocaine que je connais et qui toutes sont malheureuses.

Au moins la souffrance m'aura épargné cette déchéance. Bien sûr, j'ai perdu des années que je ne rattraperai jamais. J'entre dans la vie au moment où j'amorce la vieillesse. C'est douloureux et c'est injuste. Mais je me fais aujourd'hui une autre idée de l'existence : on ne la construit pas avec des artifices, si attrayants soient-ils. Ni la richesse ni l'apparence n'ont désormais d'importance.

La douleur m'a fait renaître. Il m'a fallu du temps pour mourir en tant que Malika, fille aînée du général Oufkir, enfant d'un pouvoir, d'un passé. J'ai gagné une identité. Ma propre identité. Et cela n'a pas de prix.

S'il n'y avait pas eu tout ce gâchis, toute cette horreur, je dirais presque que ces souffrances m'ont fait grandir. En tout cas, elles m'ont changée. En mieux. Autant retourner les choses à mon avantage.

Le coup d'Etat de Skhirat

Cet été 1971 s'annonçait particulièrement agréable. Malgré mon année scolaire dissipée, j'avais obtenu de bonnes notes au bac de français. On m'avait acceptée en terminale littéraire. Deux longs mois de vacances s'ouvraient à moi, remplis de sorties, de baignades, de copains, de projets de voyages. Le 10 juillet, à une heure de l'après-midi, je dormais encore. La veille, fait exceptionnel, mon père avait invité toute la famille au restaurant. La soirée avait été fort réussie, nous avions beaucoup ri. En rentrant, j'avais fait la fête toute la nuit à la maison, d'où cette voluptueuse grasse matinée. La vie était douce et tranquille. Que pouvait-il nous arriver ?

Je fus réveillée brutalement. Les gardes du corps couraient dans toute la villa, le personnel s'agitait. On entendait des avions de chasse vrombir dans le ciel. Il régnait une atmosphère de catastrophe. C'en était une : il y avait eu un coup d'Etat au palais de Skhirat où le roi avait organisé trois jours de festivités ininterrompues pour célébrer ses quarante-deux ans [1].

Mon père était injoignable, ma mère déjeunait chez son amie Sylvia Doukkali, qui possédait une villa à la plage. Raouf était parti à moto en ville avec ses amis. Inquiète pour mon frère et ne sachant que faire, je pris le parti de rejoindre ma mère. L'annonce de l'événement avait surpris les invités, dont certains étaient encore en maillot de bain. La maison de Sylvia était située à quelques kilomètres seulement du palais de Skhirat et quand je repris la voiture avec maman pour rentrer à Rabat, je vis arriver en sens inverse des dizaines et des dizaines de camions militaires.

Il nous fut impossible de retourner chez nous. On se réfugia donc pour la nuit dans une petite maison que nous possédions en ville. Sylvia Doukkali nous accompagnait. Elle était paniquée ; Lharbi, son mari, qui était le secrétaire particulier du roi, n'était pas rentré. Elle n'avait eu aucune nouvelle de lui.

Au lever du jour, quelqu'un appela maman pour la prévenir que Lharbi Doukkali avait été parmi les premiers exécutés à

---

1. Le 10 juillet 1971, deux promotions de l'école militaire royale de sous-officiers font irruption au Palais de Skhirat pendant l'anniversaire du roi. Ils massacrent des centaines d'invités, officiers, membres de la cour et célébrités masculines du monde entier car cette journée-là est réservée aux hommes. Le roi se cache dans les toilettes. D'autres mutins prennent la radio, bombardent les palais de Skhirat et de Rabat. Le roi réussit un peu plus tard à reprendre la situation en main.

L'âme de cette première conjuration est le général Medbouh, un officier austère et intègre, révolté par la corruption qui règne dans le pays. Il sera abattu à Skhirat par le colonel Ababou, son complice. 10 officiers dont 4 généraux seront exécutés en cour martiale. Le général Oufkir plaide pour l'acquittement des 1081 élèves officiers mutins et l'obtient. Sa participation à ce premier coup d'Etat n'a jamais été clairement prouvée, mais la façon dont il fut organisé et la clémence dont il fit preuve à l'égard des rebelles n'ont pas cessé d'intriguer. De ce moment-là date sa « rupture » avec le roi Hassan II.

Skhirat. Il y avait eu plus de deux cents morts dont un tiers parmi les invités du roi. Celui-ci avait réussi à réprimer la rébellion, mais cent trente-huit mutins avaient été tués. Dix officiers, parmi lesquels quatre généraux, avaient été arrêtés. Ils allaient être exécutés un peu plus tard.

Ce coup d'Etat était un coup de tonnerre dans ma petite existence réglée. Jamais je n'aurais pu imaginer qu'on ait pu ainsi attenter au pouvoir du roi. De simples officiers auraient donc pu le supprimer si les événements n'avaient pas tourné à son avantage ? Je n'étais pas assez mûre, pas assez au fait de la chose politique, pour bien comprendre ce qui venait d'arriver. Je me souviens surtout de la panique qui régnait, et de mon chagrin en apprenant la mort de certains de mes proches qui se trouvaient à Skhirat.

Dans la matinée, après avoir regagné notre maison, nous avons décidé maman et moi de nous rendre dans la villa du roi, allée des Princesses, à deux pas de la nôtre. Le roi s'y était réfugié avec ses femmes. L'accueil fut très chaleureux, très émouvant aussi. Tout le monde pleurait, s'embrassait. Mais pour la première fois de ma vie, je ressentis un certain malaise. J'étais agitée de pensées contradictoires. J'avais eu très peur pour mon père et pour le roi, mais je ne supportais plus la monarchie, le pouvoir. Ce n'était plus mon camp.

Je me sentais honteuse qu'on me remercie pour l'action de mon père. Il avait aidé à écraser les rebelles, mais ceux-ci ne luttaient-ils pas pour mettre un terme à la corruption ? Plus tard, en discutant avec mes amis, j'affinai mes positions. Je compris peu à peu que tout n'était pas aussi simple, d'un côté les méchants qu'on élimine et de l'autre les gentils...

Ma mère tenait à rencontrer le roi. Je connaissais bien la maison et je la guidai vers ses appartements. Alors que nous venions d'atteindre sa porte, il l'ouvrit subitement. Son état de nervosité était tel qu'il eut un mouvement de recul en nous voyant. Il en voulut à maman de l'avoir effrayé. Il était si orgueilleux qu'il ne supportait pas qu'une étrangère le surprenne dans un moment de faiblesse. Mon opinion ne comptait pas : j'étais des leurs.

Maman, qui voulait récupérer le corps de Lharbi Doukkali, tenta de le convaincre. Il se mit à hurler.

— Tu te démènes pour rendre service, tu t'occupes du deuil des uns et de l'enterrement des autres. Mais souviens-toi de mes paroles : tous ces gens dont tu te préoccupes ne lèveront pas le petit doigt pour toi si demain il devait t'arriver quelque chose.

Mais il accepta tout de même qu'elle reprenne le corps pour qu'il soit enterré décemment.

Les jours qui suivirent furent effroyables. Les dix officiers mis aux arrêts furent fusillés sans autre forme de procès. Ils étaient tous des amis intimes de mon père. Il rentra à la maison livide, les yeux rougis, la bouche crispée. Il portait son treillis de militaire. Il monta directement à sa chambre et s'allongea sur son lit. Je m'assis à ses pieds et lui pris la main pour l'embrasser. Maman était à ses côtés.

Mon père pleura longtemps la mort de ses amis. Il n'avait pu convaincre le roi de les juger dans la légalité. Il savait qu'aucun d'eux n'aurait pu être gracié puisqu'ils avaient porté atteinte à la sécurité de l'Etat, mais il tenait à leur procès. Pour la première fois de sa vie, il n'avait pu tenir un langage mesuré d'homme politique. Il avait hurlé contre Hassan II. Il s'emporta à nouveau le jour de l'enterrement des invités et de tous ceux qui étaient morts pour protéger le monarque. Celui-ci suivait le cortège vêtu d'une de ses vestes à carreaux favorites. Mon père l'accusa de ne pas respecter les morts.

Nnaa, ma grand-mère paternelle quitta sa palmeraie d'Aïn-Chaïr et vint à la maison. Je la voyais peu souvent mais je l'aimais beaucoup. C'était un personnage extraordinaire, la dignité, la grandeur d'âme, la piété personnifiées. Cette femme du désert, sobre, sans artifices, toujours habillée d'un simple caftan blanc, ressemblait à une Sioux, avec ses pommettes saillantes, ses petits yeux noirs et bridés, ses cheveux auburn coiffés en tresses. Elle était très courageuse. Elle chassait la vipère à mains nues, et comme mon père, elle était une cavalière émérite.

Mon père et elle se saluèrent en s'embrassant les mains, à la façon des gens du Sud. En tremblant, elle lui dit :

— Mon fils, que Dieu te protège. J'ai cru que tu étais mort.

Froidement, il arrêta ses pleurs.

— Ma, je ne t'autoriserai à verser des larmes que si je meurs comme un criminel. Mais si tu juges que je suis mort en homme, s'il te plaît, n'en verse aucune.

Un peu plus tard, je m'enfermai avec lui au salon et je laissai libre cours à ma peine et à ma colère. Je ne supportais pas que les enfants des généraux exécutés aient été jetés de chez eux, battus à coups de poings et de pieds par l'armée. J'avais entendu dire que ces ordres venaient de mon père. Je le sommai de s'expliquer.

Il se disculpa et me dit qu'il désirait rencontrer les enfants du général Habibi, qui avait été un de ses amis les plus chers. Je fis donc l'intermédiaire. Après bien des hésitations, l'aîné des garçons accepta de venir chez nous à la nuit tombée. Mon père lui remit une mallette sans m'en dévoiler le contenu.

— J'espère que tes frères et toi vous comporterez toujours en hommes dignes de votre père.

Il avait les larmes aux yeux en prononçant ces paroles.

Mina, la fille du général Medbouh assassiné par son complice, le colonel Ababou, à Skhirat, avait vingt-deux ans, l'âge de mon oncle Azzedine avec lequel elle sortait. Il lui était impossible de récupérer le corps du général à l'hôpital Avicenne. J'intervins une fois encore auprès de mon père qui lui remit de l'argent et lui procura un nouveau passeport pour qu'elle puisse gagner la France. Elle avait pris le nom de son grand-père maternel, le maréchal Ammezziane, pour ne pas avoir d'ennuis. Ce geste me choqua.

— Quoi qu'il arrive dans ma vie, me disais-je, je garderai mon nom.

Plus les jours passaient et plus j'avais l'intime conviction que je perdrais mon père dans des circonstances tragiques. Je ne pouvais pas expliquer cette intuition : c'était plus fort que moi.

Je m'en ouvris dès le lendemain du coup d'Etat à l'un de mes amis, Kamil.

— Cette année, lui dis-je, c'est peu de chose. L'année prochaine, tu verras, il y aura encore plus de dégâts.

Je le redis une autre fois à mon père :
— Fais attention, il t'arrivera la même chose qu'à Medbouh.
Il ne répondit pas.

L'après-Skhirat

Après le coup d'Etat, ma mère partit à Londres pour se reposer loin de l'agitation de la cour. J'emmenai les enfants à Kabila, une station balnéaire à la mode, qui se trouvait dans le nord du pays. Pour la première fois, j'étais entièrement responsable d'eux et je pris mon rôle d'aînée très au sérieux. A la fin de l'été, on rentra tous à Rabat. Mon père qui travaillait presque toujours chez nous, quittait désormais la maison tôt le matin pour revenir dans l'après-midi, recevoir les ministres et les officiers.

Son pouvoir s'était élargi[1], mais il était devenu un autre homme. Il semblait cassé. La gravité ne quittait plus son visage, il se refusait le moindre petit plaisir. Je crois qu'il portait toujours le deuil de ses amis. Il avait renoué avec sa première famille, l'armée, et ne supportait plus notre façon de vivre dans le gaspillage et l'opulence. Il désirait plus de simplicité, plus de sobriété aussi.

Notre changement de vie fut radical. A la maison, il avait mis en place une discipline quasi militaire. La sécurité fut renforcée, les pique-assiette et les courtisans se firent moins présents. Il régentait tout. Nous ne pouvions plus voir de films, ni recevoir qui nous voulions. Raouf fut contraint de prendre des cours d'arabe donnés par un officier aux convictions islamistes. Ma façon de m'habiller me valut des réflexions. J'étais si choquée par cette nouvelle attitude que nous nous disputions souvent.

Les visites impromptues du roi se multipliaient. Il violait presque notre intimité. Il me semblait qu'entre mon père et lui,

---

1. Après Skhirat, le général Oufkir fut nommé par le roi ministre de la Défense et chef d'état-major général des forces aériennes royales. Il contrôlait l'Armée, la Police, l'Intérieur.

la rupture allait croissant. Je ne retrouvais plus la relation complice qui avait été la leur pendant si longtemps ; l'hostilité sourde qui régnait entre les deux hommes que j'affectionnais le plus me chagrinait et me troublait.

Je me sentais mal à l'aise à la maison et au-dehors. Dans le pays, il régnait une ambiance étrange. La monarchie avait basculé. Pour la première fois, le pouvoir divin du roi était remis en cause auprès de l'opinion publique. La personne sacrée de l'intouchable descendant du Prophète, émir des croyants, avait été atteinte. En janvier, les étudiants et les lycéens se mirent en grève. Il y eut des émeutes que mon père réprima fortement. Au lycée Lalla Aïcha, j'étais de plus en plus rejetée. Personne, hormis mes amis proches, ne pouvait décemment me manifester de sympathie. Je continuais cependant à participer aux cours ; j'étais une bonne élève et je voulais avoir mon bac. Mais la directrice elle-même craignait pour ma sécurité et elle conseilla à mes parents de me retirer de son établissement.

Après des heures de discussion, je pus les convaincre de m'envoyer à Paris où ils m'inscrivirent au lycée Molière sous une fausse identité. En accord avec Alexandre de Marenches, le patron du SDECE français, j'avais pris le nom de ma mère et j'étais désormais Malika Chenna. Mes parents acceptèrent aussi de me louer un appartement à quelques mètres de mon nouveau lycée, plutôt que de m'inscrire dans un foyer.

J'étais sous la responsabilité d'une amie plus âgée, Bernadette, qui leur avait promis de veiller sur moi et de ne pas me laisser sortir le soir. Un engagement qu'elle ne réussit pas à tenir : ma force de persuasion était trop importante.

Je refusai que maman m'achète des meubles en accord avec son goût trop « bourgeois ». Je ne voulais rien de précieux de peur que mes futurs amis découvrent mes origines. Elle me donna un peu d'argent que je dépensai aux Puces. Ma nouvelle vie me paraissait le comble de la bohème, ou du moins de l'idée que je m'en faisais : manger des surgelés dans un trois-pièces cuisine du XVIe arrondissement semblait délicieusement gauchiste à l'enfant gâtée que j'étais...

Paris était à moi et je ne me privais pas de sortir tous les soirs en suppliant Bernadette de n'en rien dire à mes parents. J'étais devenue une habituée de Castel et de Régine, mais même en rentrant à l'aube, je m'efforçais d'obtenir de bonnes notes. Une simple question d'orgueil.

Un soir que j'étais à une petite fête chez un ami marocain, Bernadette m'appela en catastrophe.

— Malika, rentre vite à la maison, tes parents n'arrêtent pas de téléphoner, c'est urgent.

Il était une heure du matin. On me raccompagna chez moi. Devant la porte de mon immeuble, rue Talma, je vis un attroupement. En m'approchant, je m'aperçus qu'il s'agissait de policiers en uniforme et en civil. Il y en avait partout : dans la cour, dans le hall, dans les arbres, dans les escaliers.

L'ambassadeur du Maroc qui venait d'arriver manifestait les signes d'une agitation des plus fébriles. Il ne m'expliqua rien et me demanda de prendre une valise que Bernadette avait déjà préparée. On me poussa plus qu'on ne me fit monter dans sa voiture. Je passai la nuit chez l'ambassadeur qui une fois chez lui me révéla qu'on soupçonnait le colonel Kadhafi d'avoir voulu m'enlever.

Il me demanda si je n'avais pas vécu ces derniers jours des événements étranges. La mémoire me revint. Oui, effectivement, deux costauds vêtus de noir avaient sonné à notre porte, deux ou trois soirs auparavant, en expliquant que notre appartement était à vendre et qu'ils désiraient le visiter. Par l'œilleton, nous avions, Bernadette et moi, jugé leur mine patibulaire et nous avions refusé de les laisser entrer. Un peu plus tard, je fus suivie rue de la Pompe où je faisais des courses. C'est Bernadette qui s'en était aperçue la première.

Le SDECE me montra des photos mais je refusai de reconnaître quiconque. Ce n'était pas mon genre de dénoncer, j'avais des principes... Je pris l'avion pour le Maroc où je restai quelques jours, mais je suppliai mes parents de me laisser retourner en France. En contrepartie je devais accepter une protection renforcée. Pendant quelques semaines, j'ai eu l'impression de voir des policiers partout.

Un mois avant le bac, je faillis perdre un œil dans un très

grave accident de voiture. Un de mes amis, Luc, le fils d'André Guelfi[1] était au volant. Le contrôle de son véhicule lui échappa et il percuta un poteau électrique. Je n'avais pas attaché ma ceinture et je traversai le pare-brise.

On me transporta à l'hôpital en ambulance. J'avais la joue arrachée, le nez coupé en trois, l'arcade sourcilière déchirée, l'œil abîmé, la gorge tranchée, la bouche fendue de part en part. Mon poignet était cassé, mon pouce, foulé, et pour couronner le tout, j'avais un traumatisme crânien. Allongée sur un brancard, dans le hall des urgences, j'entendais les commentaires des infirmières qui me croyaient inconsciente.

— Quel dommage ! Elle est complètement défigurée ! Elle a dû être jolie ! Quelle horreur...

On m'opéra deux fois de l'œil et, par chance, la seconde opération réussit. Le roi avait envoyé Moulay Abdallah et quelques ministres à mon chevet. Ma mère ne me quittait pas. Mon père téléphonait sans cesse. Il ne pouvait pas venir en France : il avait été condamné à la prison à perpétuité par contumace au moment de l'affaire Ben Barka. Mais l'entourage affirmait que le président Pompidou était prêt à le laisser passer la frontière. Dès que je pus lui parler, je l'adjurai de rester au Maroc.

Je restai hospitalisée deux semaines. En sortant, je voulus tout de suite reprendre une vie normale. Je souffrais beaucoup et je devais porter en permanence de grosses lunettes noires parce que la lumière m'agressait.

Peu après ma sortie, j'allai voir le professeur Mora qui m'avait opérée. Il me félicita.

— Mademoiselle Oufkir, vous êtes un cas. Votre volonté a sauvé votre œil.

Au bout de quelques jours, j'avais déjà récupéré la moitié de ma vision. Aujourd'hui, mon visage est sensiblement le même qu'avant l'accident. J'ai gardé seulement quelques cicatrices. Je n'ai pas pu retourner à Paris afin qu'on m'enlève les derniers points de suture et que je puisse entreprendre une rééducation.

---

1. André Guelfi : homme d'affaires corse, proche du général Oufkir.

L'allée des princesses

En prison, mon visage a été longtemps agité de tics. Encore maintenant, quand je suis fatiguée ou irritée, il m'arrive d'avoir le nerf facial qui tressaute de façon involontaire. Mes parents me firent revenir au Maroc pour parfaire ma convalescence. J'avais décidé de passer mon bac en octobre, au lycée Descartes, comme il était possible aux candidats empêchés à la session de juin. Les événements en décidèrent autrement.

Le coup d'Etat de 1972

Le roi, qui recevait le président Boumediene, m'avait demandé de passer le voir dès mon retour à Rabat. J'étais défigurée. J'avais le visage enflé, des cernes bleu marine sous les yeux, des cicatrices boursouflées sur tout le visage.

— Ce n'est pas grave, Malika, me consola-t-il, tout le monde a eu un accident de voiture une fois dans sa vie : Lalla Malika, Lalla Lamia, moi... Dès le mois prochain, je t'enverrai aux Etats-Unis consulter les sommités médicales, et d'ici peu, je te le promets, on ne verra plus rien.

Nous étions au début du mois de juillet. Maman voulait que j'accompagne ma famille à Kabila pour les vacances, mais je tenais à préparer mon bac. Pour réviser dans la tranquillité, j'obtins de demeurer à Rabat, avec mon père. Il était submergé de travail, la maison était devenue un véritable état-major. Il ne sortait plus, je voyais défiler les officiers, les ministres. L'ambiance était un peu sinistre. J'allais cependant le voir tous les jours quand il pouvait me recevoir, soit à l'heure du déjeuner, soit en fin de journée.

Maman possédait, en face de notre villa, une jolie petite maison composée d'un salon, d'une chambre à coucher exiguë et d'un charmant jardin. Je m'y installai pour être au calme. Je travaillais d'arrache-pied, avec une amie qui passait ses examens de dernière année de droit.

Mon père décida que nous irions passer un week-end à

Kabila. On affréta le Mystère 20 qu'il utilisait pour tous ses déplacements. Je n'étais pas très rassurée. Un mois à peine après mon accident de voiture, il avait failli perdre la vie dans un accident d'hélicoptère. Une autre fois, il avait échappé à un attentat à la bombe au cours d'une cérémonie officielle à laquelle il n'avait pas pu se rendre. J'ai toujours pensé que le roi voulait le supprimer sans en avoir jamais eu la preuve. Entre les deux hommes, la fracture se faisait de plus en plus profonde. Au milieu d'un Conseil des ministres, alors que l'on venait de décider une hausse substantielle de l'huile, du sucre et de la farine, mon père avait sorti son revolver en menaçant de se tuer. Je crois qu'il rêvait d'établir une monarchie constitutionnelle avec le prince héritier, Sidi Mohammed, sur le trône. La course au pouvoir était lancée.

Ce week-end à Kabila fut inhabituel et, pour tout dire, complètement fou. Mon père avait un comportement insolite. Il venait de nous faire passer une année dans la gravité la plus complète et le voilà qui se mettait à danser et à chanter toute la journée...

J'avais rapporté de Paris les derniers disques à la mode et dès dix heures le matin, il me harcelait :

— Kika, je veux danser, mets la musique à fond.

Combien de fois l'avais-je entendu me demander de baisser le son ?

Je découvrais un père différent. Un vrai père. J'avais oublié à quel point il pouvait être charmant, prévenant, joyeux, boute-en-train. Du matin au soir, c'était la fête. Il semblait la joie de vivre incarnée. Dès son réveil, à six heures, il partait sur la plage et s'allongeait au bord de l'eau, tout seul, lui qui d'habitude n'aimait pas la mer. Il regardait le jour se lever ou bien il scrutait l'horizon. Mes cicatrices à peine refermées auraient dû m'interdire de m'exposer au soleil avec lui mais je n'y prenais garde. C'était ma façon à moi de dire : « je suis normale » et surtout, de le suivre. Lui qui ne savait pas nager prit même une leçon de ski nautique. Par précaution, il avait enfilé une combinaison et s'était ceint le torse d'une bouée volumineuse. Il avait un aspect si comique que nous l'avions tout de suite baptisé « Moby Dick, le roi de la mer ».

L'allée des princesses

A Kabila, la vie était très simple. Nous recevions beaucoup mais maman tenait à faire le marché elle-même, escortée par les gardes du corps. Elle discutait des menus avec le cuisinier. Il ne lui serait jamais venu à l'idée de claquer des doigts pour se faire servir. Mon père vivait en maillot de bain ; à la fin de la journée, il enfilait une tunique, celle que les hommes bleus portent dans sa région du Sud. Mais le pouvoir restait plus que jamais omniprésent. Nous étions entourés de policiers, d'hommes en armes. Notre table, notre compagnie, étaient des plus recherchées par les courtisans. Pour nos convives, le nec plus ultra était de glisser négligemment dans la conversation :
— On a déjeuné chez les Oufkir...

Après trois jours merveilleux, vécus à un rythme endiablé, nous avons repris l'avion. J'ai recommencé à bachoter dans ma petite maison. Un après-midi, vers dix-huit heures, je suis passée voir mon père. Il était seul. Je me suis installée avec lui dans notre salon, face au jardin.

Je lui ai servi un whisky et je me suis assise à ses côtés en caressant sa main, comme à mon habitude.
— Tu ne veux pas chanter un peu avec moi ? m'a-t-il soudain demandé.
— Si tu veux... Mais quoi ?
Il a commencé alors à fredonner :
— Lundi matin, le roi, sa femme et le p'tit prince, sont venus chez moi pour me serrer la pince...
De temps en temps, il me jetait un regard en coin.
— Allez, chante avec moi ! disait-il.
Il ne m'a jamais donné aucune explication sur le pourquoi de cette chanson. Aujourd'hui encore, je me pose toujours des questions sur son attitude, pour le moins curieuse, qui m'a longtemps hantée.
Un matin, vers neuf heures, je travaillais quand je l'ai entendu m'appeler du jardin. D'un caractère discret, il ne manquait jamais de s'annoncer au téléphone.
J'ai ouvert la porte et j'ai reculé, frappée par son regard. Debout en face de moi, il me fixait avec une intensité et un

107

amour tels que cela m'a étonnée, et même inquiétée. Je me suis demandé s'il me scrutait ainsi à cause de mes cicatrices et s'il m'en voulait encore d'être défigurée.

Il m'a prise alors dans ses bras, m'a serrée tendrement et m'a interrogée sur mes projets. Maman possédait une maison à Casablanca et j'avais décidé de m'y installer pour être plus proche de mes amis, les Layachi.

— Je serai beaucoup mieux là-bas, ai-je dit. Les filles me donneront un coup de main pour réviser. Et puis, rassure-toi, je ne sortirai pas le soir, j'ai mon bac à passer. Je te promets que je l'aurai.

— D'accord. Tu sais que je te fais confiance.

— Mais oui, papa, je sais que tu me fais confiance. Pars tranquille.

Lui qui n'était jamais disponible, qui avait toujours tellement de choses à faire que lorsqu'il venait m'embrasser, il était déjà reparti, hésitait à présent...

J'ai descendu les escaliers avec lui. Il a relevé les yeux, a parcouru le salon du regard, s'est attardé sur moi.

— Ma chérie, tu sais que je t'aime.

Je n'ai rien pu répondre.

Puis il a fait demi-tour et il est sorti. Je suis restée debout, sans réaction. La porte s'est ouverte à nouveau. C'était lui, encore. Il s'est dirigé vers moi, m'a serrée très très fort dans ses bras. Il a fini par s'en aller, comme à regrets.

Un peu plus tard, j'ai pris la route pour Casablanca.

Nous étions le 16 août 1972. Il était environ seize heures. J'étais chez moi, dans le salon de notre maison de Casa, entourée de mes amis. Nous bavardions et discutions gaiement.

Mue par une intuition que je ne m'expliquai pas, j'ai allumé la télévision. Un journaliste annonçait qu'un coup d'Etat avait eu lieu et que l'avion royal avait été bombardé au-dessus de Tétouan. On ignorait le nom de l'instigateur de l'attentat [1].

---

1. Le 16 août 1972, l'avion royal qui rentre de Paris est pris en chasse et mitraillé à deux reprises, au-dessus de Tétouan, par plusieurs F5 de l'armée marocaine, pilotés notamment par le colonel Amokrane et le commandant

Je me suis ruée sur la radio pour capter France Inter. J'attendais qu'on me confirme que l'auteur de ce coup d'Etat était mon père. Autour de moi, mes amis répétaient qu'il s'agissait de lui, qu'ils en étaient sûrs. Mais les informations étaient floues, on ne savait rien de précis, on supposait seulement qu'il s'agissait du général Oufkir et que le coup d'Etat avait réussi. Le calme n'était toujours pas rétabli.

Dès qu'elle a appris la nouvelle, la sœur de mon amie Houda Layachi l'a suppliée de partir avec elle. Elle craignait que l'armée encercle la maison, que les soldats me tuent et elles deux avec moi. Hystérique, elle me désignait du doigt.

Tout le monde est parti, sauf Houda. Je ne pouvais joindre personne de ma famille, les lignes étaient occupées ou bien ne répondaient pas. Je suis restée prostrée, affolée, ne sachant que faire.

Vers dix-neuf heures, le téléphone a sonné. C'était mon père.

Il avait la voix sans timbre d'un homme qui a décidé de se donner la mort et qui adresse son dernier message. L'impression était terrifiante. Un fantôme me parlait au bout du fil.

Il a pris un ton détaché pour me dire qu'il m'aimait et qu'il était fier de moi. Puis il a ajouté :

— Je te demande de rester calme, quoi qu'il arrive. Ne quitte pas la maison avant que l'escorte vienne te chercher.

Je me suis mise à hurler.

— Papa, dis-moi que ce n'est pas vrai, qu'on ne va pas rejouer ce qui s'est passé l'année dernière...

— Ma fille, écoute-moi, je te demande de rester calme, tu sais que j'ai confiance en toi.

Il me rabâchait des paroles qui n'étaient pas celles que je

Kouera (celui-ci s'éjecte de son avion et est arrêté) qui ont décollé de l'aéroport de Kenitra, base du complot. L'avion royal réussit à atterrir sans encombre à l'aéroport de Rabat-Salé. Le roi est sain et sauf. Amokrane, à peine descendu d'avion, part en hélicoptère à Gibraltar avec quatre complices et demande l'asile politique. Il dénonce explicitement Oufkir, « le fidèle parmi les fidèles ». Oufkir, convoqué par le roi au palais de Skhirat, s'y rend vers 23 heures. Il se retrouve face à son ancien bras droit Ahmed Dlimi et à Hafid El Alaoui, le chef du Protocole. La thèse officielle conclut au suicide par cinq balles dont une mortelle, au cou.

désirais entendre. J'aurais tant aimé qu'il me rassure, qu'il me dise qu'il n'était pas l'instigateur de l'attentat. Mais dès le début de notre conversation j'avais déjà compris qu'il s'agissait de lui. Et qu'il était perdu.

Je ne pouvais accepter sa défaite. Je sanglotais sans pouvoir ajouter un mot. Il ne me dit rien de plus et il raccrocha.

Ce fut la dernière fois que j'entendis le son de sa voix.

Je ne réussissais pas à m'endormir. Je tournais et retournais dans ma tête les dernières paroles de mon père et son attitude étrange. Quelque chose de grave était arrivé. Je n'osais pas prendre le téléphone de peur qu'on me confirme le pire.

Vers trois heures du matin, mon grand-père m'a appelée.

— Malika, prends la voiture et rentre à Rabat.

— Pas question. Je ne reçois d'ordres que de mon père. Où est-il ?

Le vieil homme a insisté en vain. Vers cinq heures, le téléphone a encore sonné. Je ne dormais toujours pas. J'étais dévorée par l'angoisse. Les pires suppositions me traversaient l'esprit.

Sans ménagements, maman m'a annoncé ce que je redoutais d'entendre :

— Ton père est mort. Prends tes affaires et rentre à Rabat.

Puis elle a raccroché sans me laisser le temps de répliquer.

Houda avait entendu la sonnerie du téléphone. Elle est entrée dans ma chambre, le visage anxieux.

— Alors ?

— Mon père est mort.

Elle a hurlé, pleuré, s'est jetée dans mes bras, a manifesté son chagrin bruyamment. Je suis restée de marbre. Cette phrase, « Mon père est mort », ne signifiait rien pour moi. Elle n'avait aucun sens. J'avais besoin d'une preuve.

L'escorte est alors arrivée. En larmes, tous les policiers m'ont présenté leurs condoléances. Je les ai acceptées, machinalement. Je me sentais comme un zombie, incapable de prononcer un mot.

Je me répétais intérieurement : « Ce n'est pas possible, on ne meurt pas comme ça, il ne peut pas mourir. »

Je suis allée à la fenêtre. Pendant un court instant, je me suis accrochée au spectacle de la nature. Le soleil se levait sur les arbres du jardin. La matinée s'annonçait superbe, comme toutes les autres avant elle.

J'ai tenté de me convaincre mais le cœur n'y était pas.

— S'il était mort, je le verrais bien au-dehors, quelque chose aurait changé.

Que la vie continue sans lui, comme ça, comme avant, c'était impossible.

La mort de mon père

Sur la route de Rabat, un barrage nous a fait signe de nous ranger sur le côté. Un garde de l'escorte est descendu de la voiture et a dévoilé mon identité. Des policiers en sanglots se sont précipités vers moi.

La scène s'est répétée tout au long du trajet. Malgré leur attitude de deuil, je gardais encore un espoir. Ou du moins, je me le fabriquais. Je me persuadais qu'il n'était que blessé. Grièvement sans doute, mais il respirait, il vivait. Peut-être arriverais-je à temps pour lui parler...

La foule amassée devant la maison, les voitures garées un peu partout ne m'ont plus laissé de doute. J'ai été accueillie par le frère de mon père, le visage grave, et par mon grand-père, qui lui aussi arborait une mine de circonstance. Il a tenté de me bloquer l'entrée. Je me suis débattue avec violence.

— Laisse-moi passer, Baba El Haj, je veux le voir. Je veux savoir où il est.

— Une femme n'a pas le droit de regarder le corps d'un homme mort. On est en train de le laver.

— Je veux voir le corps de mon père.

J'ai forcé la porte du salon. Les hommes qui veillaient le corps l'ont recouvert aussitôt d'un drap blanc. Tout le monde s'était levé. J'ai exigé de rester seule avec lui et je me suis assise pour le contempler.

Sur son visage fermé, j'ai cherché avec frénésie le moindre détail qui puisse m'apaiser, me dire qu'il était mort dignement. Il avait un petit sourire dédaigneux aux lèvres comme tous ceux qui ont péri exécutés. Avait-il quitté la vie avec indifférence ? Et pourquoi ce sourire ? Etait-il dû au mépris éprouvé pour la dernière personne sur laquelle ses yeux s'étaient posés ? J'ai compté les traces de balles sur son corps. Il y en avait cinq. La dernière, dans le cou, m'a rendue folle de douleur. Elle lui avait porté le coup de grâce.

Il avait cependant bien plus souffert avec les quatre premières balles qu'avec la dernière. On lui en avait envoyé une dans le foie, une dans les poumons, une dans le ventre et une dans le dos.

— Seul un lâche a pu perpétrer un tel massacre, me suis-je dit avec rage.

Je suis sortie de la pièce et je me suis débarrassée de tous mes vêtements. J'ai enfilé une djellaba blanche, enlevé mes bijoux. Il me fallait porter son deuil pour lui témoigner que ma vie s'était arrêtée en même temps que la sienne.

J'ai demandé sa paire de lunettes et sa tenue militaire. On ne les avait pas trouvées. Je me suis mise à fouiller partout. En ouvrant un tiroir, je suis tombée sur un sac plastique où était rangé son uniforme dégoulinant de sang. J'en ai été soulagée pour un bref instant. C'était une part de lui, au moins, qui nous restait. J'ai retrouvé aussi ses lunettes.

Ma mère, qui venait d'arriver de Kabila, a demandé à voir son corps. Mon père était lavé, peigné, on l'avait revêtu d'une djellaba blanche. Il reposait dans un cercueil installé dans la salle de cinéma. On ne voyait que son visage. Il semblait apaisé.

Tout le monde défilait pour présenter ses condoléances. Effondrée, maman sanglotait et répétait sans cesse :

— Ils l'ont tué, pourquoi, pourquoi ?

Les militaires qui étaient présents s'empressèrent de rapporter au souverain, les paroles de ma mère.

Le Roi nous fit envoyer de la nourriture du Palais. La coutume interdit en effet que l'on cuisine dans une maison endeuillée. Je refusai cette main tendue. Et d'ailleurs, l'était-elle vraiment ? Je ne voulais pas trahir mon père, marcher sur son cadavre. La lâcheté paye sans doute un moment, mais le prix final est trop élevé. Composer ? Il n'en était pas question... Je détestais l'hypocrisie qu'on voulait m'imposer. Je n'avais plus rien à faire avec le roi, même s'il s'agissait de mon père adoptif. Même si j'en souffrais déjà.

On m'a reproché cette attitude. Pour justifier notre emprisonnement, les bonnes âmes ont prétendu que le roi nous avait punis parce que j'avais osé l'humilier en repoussant son offrande. Comment aurais-je pu réagir autrement ? Si je n'avais pas été sa fille adoptive, s'il n'avait été à mes yeux qu'un souverain et non un père, j'aurais probablement mis moins de passion dans mon refus, moins d'orgueil dans ma colère. Je me serais comportée avec tous les égards dus à son rang.

Mais notre relation était trop affective. En le défiant, je voulais lui rendre coup pour coup. Pour tout le monde cependant, ma conduite avait un sens politique.

Pendant les trois jours qui ont précédé l'enterrement, je me suis occupée des enfants. Maman était trop atteinte. Il fallait essayer de les préserver tant bien que mal. Raouf était sous le choc. Prostré. Il avait perdu son idole, l'homme qu'il aimait le plus au monde.

Les filles ne cessaient de pleurer. On leur avait dit que leur papa était au ciel, mais elles n'acceptaient pas de ne plus le revoir. Même le petit Abdellatif comprenait que quelque chose de grave venait de se passer. Nos amis allaient et venaient, tentaient de nous consoler. Leur présence était précieuse mais je ne m'en apercevais guère.

La journée, j'étais dans un état second, il y avait tant à faire et à régler. Je n'avais pas le temps de m'apitoyer sur moi-même. Toutes les nuits, le cauchemar recommençait. Je revoyais sans cesse le corps de mon père. Les quatre balles sur son torse et la cinquième dans son cou. J'entendais ses dernières paroles, cette voix sortie d'outre-tombe qui me disait qu'il m'aimait. Je pleurais sans pouvoir dormir.

Nous ne voulions pas parler à la presse qui pourtant nous harcelait. Un journaliste, à tout hasard, interrogea mon oncle Azzedine.

— Pensez-vous que votre beau-frère était un homme à se suicider de cinq balles dans le corps ?

Mon oncle répondit qu'on avait exécuté le général Oufkir. Sa déclaration passa le soir même sur France Inter.

Maman confia à ses amis de Tanger, Mamma Guessous et son mari, la tenue militaire souillée de mon père. C'était la seule preuve de son assassinat. Elle en fit brûler une autre dans la chaudière du hammam, avec la complicité de son frère Azzedine. Le lendemain, le roi envoya le directeur de la police chercher l'uniforme. Maman lui dit qu'elle l'avait brûlé. L'homme répondit alors en tremblant :

— Sa Majesté me l'a déjà dit : « Tu verras, elle te répondra qu'elle l'a brûlé. »

La chaudière fut fouillée de fond en comble. On fit analyser ce qu'il restait du tissu. Le roi comprit alors que la preuve du meurtre de mon père s'était envolée dans la nature. Mais la tenue, la vraie, ne fut jamais retrouvée. Mamma Guessous l'avait-elle donnée sous la contrainte ? Nous n'en avons jamais reparlé.

Le troisième jour, on sortit le corps au petit matin. Puisque mon père était mort assassiné, il avait déjà gagné sa place au paradis et les you-yous joyeux des femmes accompagnaient sa dépouille.

Hassan II donna des ordres pour l'enterrer dans son désert du Tafilalet. Maman préférait Rabat. Elle voulait pouvoir se recueillir sur sa tombe. Mais la dernière volonté de mon père était de reposer sous un palmier de son village natal, aussi maman s'inclina-t-elle. Raouf et les hommes de ma famille accompagnèrent mon père jusqu'à sa dernière demeure. A Aïn-Chaïr et dans tous les environs, les dunes étaient couvertes de femmes en deuil. Elles se pressèrent autour du cercueil en sanglotant.

Il fut enterré le plus modestement du monde près de son père, dans un petit mausolée. Je n'y suis jamais allée. J'ai le sentiment que le jour où je le ferai, je serai enfin arrivée au bout de ma course.

Le lendemain, 20 août, on nous assigna à résidence. On expulsa notre personnel et on nous enferma dans la maison. La famille de ma mère resta ainsi que mon grand-père, et quelques-uns parmi nos fidèles : Ann Brown, notre gouvernante anglaise, Houria, Salem, Fatmi... L'étau se resserrait.

Maman subit des interrogatoires éprouvants, menés par le commissaire Yousfi, que nous retrouverons plus tard, en prison. Elle fit un rêve prémonitoire, auquel je ne prêtai pas attention sur le moment, mais dont nous allions souvent reparler en prison. Nous galopions toutes les deux à cheval, sur une route qui se transformait bientôt en tunnel et dont le plafond s'abaissait de plus en plus sur nous.

Au moment où nous allions être écrasées, nous réussissions à sortir. Les chevaux s'arrêtaient au beau milieu d'une butte. Nous surplombions Rabat. Ce rêve s'est expliqué un peu plus tard : les chevaux représentaient la vie, et le tunnel qui nous étouffait, la prison.

Un autre terrible deuil devait bientôt nous accabler et nous fit redoubler de chagrin. Azzedine, mon jeune oncle si courageux, mourut dans un accident de la route. Sa voiture fut percutée par celle d'un gendarme. Il ne mourut pas sur le coup, mais resta quelques heures dans le coma en attendant des secours qui, curieusement, tardèrent à venir.

J'aimais beaucoup Azzedine. Il était mon complice de tous les instants, mon ami et mon frère. Il m'avait protégée, cajolée, il avait couvert mes bêtises. Il était beau, drôle, charmant et plein de vie. Son accident m'a paru suspect. J'ai eu le sentiment qu'on ne nous disait pas la vérité. Personne n'a jamais confirmé mes soupçons sur sa mort, mais le doute est resté.

C'était trop de malheur et trop de larmes. Maman, qui savait que les mauvais jours ne faisaient que commencer, se demandait comment nous y soustraire. Le roi la haïssait. Il avait déclaré à la radio qu'elle était l'éminence grise du coup d'Etat, et qu'elle avait poussé mon père à l'entreprendre.

Entre l'affaire de la tenue militaire, notre attitude jugée humiliante, la haine que le roi lui vouait désormais, toutes les conditions étaient réunies pour la châtier. Il fut question de son bannissement solitaire. Mais nous, les enfants, nous ne voulions à aucun prix la quitter. Là où elle irait, nous irions, tous ensemble unis pour le pire.

Tout au long de ces quatre mois et dix jours de deuil où nous fûmes prisonniers dans notre propre demeure, je tentai de sauver les apparences. Je donnais des cours aux enfants, j'essayais de leur faire mener une vie normale. Au fond de notre douleur, il y eut tout de même quelques épisodes amusants qui nous permirent de rire et de souffler un peu. Nos épreuves étaient trop écrasantes.

La propriété était toujours truffée de policiers qui se disputaient pour prendre leur tour de garde pendant le ramadan, parce que la chère était délicieuse et que nous étions généreux. Pour faire entrer ceux de nos amis qui avaient quitté la maison et qui avaient envie de nous revoir, nous avions imaginé un stratagème.

On demanda du Valium dont on bourra des théières. On les offrit aux gardes qui tous s'endormirent. C'est ainsi que nos copains sautèrent le mur de la propriété pour rester quelques jours avec nous. Le soir où ils repartirent, on bourra à nouveau les théières de Valium et ils empruntèrent le même chemin en sens inverse.

Tout ce temps-là, je pensais souvent à m'échapper. Mais nous étions trop bien gardés. Et puis, où aller ? J'étais trop jeune pour m'échapper, mon grand-père trop vieux, ma mère trop endolorie. Nous étions désarmés. Je sentais que nous étions attendus par le destin et qu'il serait tragique.

Le 23 décembre, le deuil s'est achevé. Maman avait quitté sa tenue blanche. Nous préparions Noël, nous devions bien quelques jours de gaieté aux enfants. Des guirlandes ornaient les murs et les lustres, un sapin avait été dressé dans le salon, nous avions déposé des cadeaux tout autour. On essayait, comme on le pouvait, d'alléger l'atmosphère.

Le directeur de la Police est arrivé en fin d'après-midi et

nous a ordonné de prendre des affaires pour quinze jours. On nous emmenait dans le sud du Maroc. Les scellés allaient être placés sur la porte d'entrée. Personne n'aurait le droit de pénétrer chez nous.

— Vous avez la parole de Sa Majesté, a-t-il affirmé.

J'avais assisté à l'entretien. J'ai dit aux enfants de faire leur valise et, pour ma part, j'ai vidé tout ce qu'il y avait dans les placards. Maman m'a traitée de folle. On ne partait que quinze jours...

J'ai donné à Houria tous les vêtements neufs achetés à Paris et que je n'avais pas encore eu le temps de porter, des bijoux, des parfums, des sacs, des chaussures.

— Mais tu n'auras rien à te mettre quand tu vas revenir...

« Si je reviens un jour, ai-je pensé, ce sera un miracle. »

Je lui ai aussi remis une boîte contenant mes albums de photos et des lettres, une, particulièrement, à laquelle je tenais par-dessus tout. C'était une lettre d'amour que mon père avait un jour adressée à ma mère avec un bouquet de fleurs.

J'ai pris la plupart de mes affaires : des vêtements pratiques, mes romans, tous mes livres de classe et ceux des enfants, l'album de photos du bal de mes dix-huit ans.

On nous avait autorisés à emmener deux personnes avec nous. Le choix n'était pas aisé. La première à vouloir nous accompagner a été Achoura Chenna, une cousine germaine de ma mère, son aînée d'un an. Elle était venue vivre chez elle quand, à l'âge de dix ans, elle avait perdu son père, le frère de mon grand-père. La fillette apprit la couture et la cuisine. Elle se maria quelques mois après ma mère, avec un instituteur engagé politiquement. Le couple eut une petite fille, morte en très bas âge.

Achoura ne pouvait plus avoir d'enfants. Elle préféra demander le divorce plutôt que d'accepter que son mari ait une autre épouse. Restée seule, elle frappa à la porte de sa cousine et fut bien accueillie. Elle devint notre gouvernante et partagea notre vie et notre deuil au point de nous suivre jusqu'aux enfers.

La seconde, Halima Aboudi, était la jeune sœur de Fatima, la gouvernante d'Abdellatif. Cette dernière avait déjà quitté la maison, terrorisée par les événements et avait été engagée par le général Dlimi[1]. Halima, qui avait mon âge, dix-huit ans et demi, était venue nous présenter ses condoléances. Elle était restée durant les quatre mois du deuil. Lorsqu'elle a appris que nous partions, elle a proposé spontanément de venir avec nous : elle ne voulait pas se séparer du petit Abdellatif qui avait deux ans et demi et auquel elle s'était déjà fortement attachée.

— Je tiens à vous accompagner, a-t-elle dit à maman, en la suppliant de l'emmener.

Ann Brown, la gouvernante anglaise, et Houria, mon amie, voulaient aussi nous suivre. C'était hors de question. Pour avoir vécu si longtemps au Palais, je savais à peu près comment les choses se passaient quand on était banni. J'étais cependant très loin de la vérité.

Notre départ a eu lieu la veille de Noël. Trois femmes et six enfants entourés de policiers en armes. Maria et Soukaïna se sont blotties contre moi avec crainte. Raouf serrait les poings. Abdellatif suçait son pouce.

Je me suis retournée une dernière fois pour regarder la maison et je lui ai fait mes adieux pour toujours. Mes sanglots étaient silencieux pour ne pas effrayer les enfants. Je ne pleurais pas seulement mon père, je pleurais déjà ma vie, cette vie qu'on me volait.

Si l'exil était déchirant pour tous, pour moi, il l'était davantage. J'étais la seule à pressentir qu'il n'aurait rien de provisoire.

---

1. Général Ahmed Dlimi : bras droit d'Oufkir, chef de la Sûreté nationale, on le retrouve à Paris en même temps que lui au moment de l'enlèvement de Ben Barka. Il devient patron de l'armée (il est aide de camp d'Hassan II). La guerre contre le Polisario l'occupe jusqu'en janvier 1983, date à laquelle il meurt dans un mystérieux accident de la route, quelques semaines avant son bras droit, Ghali el-Mahli, dans les mêmes circonstances.

Deuxième partie

Vingt ans de prison

Une année dans le désert

(25 décembre 1972-8 novembre 1973)

L'oasis d'Assa

Ou allons-nous ? Je n'en sais rien. Nous roulons dans la nuit. On nous a installés dans une grande voiture américaine sans rideaux ni goudron aux fenêtres. L'escorte armée placée auprès de nous essaie en vain de détendre l'atmosphère. Je cherche à saisir les quelques informations données par la radio de la police. J'ignore toujours où l'on nous conduit mais je comprends que la route est quadrillée par les forces de l'ordre et que nous sommes surveillés de près.

Au petit matin, les voitures s'arrêtent au-delà d'Agadir, à Goulimine, un village aux portes du désert. On nous emmène chez le super-caïd[1] auquel on a annoncé qu'il reçoit la femme et les enfants du général Oufkir. Il nous accueille avec tous les honneurs et nous fait servir un petit déjeuner somptueux.

Je ne sais plus quoi penser. Ai-je raison de pressentir le pire ? Mon père est-il réellement mort ? Le caïd parle de lui avec respect, il lui rend hommage sans détour, alors que la police ne nous lâche pas...

---

1. Caïd : maire.

Je ne comprends pas. Mais y a-t-il seulement quelque chose à comprendre ? Nous entrons dans l'irrationnel, l'injuste, l'arbitraire. Dans un pays où l'on enferme les petits enfants pour les crimes de leurs pères. Nous entrons au royaume de la folie.

Nous avons passé une journée et une nuit chez le caïd de Goulimine, puis nous avons repris la route, jusqu'au désert. A la nuit, les voitures se sont arrêtées. Le spectacle est d'une beauté sauvage. La lune, presque pleine, éclaire les plateaux arides et les vieilles montagnes du Haut Atlas dont les sommets arrondis se détachent dans le noir.

J'adore le désert, je l'ai parcouru souvent du temps où Moulay Ahmed, le cousin du roi, me faisait visiter le pays avec Lalla Mina. Cette époque me paraît si lointaine que je me demande si elle a vraiment existé.

On nous fait descendre de voiture, et on nous aligne dans un terrain vague. Les policiers se postent en face de nous, et nous menacent de leurs kalachnikovs.

Maman s'arrange pour me frôler et me glisse tout doucement à l'oreille :

— Kika, je crois que c'est la fin.

Ce n'est, hélas, que le début.

La suite me donne raison. Cet arrêt brusque, ces simagrées ne sont que des manipulations destinées à nous effrayer, à nous mettre en condition. Nous remontons dans les voitures et nous roulons encore des heures. Le voyage est très pénible, surtout pour les enfants : les petites ont neuf et dix ans et le bébé, deux ans et demi. Il fait chaud, nous avons soif, faim, peur. Personne pour nous rassurer, ni apaiser l'angoisse qui nous étreint.

Au terme de notre voyage, on nous a emmenés dans un tout petit village dont nous n'avons pu voir grand-chose car les voitures ont pénétré tout de suite dans une caserne. Par la radio de la police, j'ai compris que nous étions à Assa, un endroit isolé situé au fin fond du désert, proche de la frontière algérienne.

A l'époque du protectorat, cette caserne était un lieu d'exil. Les Français y envoyaient les dissidents, les hommes politiques d'opposition. L'endroit est vétuste, dégradé, à certains endroits les pierres s'écroulent.

Le lendemain de notre arrivée, nous sommes réveillés par des hurlements inhumains. Il y a eu un éboulement dans la nuit, sept *mouhazzins*[1] sont morts sous les décombres. En nous accrochant aux grilles des fenêtres, nous avons vu les corps qu'on emportait. Mauvais présage.

Les policiers qui nous ont accompagnés sont tous originaires de Rabat. Ils étaient très attachés à notre famille et portent le deuil de mon père sur leurs traits. Ils se sont montrés attentionnés avec nous. Mais d'autres nous attendaient qui ont reçu des instructions différentes. Nous devons être traités à la dure, comme des prisonniers. Ceux-là, nous ne les connaissons pas. Ils ont été recrutés dans les régions les plus reculées du Maroc pour éviter toute connivence avec nous. Leurs chefs, eux, viennent de Rabat.

On nous a introduits dans une maison en terre située à l'intérieur de la caserne. Un vieux petit bonhomme tout ratatiné dans sa djellaba militaire se tient près d'une table où neuf pains ronds sont alignés à côté de quelques boîtes de sardines.

C'est Bouazza, le commandant du camp. Il porte un dentier qu'il a du mal à contrôler : on a toujours l'impression qu'il va le cracher ou l'avaler. Malgré la peur qui m'étreint, je ne peux m'empêcher de sourire intérieurement à ce détail comique. Bouazza éructe, il hurle que nous devons désormais lui obéir et qu'il se fait fort de nous casser. Nous n'avons pas intérêt à renâcler car il reçoit ses ordres directement du roi.

Je baisse la tête. Bouazza vocifère mais il n'est que la voix de son maître. Un maître qui a énoncé sa sentence, inéluctable, dans la logique de mon éducation. Sujet fidèle, je ne peux que l'accepter et me résigner à subir.

Cependant, la situation présente dépasse Bouazza. Il a commandé pendant quarante ans la prison militaire de Kenitra ; il a assisté aux coups d'Etat, il a gardé des dizaines de prisonniers

---

1. Forces auxiliaires.

politiques, mais jamais il n'a eu à enfermer trois femmes et six enfants.

De notre affaire, il n'a retenu que deux choses dont il se vante :

— Mater les Oufkir. Ordre du roi.

Notre brutal changement de vie, ce passage de l'opulence à la misère m'a longtemps choquée. Et pourtant, c'est encore le luxe par rapport à ce qui nous attend. Pour la jeune fille capricieuse que je suis, maniaque, exigeante sur la propreté du linge et des sanitaires, cet endroit est un cloaque. Tout me dégoûte : les couvertures militaires, grises, rêches, sales, qu'on a jetées sur les matelas de mousse, les murs horribles, le plâtre écaillé, le sable qui recouvre le sol de la petite maison de terre où on nous installe après avoir descendu nos malles. Heureusement, il y a la gaieté innocente des enfants, et l'insouciance de mes dix-huit ans. Nous prenons tout à la rigolade.

Le lendemain, j'ai attaqué de pied ferme. Je suis allée explorer la maison qui est minuscule. Trois pièces exiguës, des matelas par terre et c'est tout. Nous ne possédons pas de placards, aussi avons-nous disposé nos affaires sur des draps. Nous n'avons pas non plus l'eau courante. Pour la toilette, la vaisselle, la boisson, on nous donne des seaux. Dans la caserne, on sent partout la présence des gardes.

En défaisant nos valises, j'ai noté avec amertume la contradiction entre ce lieu misérable et nos vêtements coûteux. Nous avons pu emporter avec nous une vingtaine de valises de prix, Vuitton, Hermès et Gucci, remplies de jolies choses. Dans notre ancienne vie, maman s'habillait chez les couturiers parisiens, elle achetait les vêtements des petits à Genève. Moi, j'écumais les magasins à la mode de Paris, Londres ou Milan.

Dans le désert, tout cela semble soudain si dérisoire.

Maman a laissé presque tous ses bijoux pour ne prendre qu'une petite mallette. Nous avons pu emporter notre chaîne stéréo, nos disques et des radios Zénith avec lesquelles il est possible de capter le monde entier.

J'ai distribué de l'eau et du savon en demandant à tout le

monde de m'aider à nettoyer. Puis j'ai installé la chaîne avec Raouf. Nous avons un semblant de réfrigérateur qui fonctionne tant bien que mal grâce à un groupe électrogène défaillant. Celui-ci marche seulement à la nuit tombée en faisant un bruit infernal. La lumière éclaire si faiblement que nous avons l'impression de vivre à la lueur des bougies.

Malgré tout, le soir, je branche la chaîne. Nous écoutons nos trente-trois tours qui passent à la vitesse de soixante-dix-huit tours, et un peu la radio. Avec les enfants, nous jouons aux cartes. Nous nous efforçons de créer une ambiance agréable. Nous avons même élevé des scorpions pour organiser des courses.

Je vis un conte de fées à l'envers. La princesse que j'ai été se transforme brutalement en Cendrillon. Peu à peu, je me défais de mes habitudes ; je revêts de vieilles affaires, toujours les mêmes, plutôt que des pantalons ou des chemisiers propres qui me rappellent trop le passé. Le désert apprend à se dénuder.

Pour passer le temps, nous mangeons sans cesse. Nous sommes rationnés sur la nourriture, parce que la ville est loin, les pistes cahoteuses, et que le marché n'arrive que toutes les trois semaines. Notre ordinaire est composé de pain, d'huile et de miel, mais nous n'avons pas encore à nous plaindre. Nous avons plus souvent de la viande de chèvre, au goût trop prononcé, que du mouton. Mais au moins sommes-nous rassasiés.

Le matin, nous faisons durer le petit déjeuner. Ensuite nous lavons la vaisselle tous ensemble, puis nous nous occupons du repas de midi. Maman et moi, nous nous sommes réparti les tâches. Elle cuisine et je fais la lessive dans une bassine en plein air. Halima et Achoura nous aident.

Nous vivons presque toute la journée dans le petit patio. Après le goûter qui traîne encore des heures, le soir tombe bien vite. Dîner, veillées, histoires lues par maman avant de nous endormir. Ensuite, que les nuits semblent longues... C'est l'hiver, la maison est glaciale, nous avons du mal à trouver le sommeil. Des lampes à gaz nous servent de chauffage.

Comme dans mon enfance au Palais, la nuit exacerbe mes

souffrances. Mon seul lien avec la vie est la radio : Europe 1, RFI, France Inter. Je ne peux me passer de ce qui, en même temps, m'est une torture. Chaque chanson me rappelle un moment heureux de ma vie. Je me languis de mes amis, de mon passé. J'ai beau savoir que la nostalgie est meurtrière, j'ai trop de mal à m'arracher à tout ce que j'aimais. J'ai le sentiment d'être emmurée vivante, comme au Moyen Age, et je me retiens pour ne pas hurler.

Dans le noir, j'entends maman sangloter. Plus que la perte de notre liberté, elle pleure d'abord son mari, toute seule dans son lit, dès que nous sommes couchés. Sa vie de femme s'achève à trente-six ans à peine ; en mourant, mon père l'a condamnée à la solitude. Dans la journée, elle lit souvent le Coran, et je vois bien à ses yeux tristes, toujours gonflés de larmes, combien elle souffre.

On nous a autorisés à passer chaque jour deux heures au village, dans l'oasis. J'ai refusé, d'abord pour tenir compagnie à maman qui ne désire pas sortir, mais surtout pour me démarquer. Il n'est pas question de me plier à leur bon vouloir.

Myriam, Achoura, Halima, maman et moi, nous restons donc à la maison, tandis que les enfants sortent accompagnés par une escorte de policiers toujours très gentils avec eux. Ils visitent la palmeraie peuplée par les hommes bleus et en repartent toujours les mains pleines : du henné, des dattes, des paniers tressés par les femmes. Quand ils comprennent que leurs petits visiteurs reviennent tous les jours à heure fixe, les villageois leur préparent du thé, des pains qui sortent tout chauds du four, des douceurs.

Ces heures-là sont très importantes pour les enfants. Ils peuvent enfin s'exprimer, raconter ce qu'ils découvrent. Ils sont à l'école de la nature. Abdellatif, surtout, semble émerveillé. Il n'a pas encore trois ans et tout est un jeu pour lui. On le fait monter à dos de mulet pour se promener, il va voir les vaches, les veaux, les poules.

Une villageoise nous a offert des poussins. Il y en a un pour chacun d'entre nous. Chaque volatile a reçu un nom et est affublé d'un caractère qui finit par s'aligner sur celui de son propriétaire. Ces petites bêtes nous aident à passer le temps. Nous en parlons entre nous, nous jouons avec elles, nous tentons de les faire dormir dans des cartons. Le soir, c'est une joyeuse pagaille pour les attraper ; ils s'éparpillent partout dans la maison en piaillant. Les enfants rient, courent à leur recherche. Ils sont ravis de cette diversion.

J'essaye de leur faire croire que notre existence est à peu près normale. Je les entraîne dans un monde imaginaire, j'invente des jeux, je raconte des histoires. Je veux les préserver des soucis. Bravement, ils font semblant. Mais ils savent bien que rien n'est provisoire comme je le prétends.

Même Abdellatif sait. Je le revois encore, haut comme trois pommes dans sa petite gandoura bleue, disant avec son léger zézaiement :

— Moi, quand ze serai plus grand, z'aurai une maison mais pas comme celle-là, avec de la moquette tous z'azimuts, et zamais de sable.

J'imagine ce que peuvent ressentir les autres si ce tout petit bonhomme est encore marqué par notre vie d'avant.

La parenthèse d'Agdz (28 avril-30 mai 1973)

On nous a fait partir dare-dare, un matin de la fin du mois d'avril, pour Agdz, un village situé dans le désert, proche de Zagora et de Ouarzazate. En tendant l'oreille, nous avons pu saisir quelques bribes sur les raisons de ce départ précipité. Les villageois commencent à se poser des questions ; ils ont appris notre identité et s'indignent qu'on puisse faire subir un tel traitement à des enfants.

Nous avons roulé dix-huit heures sans nous arrêter, dans des fourgonnettes dont les vitres sont enduites de goudron. Notre traitement se durcit. Nous n'avons pas le droit de descendre, même pour faire pipi. Nous faisons nos besoins à tour de rôle dans une petite boîte de lait en poudre dont on a ôté le couvercle.

A la nuit tombée, nous sommes arrivés dans un pauvre village. On nous a enfermés dans la maison du caïd. Nous y sommes restés un mois, dans l'obscurité complète, sans jamais sortir. Au-dehors la vie est là, simple et tranquille. Une fontaine, le murmure du vent dans les branches, les cris et les jeux des enfants, les rires des femmes, les aboiements des chiens. Ces sons familiers, si lointains et si proches, nous déchirent le cœur.

Cela devient une habitude : pour tuer le temps, nous cuisinons et nous mangeons. Maman prépare des petits plats à la lueur des bougies. Je me lance dans la confection de crêpes marocaines dont les enfants se régalent. J'organise des courses de crapauds et des concours de pets qui les font hurler de rire. Ils se croient en colonie de vacances et je me mets volontiers à leur niveau.

Je souffre cependant du confort sommaire, de la saleté, des couvertures militaires, de l'absence de sanitaires, des lits d'hôpital alignés les uns à côté des autres. Encore mes habitudes d'enfant gâtée...

Pour survivre, je voyage en imagination. Je prends mon livre de géographie, j'installe les enfants en cercle autour de moi.

— Après « ça », dis-je, on ira tous s'installer au Canada.

Je rêve de ce pays. Je leur décris avec minutie les forêts, les lacs, les montagnes, les grands espaces neigeux, la garde montée, les barrages de castors. Plus ils m'opposent d'objections et plus j'essaye de les convaincre. Même maman s'est prise au jeu :

— Non, pas au Canada, répond-elle, il fait trop froid, c'est trop loin... Et la famille ? Comment fera-t-elle pour nous voir ?

Nous avons encore des repères.

Bouazza est venu un matin et nous a affirmé qu'on parlait de nous et de lui dans *Paris-Match*. Il semblait très fier d'être ainsi entré dans l'Histoire. Cela nous a donné un peu d'espoir. Si on nous mentionne dans la presse, c'est que nous existons encore. Le monde ne pourra pas tolérer longtemps pareille injustice...

Nous sommes toujours emplis d'illusions sur la nature humaine.

Cette nouvelle incarcération marque une étape importante

pour moi. En arrivant à Agdz, je suis une personne normale, je ne me pense pas encore comme une prisonnière. C'est pourtant ainsi qu'on m'a traitée et qu'on me traitera désormais, où que j'aille. Je suis sûre à présent que les mauvais jours n'auront pas de fin.

Nous sommes revenus à Assa, à la fin du mois de mai. Nos conditions de vie ont changé. Au-delà de la caserne se trouve un terrain vague sur lequel on a fait construire, pendant notre absence, une baraque préfabriquée des plus sommaires. Les murs, le sol, le plafond, tout est couleur de terre. Mais elle est plus solide que la caserne qui menaçait à tout moment de s'écrouler, et sans doute est-ce la raison qui les a poussés à la bâtir. On ne veut donc pas notre mort. Pas encore. Nous nous y sommes installés.

La maison comprend une entrée, un salon, des cabinets de toilette avec une douche et des pièces alignées le long d'un couloir. Chacun a sa chambre à soi. Après l'exiguïté de la précédente, elle nous semble presque un palais. A l'horizon, il n'y a que le ciel et, au-delà, les montagnes. Nous avons le droit de sortir sur le terrain vague, escortés par les gardes toujours présents autour de nous.

Au fond, cela ne nous change pas tellement de notre vie d'avant. Du plus loin que je me souvienne, je ne me suis jamais déplacée sans escorte, je n'ai jamais ouvert une fenêtre sans apercevoir un ou plusieurs policiers armés chargés de ma sécurité. Ici, au lieu de nous protéger, on nous surveille. Il n'est plus question d'aller au village. Et malgré nos demandes, on ne peut envoyer ni recevoir de courrier. Nous avons demandé à un garde de joindre mon grand-père. Il a promis, mais il ne tiendra pas sa promesse.

Un des enfants a découvert une trappe : nous avons pris la décision d'explorer le sous-sol. Peut-être existe-t-il une possibilité de creuser un tunnel ? L'idée d'une évasion nous trotte déjà dans la tête. Mais nous avons eu à peine le temps de descendre par l'échelle que nous sommes déjà couverts de milliers de cafards qui envahissent les murs et le sol de la cave.

Avec l'été, le cauchemar commença. Le jour, le thermomètre grimpait jusqu'à 60° à l'ombre, le soleil venait taper sur le toit de tôle. La nuit, la chaleur montait du sable et des pierres qui l'avaient emmagasinée pendant la journée. Au-dessus de nos têtes, la tôle se détendait dans un fracas épouvantable. Nous étouffions comme dans une étuve, aussi passions-nous toutes nos soirées et nos nuits dehors.

Pour pouvoir dormir un peu, nous nous enveloppions dans des draps mouillés que nous aspergions sans cesse. Nous couvrions les cruches de chiffons humides pour avoir de l'eau fraîche. Fort heureusement, on ne nous rationnait pas en eau.

Avec la saison sèche, vinrent aussi les vents du désert. Les carreaux des fenêtres se brisaient sous leurs rafales, et le sable s'engouffrait dans la maison, recouvrant nos visages et nos corps. Il charriait avec lui des araignées énormes et velues, terriblement venimeuses, qui se confondaient avec le sol. Nous tentions d'échapper aussi aux milliers de scorpions qui se glissaient sous les lits, sur les murs, dans nos draps. Maman et moi lavions partout pour les chasser, ce qui faisait rire toute la caserne ; nous ignorions que les scorpions adorent l'humidité. La femme de Bouazza se fit piquer. Il s'en exaspéra parce que nous, nous échappions par miracle aux piqûres.

Pour écourter les journées nous dormions toute la matinée, un emploi du temps qui nous faisait veiller jusqu'à l'aube. On rigolait, on jouait, on racontait des histoires. Quand le temps se rafraîchit enfin, j'organisai des jeux pour distraire les enfants. Je créai une petite ville et je distribuai à chacun un rôle. Soukaïna jouait la couturière juive telle qu'on la voyait dans les ghettos marocains. Abdellatif était son aide.

Raouf ouvrit une pizzeria, et installa une pancarte à l'entrée : « Bobino le roi de la frite. » Il fallait payer pour y déjeuner. Maria tenait le rôle de la coiffeuse et moi, de la manucure-pédicure-esthéticienne. Maman était la cliente universelle, qui devait recevoir son soin quotidien, aller prendre ses mesures chez la couturière et ses repas chez « Bobino ».

Je reprenais mes réflexes du Palais : mettre en scène ce qu'on m'interdisait de vivre.

« *Zouain Zouain bezef* »

Bouazza resserrait de plus en plus la discipline tant il avait peur de Rabat. Puis il commença à nous malmener. Il menaçait maman, perdait son sang-froid devant nous. Un matin, il explosa. Il se mit à hurler si fort qu'il manqua d'en perdre son dentier.

— J'ai travaillé quarante ans de ma vie dans les prisons, mais je n'ai eu à surveiller que des hommes ! Ici, on m'inflige la pire des choses : massacrer une femme et des enfants ! Ce n'est pas mon boulot, jamais de ma vie je n'ai pensé faire une chose pareille...!

Il sortit, visiblement très remonté, en continuant à monologuer. Quelque temps après, il nous annonça qu'il allait bientôt quitter le camp. Il semblait soulagé. Puis il nous apprit qu'au village, un voyant exceptionnel prédisait l'avenir sans jamais se tromper. Le mage avait sans doute vu son prochain départ...

Bouazza changea alors d'attitude, devint plus sympathique et, chose incroyable, il finit par nous amener le voyant.

On vit arriver un bonhomme sans âge, au visage et au corps totalement tordus, incapable de se tenir debout ni de marcher. Son ventre et son menton touchaient le sol, ses quatre membres étaient paralysés. Des policiers le soulevaient et le déposèrent devant nous comme un paquet.

Il était accompagné d'une femme du village, une Berbère très mate de peau. Elle se débarrassa de son voile et déposa son matériel près du vieil homme, un tamis plat en osier contenant de la farine, sur laquelle les clients passaient leurs mains.

Le voyant étudiait les empreintes avec minutie : il était pourtant aveugle... Il s'adressa à ma mère en berbère mais elle ne comprit pas son langage. Le parler du Moyen Atlas dont elle était originaire, était différent de celui du désert. Mon père était l'un des rares à manier les quatre idiomes [1].

---

1. Il existe quatre idiomes berbères au maroc : le tachellit, parlé dans le

L'homme s'exprimait avec difficulté, en bavant lorsqu'il ouvrait la bouche. La femme qui l'accompagnait nous traduisit ses paroles. Il dit d'abord que je ne devais pas m'exposer au soleil à cause de mes cicatrices sur le visage. Cela nous impressionna car il ne pouvait pas les voir. Il me donna un onguent.

— Tu t'en mets sur le visage et elles disparaîtront avec le temps. C'est lui, le meilleur des guérisseurs.

Il précisa qu'il fallait y ajouter des caméléons séchés et moulus et les mélanger à du lait de chamelle. Chaque jour, je devais mettre quelques gouttes de la préparation dans mon nez. Pour l'avoir testée avec succès sur ma peau abîmée, je dois dire qu'elle était vraiment efficace.

Il nous parla de Mimi et de son épilepsie inguérissable. Mes parents avaient pourtant consulté les meilleurs spécialistes en France et aux Etats-Unis. Mais nous n'étions que modérément intéressés par la santé des uns et des autres. Nous voulions qu'il nous entretienne de notre vie.

— Quand allons-nous sortir de cet enfer ? Quand reverrons-nous notre famille, nos amis ? Quand pourrons-nous mener une vie normale ?

Nous le pressions de questions anxieuses. Il poussa alors un grand soupir.

— C'est encore très long et ce sera terrible. Mais le miracle interviendra et le monde entier en parlera. Vous finirez enfin par obtenir ce que vous voulez... Mais je vous préviens, ça sera interminable.

Maman lui réclama des précisions dans le temps mais il ne put nous en donner. Il refusait de le faire depuis qu'il avait été frappé par les mauvais esprits, nous apprit la femme. Il ajouta simplement que nous étions protégés, parce que nous étions descendants du Prophète, et que nous ne serions jamais atteints trop gravement par les maladies. Ce qui se révéla exact.

Chaque fois que nous serions dans le brouillard, que nous toucherions le fond du désespoir, chaque fois que l'un d'entre

---

Sud marocain, le tamazigt dans le Moyen Atlas, le rifain dans le Rif, et le tassoussit dans la région du Soussi (Agadir et le littoral).

nous serait sur le point de craquer, nous nous répéterions, en arabe, la phrase de ce vieil aveugle.

— *Zouain zouain bezef* : ce sera miraculeux et très miraculeux.

Cette prédiction nous a fait tenir vingt ans.

Pendant nos premières années d'emprisonnement, je n'ai rêvé que du roi, jamais de mon père. Je revoyais le Palais, les concubines, mes pitreries, nos rires, mes tête-à-tête avec lui, nos moments privilégiés.

Je n'ai jamais revécu de scènes familiales heureuses ni éprouvantes, la mort de mon père ou le deuil qui a suivi ; il n'y a pas eu de ressentiment dans mes songes, de confrontation ni de révolte. Seuls revenaient les bons souvenirs de cette enfance qu'on m'a pourtant volée.

Je me réveillais, pétrie de honte et de culpabilité. J'étais perturbée, mal à l'aise, et je ne pouvais rien partager de ce désordre avec les miens. Ils n'auraient pas compris.

J'ai sans doute mieux supporté que mes frères et mes sœurs nos vingt années d'épreuves, car je savais déjà, en entrant en prison, ce que solitude et abandon voulaient dire. Mais j'ai aussi appris le déchirement de connaître son ennemi et d'être proche de lui.

Il m'a été infiniment douloureux d'avoir été élevée par mon bourreau et d'avoir ressenti, trop longtemps, ces sentiments ambivalents d'amour et de haine à son égard. Au début, mes états d'âme envers le roi étaient compliqués, difficiles à démêler. Mon propre père avait tenté de tuer mon père adoptif. Il en était mort. C'était une tragédie. La mienne.

Parfois, je ne savais plus qui regretter ni qui pleurer. J'étais le fruit de l'éducation du Palais, tout ce que j'étais, je le devais à celui qui m'avait d'abord éduquée. Mais j'aimais tant mon vrai père. La confusion se faisait dans mon esprit, je revenais sans cesse en arrière. Je cherchais le pourquoi, je refaisais l'histoire à coups de « je n'aurais pas dû ».

Si, en Hassan II, je respectais toujours le père adoptif qu'il fut pour moi, j'ai haï le despote qu'il est devenu le jour où il a commencé à nous persécuter.

Je l'ai haï pour sa haine, je l'ai haï pour ma vie brisée, pour les souffrances de ma mère, pour l'enfance mutilée de mes frères et de mes sœurs.

Je l'ai haï pour le crime irréparable qu'il a commis en enfermant si longtemps, dans des conditions si inhumaines, une femme et six enfants dont le plus jeune n'avait pas trois ans.

Les murailles de Tamattaght

(8 novembre 1973-26 février 1977)

Le palais du Glaoui

Un chant s'élève dans l'obscurité. J'ai commencé la première, puis Raouf, Mimi, les filles, maman, Achoura et Halima ont joint leurs voix à la mienne. Les paroles parlent d'exil et d'espoir, de départ dans la nuit. C'est notre histoire.
— Vous avez poignardé nos vies, dit le refrain, mais la justice l'emportera toujours.
La première fois que nous avons entendu cette chanson à la radio, nous étions à Assa. Les interprètes sont de jeunes Marocains qui ont formé un groupe très populaire au Maroc. Darham, leur leader, est le mari d'une de mes cousines. Nous ignorons alors, en reprenant en chœur, qu'il a composé cette chanson pour nous. Les policiers qui nous accompagnent pour ce troisième voyage, dans ce fourgon blindé où on nous a entassés, se mettent eux aussi à chanter. Je serre les petites contre moi, et je pleure.

On nous a fait quitter Assa au début de l'hiver sans nous expliquer les raisons de ce départ hâtif. En réfléchissant un peu plus tard, j'ai cru comprendre. Le roi prépare la Marche verte[1]

---

1. La Marche verte. Au moment de l'agonie de Franco, l'Espagne est encore souveraine sur le Sahara occidental, où le Front Polisario réclame l'indépendance. A la mi-octobre 1975, la Cour de La Haye émet un avis

135

pour récupérer le Sahara occidental. Il faut nous éloigner du Sud marocain dont ma famille est originaire, et où nous comptons de nombreux sympathisants.

Dans la fourgonnette qui nous emmène vers notre nouvelle destination, les gardes ont disposé un tapis rouge au sol, et des cruches remplies d'eau pour les enfants. Notre jeunesse et notre joie de vivre sont encore les plus fortes et, malgré l'obscurité, la poussière, l'angoisse, nous essayons d'être joyeux. Mimi est notre cible de prédilection. En dépit des conditions catastrophiques de ce voyage, elle réussit à dormir en ronflant, la bouche ouverte, le visage couvert du sable qui pénètre dans le véhicule. Le spectacle est si comique que nous ne cessons de rire et de nous moquer d'elle.

Lors d'un arrêt, j'ai vu passer un convoi de voitures et de motards. Un rallye automobile se court dans le désert. Nous sommes à quelques kilomètres de ces coureurs et ils ne nous voient pas, ne nous entendent pas, ne soupçonnent même pas notre existence. La vie continue, elle est là, proche de nous et personne ne sait ou ne veut savoir.

Après un trajet long et éprouvant comme les précédents, on nous a emmenés à Tamattaght, bien au-delà de Ouarzazate. Toujours plus loin, toujours plus isolés de notre ancienne vie. On nous a installés dans un immense fortin qui surplombe majestueusement le désert, un ancien palais en ruine dont les très hautes murailles nous empêchent de voir le ciel.

---

consultatif prônant l'autodétermination du peuple sahraoui. Hassan II annonce alors l'organisation d'une « marche pacifique de 350 000 personnes » vers le Sahara occidental, en vue de le réintégrer. C'est un succès sans précédent : les candidats sélectionnés doivent arborer un fanion vert (couleur de l'Islam) et porter un exemplaire du Coran. La Marche a lieu le 6 novembre 1975. Les marcheurs venus de tout le Maroc, de Mauritanie et de sept autres pays arabes, pénètrent de 10 km dans le territoire et s'arrêtent devant les lignes espagnoles. Cet acte symbolique permet au roi de faire pression sur Madrid, d'éviter une opération militaire coûteuse, de satisfaire sa volonté expansionniste ainsi que celle de l'opposition et d'une large partie de l'opinion publique marocaine. Le gouvernement espagnol conclut un accord, le 14 novembre 1975, permettant un transfert de souveraineté vers le Maroc et la Mauritanie. Le 18 novembre, la loi de décolonisation est votée. Le Maroc a conquis « pacifiquement » le Sahara occidental.

Par endroits, on peut encore admirer ce qui reste des splendeurs passées, les murs et les plafonds peints à la main dans des dégradés de pastel et d'or. Le palais de Tamattaght a appartenu au pacha El Glaoui[1] de Marrakech qui vivait dans un faste plus grand encore que celui du souverain légitime.

On pénètre dans ce fortin par une grande porte peinte en bleu. Nous disposons de deux pièces pour vivre à neuf, au premier étage. En bas, un antre en terre battue nous sert de cuisine. Dans un autre réduit minuscule nous entreposons nos provisions et nos trophées : l'endroit est truffé de vipères à cornes et de scorpions, et chaque fois que nous en attrapons un, nous le mettons dans un grand bocal rempli d'alcool. Halima a trouvé un énorme python lové sur lui-même qui nous a moins effrayé qu'il n'a horrifié les gardes. Ils ont quitté la pièce en courant.

Nous nous lavons en bas, près d'un feu toujours allumé dans la journée. Maman a imaginé un système ingénieux de sauna. Nous avons fabriqué une sorte de tipi d'Indien avec cinq roseaux épais, noués par une corde, et recouverts d'un plastique où nous disposons nos couvertures. Maman fait chauffer des pierres à blanc et les place dans un petit seau sous la tente. Elle les asperge d'eau et les pierres dégagent une bonne chaleur. Chacun prend sa « douche » à tour de rôle, maman d'abord avec Abdellatif, puis les petites et moi, ensuite Mimi, puis Raouf et enfin Achoura et Halima. Pour nous, c'est comme si nous allions au hammam, un événement toujours joyeux.

Des escaliers très hauts et très raides accèdent aux deux pièces principales. En haut des marches, une porte ouvre sur un très long couloir, étroit comme un cercueil. Au bout se trouve une petite pièce où nous avons rangé nos bagages. Cette pièce est aveugle mais, nous le découvrirons par la suite en cherchant une ouverture, elle donne sur une oasis.

Il faut monter encore trois marches pour arriver à notre domaine : une salle au sol de ciment, éclairée par de petites lucarnes, bordées de deux « alcôves », en réalité deux longs

---

1. Le pacha El Glaoui : pacha de Marrakech. Il avait participé à la destitution et l'exil de Mohammed V en 1953.

couloirs hauts de plafond, sombres et étriqués. Ce sont nos chambres à coucher. Un lavabo et un trou nous servent de toilettes. Dans la salle, pompeusement baptisée patio, nous avons disposé des tables pour l'école, un tapis où joue Abdellatif, un matelas où maman s'installe dans la journée avec sa radio et ses livres.

L'ameublement est des plus sommaires mais nous tentons, avec nos pauvres moyens, de donner au lieu un semblant de gaieté. Les tables de nuit sont de simples caisses de Coca-Cola que nous recouvrons de jolis tissus ; nous avons accroché des photos au mur et disposé çà et là de menus objets, des miroirs, des bibelots qui mettent un peu de chaleur.

Nous avons d'abord dormi tous ensemble dans la première alcôve, sur des matelas de paille à même le sol. L'hiver, le froid est si rude que nous nous chauffons les mains au-dessus des lampes à gaz. L'été, la chaleur est étouffante, le désert nous accable.

Nous avons souvent des visiteurs, de gros rats de campagne, que la faim rend agressifs. Nous les tuons à l'aide de matraques. Raouf s'est fait mordre au visage en jetant un seau d'eau sur l'un d'eux. Le rat est devenu fou furieux et s'est jeté sauvagement sur mon frère.

Nos nuits sont agitées. Maman est inquiète ; tous les soirs, quand elle lit à la lueur de la lampe à gaz, elle sent un souffle passer sur sa joue, une présence à ses côtés. Raouf fait des cauchemars terribles.

On décide de changer d'alcôve. C'est au tour de Maria de rêver avec violence. Elle se réveille en hurlant, le visage inondé de sueur. Maman sent toujours cette présence.

Vers quatre heures du matin, j'entends des bruits de pas, des murmures de foule, des gens qui portent des seaux vides, qui vont et viennent dans les toilettes et dans les escaliers. Ces fantômes me terrorisent. Un soir que je me suis installée au centre de la pièce, je sens très distinctement une femme de la taille d'un lutin se coucher sur moi et me serrer jusqu'à en étouffer. Je réveille les autres. Personne ne peut se rendormir et maman doit nous lire le Coran jusqu'au matin pour chasser les spectres.

Nous avons raconté cette histoire à l'un des policiers les mieux disposés à notre égard. Il nous a crus et nous a révélé que l'endroit est maudit, parce qu'il a été construit sur un cimetière. Avons-nous souffert d'hallucination collective ? Les âmes des morts reviennent-elles nous hanter ? Nous pouvons nous révolter contre des ennemis tangibles, mais lutter contre des présences surnaturelles est bien au-dessus de nos forces.

Nous avons changé encore une fois d'alcôve. Les spectres, si c'en est bien, sont toujours là, mais ils se manifestent avec moins de fureur. Maman sent toujours un souffle sur sa joue, mais elle s'y habitue et, au bout de quelques mois, nos visiteurs nocturnes disparaissent tout à fait.

J'ai laissé passer les premiers jours pour nous installer et j'ai organisé notre vie. Je voulais préserver les enfants, leur donner des repères. Dans cette existence irréelle, coupée de tous et de tout, j'ai imposé un rythme aussi normal que possible.

Notre journée était construite autour de la classe. Je prenais très au sérieux mon rôle d'institutrice. J'avais instauré plusieurs niveaux d'études. Les deux filles étaient en cours élémentaire première année, Raouf en troisième et Mimi en seconde. On se réveillait vers sept heures, on se lavait puis on prenait le petit déjeuner avant de commencer à travailler, vers huit heures trente. Je dictais un texte français aux petites et je leur demandais ensuite d'en faire un résumé, une analyse logique, et de répondre à des questions de grammaire.

Je les laissais travailler seules et je faisais de même avec Raouf puis avec Mimi. Je naviguais à vue, je comblais les lacunes, et je reprenais ce qu'ils n'avaient pas compris.

J'exigeais de chacun d'eux qu'ils apprennent par cœur à peu près cinq à six mots nouveaux par jour avec la définition du dictionnaire, et qu'ils les emploient ensuite dans des phrases ou bien dans une petite rédaction. Par la suite, j'ai ajouté de l'anglais et de l'arabe. Raouf se chargeait des maths ; on revoyait le programme ensemble et il les enseignait aux enfants.

Pendant ce temps, maman préparait le déjeuner. Nous n'étions pas rationnés mais nous n'avions ni fruits, ni beurre, ni crème, ni œufs, ni bonbons pour les enfants. Ensuite, elle s'occupait du petit. Elle lui apprenait l'alphabet, et jouait avec lui comme s'il était à la maternelle. Achoura et Halima aidaient ma mère à faire la cuisine, le ménage, la lessive, elles préparaient les réserves. Quand elles avaient un moment, Halima tricotait et Achoura, qui était analphabète, révisait les cours de français que je lui donnais.

Après la classe du matin, on se lavait les mains, on bougeait un peu puis on passait à table. On reprenait à quatorze heures, ce qui permettait à maman de se reposer en écoutant les nouvelles à la radio. Le samedi, je ne faisais pas classe mais nous choisissions un sujet de débat et nous en discutions toute la matinée.

Raouf et les petites s'intéressaient particulièrement à la première guerre mondiale. Ils aimaient aussi la géographie et nous voyagions en imagination, à travers le monde. Nous parlions de Louis II de Bavière qui me fascinait, de son pays, de son histoire. L'enseignement n'était pas des plus classiques mais cela leur plaisait mieux ainsi.

Vers dix-huit heures, nous allions « dehors » pour nous défouler. On nous autorisait à sortir dans une petite cour sombre, entourée de hauts remparts, qui donnait le sentiment d'être emmurés ; c'était cependant notre seule façon de respirer un peu d'air frais. On y installait un tapis, on allumait un canoun et maman confectionnait des crêpes. Nous savourions cette récréation, qui était aussi une façon de se sentir bien en famille.

Ensuite il y avait le bain, puis le dîner et la lecture obligatoire. Les filles n'avaient pas de mal à lire. Raouf était plus réticent. Il fallait lui donner de la littérature de guerre, d'aventure, des récits d'aviateurs ou de soldats de la guerre d'Indochine. Nous lisions jusqu'à vingt-deux heures en semaine, plus tard le week-end.

La nuit, des chauves-souris venaient se percher sur nos têtes. Au début elles nous effrayaient ; ensuite nous les attendions avec excitation pour démarrer un grand chahut.

Une fois par mois, nous organisions un spectacle que nous préparions activement. J'inventai pour l'occasion deux pièces de théâtre, une en français, une en arabe. J'avais vingt ans à peine et une énergie incroyable. Je disposais d'eux, de leur jeunesse, de leur naïveté, pour réaliser mes rêves d'enfant. J'étais tour à tour scénariste, metteur en scène, chorégraphe, chef d'orchestre, créatrice enfin. On chantait, on dansait, on mimait. Notre unique spectatrice était maman, nous écrivions ces divertissements pour elle. Nous étions très minutieux dans les préparatifs. Nous confectionnions les costumes en puisant dans nos vêtements. J'avais coupé les cheveux de Achoura à la Mireille Mathieu parce qu'elle devait interpréter une de ses chansons. La pauvre ne comprenait pas un mot de français : il fallait la voir chanter en play-back, habillée de noir, esquissant les attitudes et les pas de danse que nous lui faisions inlassablement répéter. L'effet était d'un comique irrésistible.

Le plus souvent j'inversais les rôles. Je me revêtais d'une djellaba d'homme, je dessinais une petite barbichette sous mon menton, tandis que Raouf jouait ma femme. Avec sa haute taille, ses mollets poilus, ses faux seins placés sous sa tenue marocaine et ses mimiques exagérément efféminées, il était impayable. Maman riait aux larmes pendant les deux heures de la représentation. La voir heureuse, même pour un court instant, était notre plus belle récompense.

Certains samedis soir, nous réinventions le casino de Monte Carlo. Les artistes de la famille, Soukaïna et Raouf, avaient fabriqué une roulette, dessiné un tapis vert, et maman, de mémoire, nous avait aidés à disposer les numéros dans l'ordre. Un pois chiche séché nous servait de boule. Raouf jouait Grace Kelly et moi le prince Rainier. Il portait une robe du soir à dos nu, il était maquillé, coiffé, et si la ressemblance avec la princesse n'était pas évidente, il n'en était pas moins superbe. Nous avons aussi recréé des magasins comme à Assa, mais à une plus grande échelle, et même fabriqué un Monopoly. Je leur avais appris le Yam's auquel je jouais avec Alain Delon.

Je narrais souvent aux enfants certains épisodes parmi les plus marquants de mon adolescence. Mes souvenirs ne me quittaient guère, c'était tout ce que j'avais pour lutter contre l'angoisse. Je ne pouvais m'empêcher de les ressasser. Chacun de nous avait ses propres histoires à raconter aux autres pour prouver qu'il avait déjà vécu, malgré son jeune âge, excepté Abdellatif, qui, lui, ne connaissait rien. Mais au fur et à mesure des années, les souvenirs des uns et des autres s'entremêlaient, se modifiaient, se déformaient. Mes frères et mes sœurs s'appropriaient les miens. Nous nous défendions ainsi contre le vide qui nous menaçait.

Il nous fallait apprendre à vivre tous ensemble, dans la promiscuité, l'inconfort, l'obscurité, le manque d'hygiène, l'isolement, l'enfermement. Les enfants grandissaient et ce n'était pas toujours simple. Malgré tous mes efforts, ils sentaient bien ce que leur existence comportait d'injuste et d'anormal. Raouf intériorisait son chagrin. Il avait quinze ans à notre arrivée à Tamattaght. Il n'avait pas encore fait le deuil de son père, à l'âge où un garçon en a sans doute le plus besoin. Il ne pouvait même pas le venger et il grandissait ainsi, sans pouvoir s'exprimer, entouré de femmes et d'enfants. De nous tous, il était le plus orphelin.

Soukaïna vivait une adolescence difficile. Elle avait le mal de vivre, était triste et puis gaie, anxieuse puis déprimée. Tous les jours, elle glissait une lettre sous mon oreiller. Elle me disait qu'elle m'aimait, elle me révélait ses inquiétudes, ses doutes, ses envies, ses besoins. Nous en discutions ensuite ensemble et je tentais de l'apaiser.

Avec Maria, le contact était plus difficile malgré notre attachement réciproque. Elle était si fragile que le moindre choc l'anéantissait. Quand un événement la heurtait, elle ne mangeait plus, ne parlait plus, ne voulait plus bouger. L'horreur de sa situation se lisait dans son regard; elle semblait alors littéralement sidérée.

Plongée dans sa maladie, Myriam supportait très mal le deuil, la prison, nos conditions de vie. Elle était droguée au Mogadon que nous nous procurions grâce à la complicité des gardes et, malgré tout, les crises d'épilepsie se succédaient et se rapprochaient. Pauvre Mimi, c'était terrible, et nous étions impuissants à la soulager. Lors d'une crise plus violente que les autres, elle renversa une casserole de lait bouillant sur sa cuisse. Faute de soins, la brûlure mit des mois à cicatriser. Nous gâtions tous outrageusement le petit Abdellatif, pour compenser l'enfance qu'il n'aurait jamais. Il eut plus que sa part en attentions et en affection, en jouets que nous lui fabriquions avec du bois et du carton, en histoires, en contes, en câlins et en mensonges. Nous tâchions avec maladresse de le préserver, une attitude trop protectrice qui, à sa libération, causa bien des dégâts. Nous nous acharnions à le sauver du présent plus qu'à le préparer au futur. Mais avions-nous le choix ?

Le voyant avait raison : nous étions protégés. Les maladies les plus graves se succédaient et nous en réchappions chaque fois. Je manquai mourir d'une péritonite qui me laissa pantelante de fièvre pendant des semaines. Maman ne quittait pas mon chevet, elle me passait de l'eau sur le front pour essayer de faire baisser la fièvre.

L'un de nos infirmiers me donnait de l'aspirine, le seul remède à sa disposition. Voyant que mon état ne s'améliorait pas, le commandant du camp en référa à Rabat, mais en pure perte. Je combattis seule ces douleurs atroces, avant de tomber dans le coma. Quand la fièvre baissa, j'avais terriblement maigri, perdu tous mes cheveux. Mais je survivais.

Nous étions isolés mais grâce à mon grand-père, Baba el Haj comme nous l'appelions, nous recevions un peu de courrier et des livres. Depuis notre disparition, le vieil homme s'était démené comme un beau diable pour entrer en contact avec nous et nous procurer quelques commodités, sans craindre la répression, car tout ce qui touchait aux Oufkir était désormais maudit.

Après avoir frappé à toutes les portes, écrit aux chefs d'Etat étrangers, au président Giscard d'Estaing, aux organisations humanitaires, il alla solliciter le prince Moulay Abdallah. Il lui demanda qu'on puisse nous envoyer des livres et du courrier.

Le prince ne nous avait pas oubliés. Il montra une fois de plus sa grande humanité en acceptant la supplique de mon grand-père. Celui-ci put alors nous envoyer régulièrement les romans, les essais, les manuels scolaires que nous lui commandions et que nous attendions avec impatience. Quand le grand carton rempli de livres arrivait à Tamattaght, nous étions joyeux comme des gosses devant un sapin de Noël... C'était la preuve qu'à l'extérieur on nous aimait encore.

Cette faveur valut au prince des représailles du roi. Il fut assigné, dit-on, à résidence. Mais Moulay Abdallah ne se résigna pas. Sur son lit de mort, le prince suppliait encore son frère de nous libérer.

Avec le carton de livres, nous recevions une lettre expurgée où Baba el Haj nous donnait des nouvelles prudentes. Grâce à la complicité de gardes qui l'avaient contacté, nous avons pu recevoir d'autres missives, écrites par notre famille et nos amis.

Mamma Khadija, la femme de mon grand-père, se chargeait d'apporter ce courrier clandestin et de récupérer le nôtre au cours de rendez-vous secrets où elle se rendait à mobylette, en déjouant la surveillance incessante dont toutes nos relations étaient l'objet. Elle aussi était entrée en résistance. Elle ne joua pas longtemps ce rôle d'entremetteuse : elle mourut de chagrin quelques années après notre emprisonnement.

A Paris, j'avais failli me fiancer avec un jeune homme, Ali Layachi. Il m'écrivit plusieurs lettres remplies de toutes les formules brûlantes qu'un amoureux peut adresser à une jeune fille avec laquelle il se sent engagé. Je répondis aux premières mais son ton enflammé me déplut assez vite. Il ne comprenait pas la situation à laquelle nous étions confrontés. Je tentais de lui expliquer la différence qui désormais existait entre nous.

— Il y a ceux qui sont dedans et ceux qui sont restés dehors, lui écrivais-je. Un monde nous sépare, des murs nous séparent : au fond, tout nous sépare.

Je cessai de lui écrire et mis ainsi un terme à cette histoire. Dans notre cauchemar quotidien, il n'y avait pas de place pour les rêves d'avenir, encore moins pour l'amour. Pourtant j'en avais l'âge.

Les autres lettres nous faisaient plus de mal que de bien. Nous avions beau les attendre avec impatience puisqu'elles étaient le seul lien qui nous rattachait à l'extérieur, nous étions choqués par l'égoïsme et le manque de tact de ceux qui nous écrivaient. Ne sachant pas quoi nous dire, ils nous racontaient leurs petites vies tranquilles, le réveillon de Noël avec foie gras et champagne, les voyages, les fêtes et les événements heureux ; tous les plaisirs qui tissent la trame d'une existence ordinaire et dont nous étions désormais privés.

Raspoutine

Sur les vingt-cinq policiers dépêchés pour nous garder jour et nuit, les trois quarts avaient surveillé notre maison de Rabat. Ils connaissaient mon père, de près ou de loin, ils respectaient maman et nous aimaient de façon toute paternelle. Ils nous apportaient des œufs frais, des friandises pour les enfants, de la bonne viande, des piles pour la radio. Quand ils allaient faire leur marché, chacun selon ses moyens nous achetait une petite douceur, qu'il nous faisait passer en déposant nos seaux d'eau quotidiens.

L'un d'eux donna un bébé pigeon à Abdellatif. Bientôt, ils nous en apportèrent d'autres. Ces pigeons eurent des petits... En quelques semaines, nous étions à la tête d'un véritable élevage. On les installa dans des cartons contre un des murs du patio. On organisa notre vie autour de la leur. Nous avions chacun le nôtre, et nous leur avions donné des prénoms, des caractères, comme avec nos poussins.

Nous nous amusions à les regarder évoluer des heures entières, surtout la matinée du dimanche où il n'y avait pas classe. L'une des femelles s'appelait Halima. Nous observions son ballet nuptial avec le mâle, leurs baisers, leurs démonstrations d'affection, leur accouplement.

Mais des prisonniers restent toujours des prisonniers, et malgré notre amour pour nos pigeons, nous ne manquions jamais d'inspecter les petits cartons pour voler leurs œufs. Maman nous confectionnait alors une tarte à l'orange, au grand dam de Maria, grand défenseur des animaux, que nous avions surnommée « Brigitte Bardot ».

Cinq ou six mois après notre arrivée à Tamattaght, les policiers nous envoyèrent une pomme de terre par-dessus la muraille avec un petit mot glissé à l'intérieur, pour nous prévenir qu'une perquisition allait avoir lieu. Le colonel Benaïch était arrivé de Rabat, directement sous les ordres du ministère de l'Intérieur. Cet homme avait perdu son frère, médecin personnel du roi, lors du coup d'Etat de Skhirat et il avait rendu mon père responsable de sa mort. Inutile de préciser qu'il ne portait pas les Oufkir dans son cœur.

Il entra avec violence, en nous bousculant. J'étais encore en chemise de nuit et j'eus le sentiment qu'on me violait. J'avais encore le vieux réflexe idiot de me dire, comme à chaque fois qu'on me blessait injustement :

— Ah ! si mon père était là, jamais il n'aurait osé...

Il pénétra dans la deuxième alcôve que nous utilisions pour faire la classe quand il faisait trop froid pour demeurer dans la salle. Nous y avions accroché une photo de mon père à laquelle nous tenions tous, celle de son entrée en Italie avec son régiment. Il donna l'ordre de faire tomber le cadre puis il le piétina. Il fit de même avec nos autres photos, nos objets, notre pauvre mobilier, nos bocaux où nous conservions nos trophées. Il confisqua les livres que je n'avais pas eu le temps de dissimuler après l'avertissement des policiers.

Après son départ, le patio ressemblait à un champ de bataille. Nous étions figés de peur, angoissés, incrédules aussi devant tant de violence. Nous commencions à comprendre que nous étions là pour longtemps et qu'il n'y aurait pas de répit à ce que nous devrions subir. Nous étions des prisonniers, il n'y avait pas d'autre mot.

Jusque-là, nous étions relativement bien traités. Nous mangions encore à notre faim. La musique, la radio, nous permettaient de rester en contact avec l'extérieur.

L'arrivée de Benaïch changea notre vie. Les policiers qui nous surveillaient eurent désormais la charge de nous persécuter. Qui avait donné l'ordre de nous traiter avec rigueur ? Qui avait intérêt à resserrer l'étau ? Nous n'avions pas les réponses. Les mouhazzins, forces auxiliaires bêtes et disciplinées, obéirent à ce nouveau programme. Les policiers, plus sensibles, ripostèrent en instaurant autour de nous un véritable réseau d'assistance. Ceux de l'ancienne génération avaient résisté aux Français pendant le protectorat. Ils étaient habitués à prendre tous les risques tout en demeurant d'une grande prudence; ils connaissaient bien le système et agissaient de façon à s'assurer le plus de sécurité possible.

Ils nous prévenaient désormais des jours de perquisition en nous lançant une carotte ou une pomme de terre par-dessus les murailles. Cet avertissement nous permettait de cacher nos biens les plus précieux, en particulier la radio, pour empêcher qu'on nous les confisque. Certains allaient à Rabat rencontrer nos grands-parents. Ils se faisaient remettre du courrier, des médicaments dont le Mogadon pour Mimi, et de l'argent qui nous permettait d'améliorer encore notre ordinaire.

Tous les quinze jours, quand les gardes ouvraient les portes pour nous apporter les provisions, je m'asseyais dans la cour avec Raouf pour tenter de jeter un coup d'œil sur le paysage au-delà des murs. Lorsqu'on nous avait conduits dans ce fortin, il faisait nuit; nous ne savions rien de l'endroit où nous étions. Les remparts qui nous encerclaient nous empêchaient de voir.

Chaque fois que la porte s'ouvrait, un drôle de petit homme tentait de nous transmettre un message du regard. Son physique était étrange : il portait la barbe, les cheveux longs, son regard noir perçant était fixe comme celui d'un drogué. Il me faisait penser à un Raspoutine miniature. Nous ne comprenions pas ce qu'il voulait, nous le trouvions vraiment bizarre.

Un matin, un des policiers qui entrait nous glissa discrètement que nous devions réclamer un infirmier. Ses yeux désignaient Raspoutine. Pleins de méfiance, nous avons fait semblant de ne pas comprendre. Un peu plus tard, pourtant, devant l'insistance muette du barbu, nous lui avons fait signe d'entrer.

Il était du même village que mon grand-père maternel, solidaire comme tous les Berbères, et ne demandait qu'à nous aider. La nuit qui suivit notre première rencontre, nous avons entendu un bruit d'éboulement dans la cour du fortin. Nous sommes descendus en trombe. Un énorme sac de farine venait de tomber sur le sol. Avec sa torche, Raspoutine émettait des signaux lumineux. Nous avons eu juste le temps de voir son visage, et d'autres avec lui.

Jusqu'alors, les gardiens qui nous gâtaient le faisaient à petite échelle : un steak, une boîte d'œufs, un peu de farine ou des friandises qui passaient d'une poche à une autre. Avec Raspoutine, le ravitaillement passa à un niveau presque industriel : sacs de farine, sacs de riz, sacs de semoule, sacs de sucre, bidons d'huile, cent cinquante œufs...

Pour nous apporter toutes ces provisions, Raspoutine et ses complices devaient les traîner depuis l'oasis en bas du fortin, pénétrer dans les ruines, atteindre l'endroit où nous vivions en grimpant parmi les pierres au risque de provoquer un éboulement, arrimer les sacs à une corde pour nous les faire parvenir, tout en se faisant le plus discrets possible. Des escouades de policiers et de forces auxiliaires surveillaient mètre après mètre notre prison et ses alentours.

Le déchargement se poursuivit une bonne partie de la nuit. A la fin, l'infirmier descendit par le même chemin que ses sacs, accompagné par deux jeunes policiers. Ces derniers étaient intimidés mais fiers de nous serrer la main. On les fit monter chez nous, et on s'installa dans le couloir où nous avions disposé des bancs. Chaque fois qu'ils nous ravitaillaient, c'est-à-dire dès qu'ils en avaient l'occasion, nous discutions ainsi avec eux jusqu'au lever du jour.

Ces échanges étaient très précieux pour nous et surtout pour Raouf qui avait désespérément besoin de compagnie masculine. On buvait du thé, on mangeait les gâteaux qu'ils nous apportaient. Les petits étaient surexcités. Abdellatif refusait d'aller dormir ; il se blottissait contre moi, luttait contre le sommeil, mais pour lui aussi ces moments étaient importants. On parlait de tout et de rien, on rigolait, on échangeait des blagues et des nouvelles du monde, mais Raspoutine se débrouillait toujours à un moment ou à un autre pour nous rappeler à la réalité.

— Vous ne sortirez jamais d'ici, nous disait-il, ne vous faites aucune illusion.

Naïvement, nous comptions sur une grâce royale au moment de la fête du Trône ou de l'anniversaire de Hassan II. Mais il brisait nos rêves au nom de la lucidité.

Maman, qui ne prenait jamais part à ces discussions, tentait de nous rassurer.

— Vous ne voyez pas que cet homme est fou ? Ne vous laissez pas impressionner, mes enfants, il ne sait pas ce qu'il raconte.

Raspoutine avait toutes les apparences d'un dément, mais il était prêt à tout pour nous aider. Pendant les deux mois qui suivirent sa dernière visite, nous vécûmes dans l'espoir en attendant la relève de la garde, parmi laquelle il avait des complices. Cette relève devait nous apporter des réponses à notre courrier, une radio, encore d'autres livres, car ceux que notre grand-père nous faisait envoyer ne nous suffisaient jamais.

Le jour venu, Raouf, qui escaladait comme un cabri, se hissa jusqu'en haut des remparts et s'installa pour observer au-dehors à travers une petite meurtrière. Je le rejoignis. On vit les camions qui arrivaient et ceux qui devaient repartir. Les policiers se retrouvaient, ils s'embrassaient, se donnaient l'accolade.

Nous étions très excités par les caisses que nous apercevions dans les camions. Elles nous promettaient des journées de lecture, de musique, de bonheur.

Raouf me poussa du coude. Sa voix était inquiète.

— Kika, regarde. Il se passe quelque chose d'anormal. Tout le monde court dans tous les sens.

Je suivis son doigt tendu vers un attroupement. Je vis des policiers s'agiter, Raspoutine qui courait. Quelqu'un avait trahi... L'infirmier s'était fait cueillir. Ils fouillèrent ses affaires, trouvèrent l'argent, la radio, les livres, la chaîne stéréo. Tout ce qu'il nous avait apporté fut confisqué, sauf les lettres qu'il avait bien dissimulées.

Quarante-huit heures après le démantèlement de notre réseau, Yousfi, commissaire de la DST, arriva accompagné de trois sbires. Nous le connaissions déjà : il avait interrogé maman à la mort de mon père.

La prisonnière

Après avoir fouillé partout, ils installèrent une petite table et entreprirent un interrogatoire serré qui devait durer toute la journée. Nous avons eu droit à la grande mise en scène : la machine à écrire, le procès-verbal. Après avoir longuement tourné autour du pot, ils nous apprirent que l'infirmier leur avait avoué que nous complotions de commettre une action irréparable. Ils voulaient savoir laquelle.

Raspoutine avait eu l'intelligence de dénoncer tous les gardiens pour qu'on ne puisse punir personne en particulier. Il avait prétendu qu'ils nous avaient aidés pour des raisons à la fois politiques et humaines.

— Nous avons agi en pères de famille avec ces enfants, avait-il argumenté, n'importe qui aurait fait de même.

Tous les policiers avaient donc été arrêtés, pour être aussitôt relâchés. Au fortin, nous allions en subir les conséquences.

La nouvelle équipe de mouhazzins qu'on nous envoya nous surveilla plus étroitement : fouilles, perquisitions, doublement de la garde, suppression du courrier, des livres envoyés, des contacts avec notre famille.

On nous donna de moins en moins de nourriture. Heureusement, nous avions constitué des réserves, de quoi nourrir un bataillon, et nous avons pu survivre ainsi.

La résistance

Ces nouvelles conditions nous révoltèrent. Mais que faire ? Nous étions si impuissants, si isolés, si soumis au bon vouloir du monarque...

Une nuit de désespoir, parmi tant d'autres, j'étais sortie dans la cour pour contempler le ciel. Pour la première fois depuis bien longtemps, je me mis à pleurer. Je cherchais une réponse à mes larmes dans la beauté de la voûte étoilée. La nuit était pure, sereine. Et désespérément muette. Dieu ne répondait pas à nos appels au secours. On nous enterrait vivants et nous allions périr ainsi, loin de tout et de tous, sans personne pour nous aider. Il me prit l'envie de hurler mais la proximité des enfants me retint, comme elle me retenait chaque fois que des cris de rage et de douleur montaient jusqu'à mes lèvres.

Le matin de mes vingt-trois ans, je m'étais réveillée très tôt et je m'étais installée sur une chaise, toute seule, face à notre pigeonnier. La maisonnée dormait encore. Pendant ces quelques heures de répit, j'ai réfléchi à ma vie, aux années qui s'écoulaient, à ma jeunesse qui s'enfuyait.

Je regardais le temps faire son œuvre sur mon visage et sur mon corps. Je portais les cheveux très longs, jusqu'au bas des reins, et quand je passais devant le grand miroir que nous possédions encore, quand je surprenais le regard des gardes, pourtant très paternel, je savais bien que j'étais belle. J'admirais avec désespoir mon corps ferme, sculpté, mon visage juvénile, je me disais que cette plénitude ne reviendrait plus jamais. Aucun homme ne m'aimerait ni ne profiterait de l'éclat de mes vingt ans.

Je souffrais pour maman qui avait rarement été aussi belle. Il m'arrivait de m'arrêter dans mes activités pour la contempler. Je souffrais pour mes sœurs qui devenaient des femmes sans avoir pu être des enfants ; pour Raouf privé de modèle paternel, et pour Abdellatif privé de tout ; pour Achoura et Halima, enfermées à nos côtés par fidélité envers nous.

Je souffrais pour nous tous, dépossédés de liberté et d'espoir. J'avais fait le deuil de mon père. A présent, je faisais celui de ma vie.

Dans tout ce désespoir, j'avais une seule certitude : nous étions les seuls qui puissions agir pour notre cause. C'est ce qui me donnait du courage quand mon moral tombait trop bas.

On adressa au roi une pétition signée de notre sang. On la fit passer par le commandant du camp, qui la remit à ses supérieurs. Naïve, presque puérile, cette lettre faisait appel à la magnanimité du monarque. Nous lui écrivions qu'il était indigne de lui de tolérer que l'on persécute une femme et des enfants. Comme on le verra, sa réponse fut à la hauteur de notre supplique.

Maman, Raouf, Mimi et moi avons alors entrepris une grève de la faim. C'était le plein hiver, le sol et les murs étaient gelés. Nous ne quittions pas nos lits, pelotonnés sous nos maigres couvertures pour trouver un semblant de chaleur.

Au début, bien qu'affaiblis, nous étions sérieux et pleins d'ardeur. Puis, notre bon naturel reprenant le dessus, nous avons recommencé à manger en nous dissimulant au regard des gardes. Dans une des malles de maman, rangée dans le réduit où nous avions entreposé nos bagages, nous avions économisé une trentaine de flûtes de pain, que nous installions au soleil matinal pour les ramollir. Nous appelions cela la séance de « bronzette ».

Je nettoyais les pains à la brosse à chaussures pour ôter les traces de moisissure et je les faisais circuler de lit en lit. Nous avions aussi constitué une réserve de pois chiches, dont les gré-vistes se nourrissaient exclusivement et toujours en cachette : tajine aux pois chiches, soupe aux pois chiches, apéritif aux pois chiches. Ces maigres rations nous permettaient de tenir et de ren-voyer à nos geôliers le peu de nourriture qu'ils nous donnaient.

Mais nous étions encore corruptibles... La promesse d'un kilo de beurre mit un terme à notre action. Il nous semblait déjà sentir l'odeur des crêpes et des gâteaux...

De toute façon, cette grève n'avait rien donné. Notre sort n'intéressait personne.

Il nous fallait pourtant agir. On décida de s'évader.

Un peu avant notre grève de la faim, Raouf, qui avait pris l'habitude de fouiner partout, avait repéré que la fenêtre de la petite pièce aux bagages avait sans doute été murée. Comme il brûlait d'envie de regarder au-dehors, on descella quelques briques. On découvrit alors une fenêtre de fer forgé dont on poussa les volets.

Le paysage fut une révélation. L'obscurité avait cessé, le ciel était enfin à nous. La fenêtre donnait sur une oasis située en contrebas. On entendait les corbeaux croasser, les tourterelles roucouler, les petits bergers appeler leurs troupeaux, et même le clapotis de l'eau.

Nous nous disputions pour pouvoir jouir de la vue à tour de rôle. Regarder au loin, respirer à pleins poumons... Ces deux actes semblent si évidents quand on n'en est pas privé.

Nous avons refermé la fenêtre en veillant à pouvoir l'ouvrir quand l'envie nous en prenait. De temps à autre, quand l'un de nous avait le blues, il s'installait dans le réduit et assistait au lever du jour, au coucher du soleil, au printemps sur l'oasis, preuves que la nature et les saisons existaient encore.

Maria et Soukaïna allaient là-bas bien plus souvent que nous, pour se repaître des moindres détails. Il m'était douloureux de les y retrouver et de surprendre l'expression mélancolique de leurs petits visages appuyés aux barreaux. Tout comme la faim, la dépression chez un jeune enfant est un spectacle insupportable.

Quand on décida de s'évader, notre première idée fut d'agrandir cette fenêtre. Mais les gardes nous entendirent desceller les briques et les jeter dans le trou de nos toilettes, profond de cinq mètres. Le fracas était impressionnant. Ils entrèrent et fouillèrent partout. Par chance, nous avions pu dissimuler les preuves de notre forfait avant qu'ils arrivent et ils ne s'aperçurent de rien. Cette alerte nous fit comprendre que la plus grande discrétion était nécessaire.

Il nous fallut attaquer ailleurs. La cuisine qui était en terre cuite semblait l'endroit idéal. En guise d'outils, nous disposions, Raouf et moi, d'une petite cuiller chacun. Nous avons commencé à creuser le mur, à vingt centimètres du sol, pour nous frayer un passage. En moins de dix minutes, nous avions déjà enlevé beaucoup de terre, mais nous devions faire attention aux écroulements de pierres.

En un après-midi, nous avons dégagé un trou suffisant pour nous laisser passer. Je me suis glissée à l'intérieur de ce tunnel en rampant et je me suis retrouvée face à une ouverture murée.

J'ai senti quelque chose me frôler la cuisse et je me suis mise à hurler.

— Je n'avance plus, Raouf, c'est infesté de rats.

— Kika, tu veux qu'on s'évade de ce maudit endroit ? C'est notre seule chance. Fais-toi une raison... Allez, courage...

Raouf insista tellement que je finis par lui obéir. Puisqu'il fallait avancer, alors, avançons...

On commença à déblayer les pierres. C'était un travail dangereux et fatigant. Nous devions porter des charges très lourdes sans les faire tomber, de peur d'alerter nos gardiens. Notre ténacité fut récompensée. La porte se dégagea enfin et on sortit au milieu de ruines impressionnantes, avec une extraordinaire impression de liberté.

Nous étions ivres, étourdis par le ciel et l'air. Nous marchions sans dire un mot, nous nous parlions des yeux, nous nous exprimions par gestes. Il y avait presque trois ans que nous vivions dans le silence. Cette première promenade faillit pourtant être la dernière. Une colonne de pierres s'écroula à nos pieds avec un bruit d'apocalypse. On eut juste le temps de sauter sur le côté.

Il nous fallut quelques minutes pour nous remettre de cette frayeur. La colonne aurait pu nous écraser tous les deux. Raouf me regarda ; nous pensions la même chose. Qui, de là-haut, nous protégeait autant ?

Mon frère et moi n'avions pas besoin de grands discours pour nous comprendre. Notre évasion devait se préparer dans la minutie la plus complète, un peu à la manière d'un commando. Nous partirions tous les deux. Plus nombreux, c'était trop risqué.

Pendant près de deux heures, nous sommes restés dehors pour analyser, soupeser, calculer. Nous avons grimpé jusqu'au dernier niveau du fortin, en prenant garde aux rochers qui pouvaient s'écrouler à tout moment sur nous.

En bas, dans l'oasis, quelques gardes prenaient le frais. Nous pouvions même entendre leurs rires. Dissimulés derrière les pierres, nous avons détaillé les amandiers, l'herbe grasse, la terre rouge.

Puis Raouf m'a dit de regarder au-delà d'un petit chemin.

— Tu vois, il y a un fleuve qui contourne le fortin... C'est par là que nous passerons pour atteindre Ouarzazate.

Nous sommes rentrés à regret, mais il fallait retrouver les membres de notre famille et les persuader de la justesse de notre plan. Les petits étaient enthousiastes, ils buvaient nos paroles, prêts à démarrer au quart de tour. Maman, qui était plus sceptique, écoutait sans répondre.

Pour la convaincre, on noua deux morceaux du solide tissu qui recouvrait nos matelas et on lui expliqua que nous allions descendre des remparts au moyen de cette corde improvisée. L'endroit d'où nous voulions fuir était situé à vingt mètres de hauteur. Quand on le lui montra, maman fut catégorique : elle ne voulait pas nous laisser prendre un tel risque. Rien ne put l'en faire démordre.

— D'accord pour l'évasion, disait-elle, mais trouvez une autre idée, moins dangereuse. Je ne veux pas vous perdre.

Elle réfléchit et son visage s'éclaira. Le fortin avait sans doute une porte qui donnait sur l'oasis. Il suffisait de la trouver, de la déblayer, et nous pourrions sortir par là. On chercha la porte parmi les colonnes en ruines et les masses de rochers. Dans ma hâte, je trébuchai au bord d'un ravin et je dus à ma présence d'esprit et sans doute à celle de mon ange gardien, de ne pas m'écraser dans le vide. Je me retournai. Maman était blême.

Quand aujourd'hui nous disons de quelqu'un qu'il a « l'expression des ruines », cela signifie que son regard est figé, son visage sidéré, comme celui de maman quand elle a cru que j'allais tomber.

Mue par une inspiration heureuse, maman nous demanda de l'aider à déplacer un gros rocher. La porte que nous cherchions se trouvait derrière, et donnait bien sur l'oasis. Nous n'aurions pas besoin de risquer notre vie pour nous échapper.

Mais avant ce grand jour, il fallait nous entraîner. Apprendre l'endurance. Trois fois par semaine, Raouf et moi sortions à midi, à l'heure où le soleil tapait le plus fort, chacun portant un sac à dos très lourd, et nous marchions quatre heures durant dans la cour.

Nous faisions des plans sur la comète. Il nous restait un peu d'argent de notre grand-père. Après avoir traversé l'oasis, nous irions jusqu'à Ouarzazate en autobus. Il nous fallait aussi des réserves de nourriture. Nous n'avions pas de pièces d'identité, mais j'avais retrouvé dans mes papiers le carnet de vaccination d'un ami marocain que je fréquentais à Paris. Je l'avais donné à Raouf et j'avais gardé en mémoire le nom de sa sœur au cas où nous serions arrêtés. Nous étions si enfantins encore...

Parmi tous nos livres, il y en avait un que nous avions toujours dédaigné parce qu'il traitait de magie, de sorcellerie et de sciences occultes. Maman le prit par hasard et l'ayant parcouru, elle décida d'en appliquer les recettes pour la bonne réussite de notre entreprise.

Elle fabriqua une poupée en cire, la piqua avec des aiguilles et prononça des incantations mystérieuses qui devaient nous aider à nous évader. Nous étions tous pliés de rire, nous la traitions de sorcière, et elle qui, de sa vie, n'avait jamais cru à toutes ces sornettes, prenait un air très concentré.

Au jour fixé pour l'évasion, Raouf et moi nous trouvions dehors pour une ultime répétition générale.

Une des filles vint nous chercher en catastrophe.

— Rentrez vite. Ils sont là. Ils veulent voir maman.

Nous arrivâmes essoufflés, poussiéreux. Les policiers nous apprirent alors que nous allions quitter Tamattaght. Nous avons redoublé nos moqueries envers maman, la traitant de sorcière-catastrophe.

— Vous vouliez déménager ? répliqua-t-elle, mortifiée. C'est fait.

Les enfants étaient heureux de partir. Il y avait quatre ans et demi que nous étions enfermés et nous venions de passer plus de trois ans emprisonnés dans ce fortin en ruines. Abdellatif, né en février allait fêter ses sept ans, les filles avaient treize et quatorze ans, Raouf dix-neuf ans, Myriam vingt et un, moi vingt-trois et maman, à peine quarante ans. Si les petits étaient excités, moi j'étais sceptique, inquiète, je pressentais le pire.

Bien sûr, on ne nous dit pas où nous allions, mais on nous laissa croire que nos conditions de vie allaient sans doute changer, de façon plus favorable. C'était sans doute la réponse à notre pétition... Oui, le roi avait eu pitié de nous. Notre traitement serait adouci. Demain, peut-être, nous serions libres... Ne nous avaient-ils pas demandé de trier nos affaires, en prenant seulement les nôtres, et en laissant les matelas, les couvertures, et tout ce qui appartenait à l'Etat ? La situation allait peut-être se régler...

On nous le laissait sous-entendre mais on ne nous confirmait rien. Pourquoi cette ambiguïté ? Sans doute pour s'assurer de notre bonne volonté pendant notre transfert. Nous étions partagés entre l'espoir et la peur. Par réflexe, j'avais caché ma petite radio sur moi. Mon intuition était la bonne et je m'en féliciterai par la suite.

Je croyais qu'il existait des limites à la souffrance humaine. A Bir-Jdid, j'appris que non.

Le bagne de Bir-Jdid

(26 février 1977-19 avril 1987)

Mauvais débuts

Nos bagages sont dans la cour, l'agitation est à son comble. Nous ne voulons pas quitter Tamattaght sans nos précieux pigeons; mais ils n'ont pas compris que nous partions et ils volettent au-dessus de nos têtes dans un grand bruit d'ailes froissées et de roucoulements indignés.

Les enfants courent dans tous les sens pour les attraper et chaque fois qu'ils y parviennent, ils les enferment dans des paniers d'osier. Maria, Soukaïna et Abdellatif rient aux éclats. Ce départ est presque un jeu pour eux. Nous les grands, nous sommes plus paniqués, angoissés pour tout dire.

Un incident achève de nous terroriser : les policiers veulent nous installer deux par deux dans les fourgons blindés aux fenêtres goudronnées. Ils sont brutaux, nous poussent sans ménagement avec leurs baïonnettes pour nous faire avancer. Maman refuse que nous soyons séparés. Elle crie, supplie, pleure. Ils se laissent fléchir, sans doute par crainte du scandale. Maman voyagera avec les deux garçons, Myriam avec Achoura et Halima, et moi avec les petites.

A l'intérieur des véhicules, nous ne distinguons rien. On

159

nous fait presque trébucher pour nous faire asseoir plus vite. Nous posons les paniers contenant nos précieux pigeons à nos pieds. Nous n'avons pas pu les rattraper tous. En face de nous, deux mouhazzins armés de baïonnettes ont pris place. Même les enfants sont à présent silencieux. L'atmosphère a changé. Borro, le nouveau commandant du camp de Tamattaght, n'est pas un tendre. Il est venu remplacer l'ancien, il y a quelques mois, quand les mouhazzins chargés de nous surveiller ont triplé en nombre. Ce nouveau changement est dû à la crainte d'une évasion préparée par un mystérieux commando venu d'Algérie. Du moins est-ce ce que nous avons cru comprendre. C'est peut-être pour cette raison qu'on nous fait quitter Tamattaght.

De toute façon, on ne nous donnera aucune explication, comme toujours. Nous espérons seulement que Borro ne nous suivra pas, là où on nous emmène.

Le voyage a duré vingt-quatre heures, de plus en plus éprouvantes à mesure que l'on roule. Nous sommes sans cesse surveillés. Pas moyen de se mettre à l'écart pour nous soulager lorsque nous descendons de voiture ; les policiers nous accompagnent et nous regardent jusqu'à ce que nous ayons terminé.

Nous sommes en février. Profitant d'un ralentissement, j'ai plaqué mon visage contre une fente du fourgon blindé. Des banderoles sont suspendues aux arbres. On prépare activement la fête du Trône, preuve que le roi est plus puissant que jamais. Je replonge pour quelques instant dans mes souvenirs. Au Palais, cette fête était un moment heureux où nous étions choyées. Mais la réalité me rattrape et je cherche fiévreusement à comprendre où nous sommes. Mais c'est impossible tant l'obscurité est forte.

Fatiguée, abrutie par la route, transie de froid, je respire à pleins poumons. L'air sent l'humidité ; j'entends le chant des grenouilles. J'en déduis que nous avons quitté le désert et que nous sommes proches de la mer. Je ne me trompe guère. La caserne de Bir-Jdid, où on nous emmène, est située à quarante-cinq kilomètres de Casablanca. Nous le saurons beaucoup plus tard.

Des inondations ont barré la route, la rendant inaccessible aux fourgons blindés. Nous sommes obligés de descendre pour remonter dans des Land Rovers, toujours scindés en trois groupes. On nous bande les yeux mais nous avons le temps, en un clin d'œil, de photographier le paysage. Nous sommes dans une région agricole, où les champs se succèdent. Au loin, nous distinguons une ferme. Est-ce là qu'on nous conduit ? Des grillages et des miradors entourent le bâtiment.

Je tremble de froid au point de claquer des dents. Du plus profond de la nuit, comme dans une pièce de théâtre, j'entends alors une voix d'homme, distinguée, éduquée, une voix empreinte d'humanité, qui tranche avec les hurlements de Borro et des mouhazzins.

L'homme sort de l'ombre. Il s'agit du colonel Benani, chargé de notre transfert d'une prison à l'autre. Il m'enveloppe de son burnous, me propose des cigarettes et va m'en chercher deux paquets. Je suis touchée aux larmes par ce geste de sollicitude, le premier depuis bien longtemps. Puis nous roulons encore cinq cents mètres. Quand le convoi stoppe enfin, je perçois le ronflement cauchemardesque d'un groupe électrogène.

Le roi a répondu à notre supplique.

On nous a fait entrer dans une maison, les yeux toujours bandés. Quelqu'un a refermé une porte et on nous a retiré nos foulards. On a découvert alors une petite bâtisse coloniale construite en ciment, dont la forme générale figure un L.

On y pénètre par une porte en bois qui ouvre sur une longue allée bordant une petite cour où cinq figuiers veillent, telles des sentinelles. Quatre portes donnent sur cette cour, celles de nos quatre cellules qui se suivent à angle droit, la première, qui sera celle de maman, perpendiculaire aux trois suivantes.

Dans un renfoncement minuscule proche de la première cellule, deux énormes palmiers forment une voûte de feuillages. Les murs qui nous enferment, hauts et épais au point de masquer le ciel, sont mitoyens d'une caserne quadrillée de miradors. De nombreuses guérites abritant des soldats en armes sont disposées autour de la maison. Nous ne pouvons faire un geste sans être surveillés.

On nous a appris tout de suite que nous serons séparés pour la nuit. Nous aurons le droit de nous voir dans la journée et de prendre nos repas ensemble, mais le soir, chacun devra regagner sa cellule. Maman partage la sienne avec Abdellatif, mes sœurs et moi sommes ensemble, Achoura et Halima sont réunies et Raouf va rester tout seul.

La nouvelle nous fait sangloter. Maman crie, supplie, dit qu'ils n'ont pas le droit de la séparer de ses enfants.

— Je peux tout supporter sauf cela...

— Madame, sachez que j'ai honte de ce que je fais, répond le colonel Benani, terriblement embarrassé. Cette mission marquera ma vie à jamais. Mais j'ai reçu des ordres et malheureusement je suis obligé de les appliquer.

Nos cellules respectives n'annoncent rien de bon pour la suite de notre traitement. Nous sommes pourtant déjà habitués à l'inconfort, à la saleté, au rudimentaire, mais là, nous touchons au sordide. Les murs et les portes blindées ont été sommairement repeints en gris souris et l'humidité est si importante que l'eau ruisselle du plafond jusqu'au sol. La lumière électrique, blafarde, vient du groupe électrogène qui ne fonctionne qu'une ou deux heures la nuit. Les matelas ne sont que de minces galettes de mousse enveloppées d'une housse à la propreté douteuse.

Chacune de nos cellules comporte plusieurs petites pièces et un minuscule réduit à ciel ouvert, au plafond grillagé par des barreaux épais. Ce sera bientôt notre seule source d'air frais. On accède à celle de maman par trois marches. La cellule principale est dotée de toilettes et d'un débarras d'un mètre cinquante de haut, situé à mi-hauteur du mur et accessible à l'aide d'un escabeau. On y entrepose les affaires qui nous restent.

Jadis, il y a eu une fenêtre qui a été fermée et recouverte de Plexiglas opaque. Tant qu'il est encore assez petit pour s'y tenir debout, Abdellatif en fait son poste d'observation. Il a réussi à percer le plastique avec la pointe d'une pique à brochette et colle son œil pour tenter de voir au-dehors.

162

Leur cellule, comme les nôtres, est fermée par une porte fraîchement blindée. Dans l'angle de la cour, une autre porte mène à celle que je partage avec mes sœurs. Outre le réduit grillagé, nous disposons d'une cellule où nous avons installé nos quatre lits, faiblement éclairée par une lucarne recouverte de Plexiglas, d'un WC, d'un placard où nous avons entreposé nos valises, d'un autre baptisé pompeusement « salle de sport », et d'une « salle d'eau », un réduit où nous nous « douchons » avec des seaux. Ce dernier est séparé par un mur de la cellule de maman.

L'eau qu'on nous apporte sert à nous laver et à boire. Quand nous la faisons couler, elle ruisselle sur le sol en pente jusqu'à une petite rigole. Avec les barres de fer que nous avons tout de suite retirées des sommiers, par réflexe, nous travaillons la terre et nous suivons le parcours de l'eau. Quand nous n'aurons plus le droit de sortir de nos cellules, cette rigole nous servira de miroir.

Maman se met à plat ventre sur le sol, nous faisons de même de notre côté. Ainsi notre reflet dans l'eau nous permet de nous voir. Pendant des années, ce sera notre seule façon d'entrer en contact autrement que par la voix. Ce sont des moments d'émotion forte. Nous avons envie de nous toucher, de nous embrasser et nous ne pouvons le faire.

La cellule de Achoura et de Halima est contiguë à la nôtre. Les deux femmes dorment dans une pièce minuscule, cuisinent dans un réduit au toit fermé d'un double grillage. A côté se trouve la cellule de Raouf, dont les « toilettes », un trou creusé dans la terre, donnent sur la cour aux figuiers. Les mesures de sécurité sont plus strictes à l'égard de mon frère. Pour accéder chez lui, il faut passer par trois portes.

La première perquisition a lieu au début du mois d'avril, deux mois après notre arrivée à Bir-Jdid. Elle est faite pour nous impressionner. Comme nous le redoutions, Borro dirige ce nouveau camp. C'est un sinistre personnage sans états d'âme et sans une once d'humanité, qui reçoit ses ordres de Rabat et les applique à la lettre. Il confisque nos disques, nos livres et notre chaîne. Fort heureusement, nous avons acquis certains réflexes de rapidité et de méfiance.

Pendant que les uns occupent les mouhazzins, les autres ouvrent en un tournemain les baffles de la chaîne. On démonte les micros et on se les répartit en les dissimulant entre nos cuisses. La petite radio est cachée de la même façon ainsi que quelques livres de classe et des fils électriques. Durant ces onze années de cauchemar, la radio nous permettra de nous relier au monde. Sans elle, nous n'aurions pas survécu.

Quelques jours après avoir fouillé nos chambres, ils viennent avec des pioches et suppriment tout ce qui donne encore au lieu l'aspect d'une maison, les parapets, les fleurs, les arbres.

Chaque année, pour l'anniversaire du roi, nous lui envoyons un courrier le suppliant de nous gracier. En juillet, nous avons joint à notre lettre quelques portraits que j'ai dessinés et qui sont assez ressemblants, le sien, celui de son fils, Sidi Mohammed, et celui de Mohammed V.

Le remerciement ne se fait pas attendre. Peu de temps après cet envoi, Borro et ses sbires nous enferment dans la cellule de Raouf jusqu'à la tombée de la nuit. On entend des bruits sourds, des coups de marteau. Quand nous pouvons enfin sortir, les dégâts sont de taille. Ils ont pris ce qui restait de nos maigres possessions, nos bibelots, les derniers livres de classe, les jouets d'Abdellatif, nos réserves de nourriture, presque tous nos vêtements, les bijoux de maman, mon album de photos.

Puis ils allument un grand feu avec tout ce qui est combustible. On nous autorise à contempler le spectacle. Les enfants sont d'autant plus traumatisés que l'horrible Borro a fouillé de force Soukaïna et qu'il a découvert les piles de la radio sur elle. Horriblement choquée, elle a eu une forte fièvre pendant dix jours et a dû rester alitée. Elle n'a que treize ans.

Le lendemain matin, ils reviennent encore. Ils nous font sortir dans la cour. Borro fait les cent pas.

Il nous dit qu'il sait à quel point les enfants sont attachés aux pigeons. Il est vrai que, depuis quelques années, ces petites bêtes nous soutiennent le moral.

— Mais les pigeons, ajoute-t-il, ne sont pas faits pour être élevés. Ils sont faits pour être mangés. Nous allons donc en tuer deux tous les jours.

Malgré nos larmes, ils tiennent parole. Pendant quelques jours, ils reviennent chaque matin avec deux pigeons morts. Nous avons décidé d'épargner ce spectacle à Abdellatif. L'enfant, qui a eu sept ans le 27 février, lendemain de notre installation à Bir-Jdid, est à bout de forces.

Peu de temps après notre arrivée, il a tenté de se suicider. Il possède encore sa petite bicyclette et roule dans l'allée qui borde la cour aux figuiers. Je discute avec maman tout en le surveillant du coin de l'œil quand je le vois soudain tituber et tomber. Nous nous précipitons. Le petit a le regard vitreux et ne tient pas debout. Bientôt il s'endort profondément. Raouf le prend par les aisselles pour le soutenir, tandis que j'essaie de lui faire boire une infusion de henné.

La panique est à son comble. Achoura et Halima hurlent en s'arrachant les cheveux, les trois filles sont tétanisées. Quant à maman, on a l'impression qu'on lui a ôté sa force et ses couleurs. Elle nous regarde sans pouvoir agir, terriblement choquée, trop, sans doute, pour pleurer tout de suite.

Je réussis à récupérer une bonne partie des médicaments qu'il a avalés, tout le Valium et tout le Mogadon que maman a cachés dans une petite boîte à pilules pour les crises de Mimi. Elle porte toujours cette boîte sur elle. On ne sait comment il a réussi à la subtiliser.

Prévenu par nos soins, Borro s'approche du lit, constate que l'enfant dort, et hausse les épaules. Il ne peut rien faire, sauf en référer à Rabat.

— Et s'il meurt ? sanglote maman.

Un autre haussement d'épaules est notre seule réponse.

Abdellatif est un enfant solide. Il s'est réveillé sans séquelles. Ses explications nous ont accablés. Depuis qu'il est emprisonné avec nous, il entend toutes nos conversations, notre chagrin, nos angoisses, nos peurs, nos révoltes.

« Me supprimer, a-t-il pensé dans sa petite tête d'enfant trop mûr pour son âge, serait le bon moyen pour les faire tous sortir de ce trou. » Il ne voulait plus nous voir souffrir.

A partir de ce jour, nous décidons de l'épargner. Nous ne parlerons plus devant lui, nous lui tairons nos chagrins, nous lui inventerons une vie rêvée et nous lui ferons croire à sa véracité.

L'Enfer

Le premier cercle de l'Enfer appartient au passé. Durant ces onze années, nous allons peu à peu franchir les autres. Jusque-là, nous avions réussi à préserver une vie de famille, un cocon, où nous nous protégions mutuellement.

A Bir-Jdid, il n'est plus question de famille, ni surtout d'intimité. Il n'est plus question de rien.

Au début, nous avons eu le droit de sortir tous ensemble dans la cour. A partir de huit heures le matin, les portes des cellules s'ouvraient et nous pouvions aller les uns chez les autres. Nous nous réunissions le plus souvent chez moi. Cette liberté de circulation a duré quelques mois, mais maman, Raouf et moi, savions que l'isolement viendrait tôt ou tard et qu'il fallait nous y préparer.

Le moment redouté est arrivé au début de l'année 1978.

Le 30 janvier, jour des vingt ans de Raouf, on a isolé mon frère dans sa cellule. Il n'aurait plus le droit de sortir ni de nous voir. Quelques jours plus tard, notre tour est arrivé, au prétexte que nous avions osé réclamer des butanes supplémentaires parce que nous mourions de froid. Halima et Achoura ont échappé à l'enfermement total. Elles ont eu l'autorisation de sortir dans la cour une fois par jour, ramasser des brindilles pour alimenter le feu du canoun.

Les premiers temps de notre séparation définitive, nous avons pu nous aérer dans la cour à des heures différentes. Maman sortait le matin jusqu'à dix heures, ensuite c'était notre tour.

Je me plaçais alors sous la fenêtre de Raouf, il s'accrochait aux barreaux de ses « toilettes » et nous parlions de tout et de rien. Il monopolisait la parole, il avait tant besoin de s'exprimer. Son isolement le faisait cruellement souffrir.

Sa conversation portait souvent sur notre père et sur son désir de le venger. Il était hanté par cette idée. Puis ces récréations ont été interdites. Enfermés nuit et jour, séparés, maltraités, rien désormais ne nous rattachait plus à notre ancienne vie. Nous étions devenus pour de bon des numéros. Il nous faudrait apprendre à maîtriser la cellule, ce minuscule espace qui deviendrait notre vie, notre monde, notre temps, rythmé seulement par les saisons.

Maman, Raouf et moi étions en première ligne dans leur volonté de nous casser. Maman parce qu'elle était la femme de l'homme haï; moi, parce qu'ils connaissaient mon influence sur le reste de la famille; et Raouf parce que, fils de son père, il était logique qu'il veuille se venger. Dans leur esprit, il fallait l'en empêcher par tous les moyens possibles. De nous tous, c'est Raouf qui physiquement souffrit le plus et qui prit le plus de coups.

Il était interdit aux gardes, tous des mouhazzins désormais, de nous parler avec humanité, de nous manifester un quelconque intérêt. Au contraire, ils devaient nous rabaisser le plus possible, et dans les plus infimes détails. Au quotidien, je vivais avec la peur au ventre. Peur qu'ils me tuent, peur des coups, du viol, de l'humiliation constante. Et j'avais honte d'avoir peur.

Nous n'avons jamais vraiment été battus. Raouf était l'exception. J'ai reçu une seule fois un coup de poing au visage parce que j'avais osé défier un officier. Je suis tombée en arrière, la tête contre le mur du couloir. Le choc a été violent. Les filles sont sorties de la cellule, livides. Je me suis redressée et, pour les rassurer, je leur ai dit que j'avais perdu l'équilibre. Plus tard, je leur ai avoué qu'on m'avait frappée, mais je les ai suppliées de n'en rien dire à maman. Je me sentais humiliée mais je m'en voulais aussi.

L'homme qui incarnait cette peur était, plus encore que Borro, le colonel Benaïch, officier du roi, qui déjà à Tamattaght avait été l'instrument de notre changement de régime. Il s'ingéniait à nous rendre la vie impossible. C'est lui qui avait donné l'ordre qu'on tue les pigeons, lui qui nous privait de nourriture. On le voyait rarement. On devinait qu'il arrivait au bruit d'un hélicoptère dans le ciel, ou bien à l'attitude des mouhazzins soudain au garde à vous.

Mais dans le même temps se mettait en place une relation particulière de prisonniers à tortionnaires. Nous étions des victimes mais nous pouvions aussi, dans la limite de nos moyens, manipuler nos bourreaux. Tout nous était prétexte à renverser le rapport de force sans qu'il y paraisse.

Avec Benaïch, c'était impossible ; avec Borro, difficile. La brute était disciplinée jusqu'au tréfonds de son âme de militaire. Si on lui avait ordonné de nous tuer tous à l'arme blanche, il l'aurait fait sans hésiter. Il ne savait qu'obéir aux ordres. Mais les mouhazzins, tout durs et inhumains qu'ils se montraient, étaient aussi très bêtes. Il suffisait d'être un peu rusé pour les déstabiliser.

Nous résistions.

Nous avions droit à une brouettée de bois une fois par mois pour la cuisine. Les mouhazzins ouvraient la porte blindée et m'appelaient d'une façon telle que je me sentais déjà mortifiée. Quand je sortais, je n'avais pas le droit de dépasser le seuil de la porte. J'étais étourdie par la lumière. Ils jetaient les morceaux de bois à terre et m'ordonnaient de les ramasser.

Les premières fois, ils apportèrent de longues branches d'environ un mètre cinquante. Je m'attardais à les trier, avec beaucoup de nonchalance, et je donnais les morceaux les plus longs aux filles. Raouf nous avait suggéré de les cacher dans une petite cavité située en hauteur dans le mur de notre cellule, en prévision d'une éventuelle évasion. Les branches pouvaient servir de poutres d'étaiement à un tunnel.

Le troisième mois, les gardes ne nous apportèrent plus que des bûchettes. Ils avaient compris nos arrière-pensées.

Notre principal moyen de résistance fut « l'installation », comme nous l'appelions, seul moyen de communiquer entre nous et qui nous a sans doute sauvé la vie.

Raouf avait réussi à ouvrir une dalle sous son lit en se servant d'une cuiller et d'un couteau. Il y avait dissimulé notre précieuse radio, enveloppée dans de vieux chiffons pour la protéger de l'humidité. La nuit, il la sortait, il l'écoutait, il se sentait moins seul. Puis l'idée lui vint d'utiliser les cinq ou six micros et les fils électriques que nous avions récupérés sur les haut-parleurs de la chaîne, pour fabriquer un réseau de transmission, de cellule en cellule.

En guise de conducteur, les barres métalliques des sommiers firent l'affaire. Chaque nuit les filles et moi les ôtions de nos lits et les attachions les unes aux autres en les tordant aux extrémités. Il fallait qu'elles atteignent la cellule de Raouf, en passant par celle de Achoura et Halima, par des trous creusés à ras du sol, dans les murs. Mais, même jointes bout à bout, leur longueur n'était pas suffisante et s'arrêtait à mi-parcours.

Raouf eut l'idée d'y adjoindre le fil électrique des baffles, et d'attacher celui-ci au micro qu'il possédait. Je fis de même de mon côté. Les liens étaient de minces fils d'acier, récupérés sur le double grillage qui passait au-dessus de la porte blindée fermant notre cellule. Nous en entourions les pôles positifs et négatifs de nos micros. Lors de la diffusion, il fallait souvent remplacer les fils de fer qui se cassaient, mais le son passait assez bien.

Quand une émission de radio intéressait Raouf, il nous la diffusait en branchant les micros. J'en faisais profiter maman et Abdellatif. Pour communiquer directement avec eux, j'utilisais un bout de tuyau d'arrosage que j'avais pu voler dans la cour, profitant de ce que l'attention des gardes était détournée. J'en avais fait un conduit de « téléphone » qui traversait notre mur mitoyen. Le jour, je le dissimulais dans le lit de Mimi. Les gardiens n'osaient pas la fouiller à cause de ses crises d'épilepsie qui terrorisaient ces âmes frustes. Ils la croyaient possédée par les djinns.

Avec ces moyens sommaires mais efficaces, nous pouvions communiquer toute la nuit. L'effet était magique quand les voix de José Artur ou de Gonzague Saint-Bris traversaient les murs pour nous tenir compagnie, comme s'ils étaient à nos côtés. Nous étions émerveillés. Plus tard, je raconterai tous les soirs une histoire par le même moyen.

Par la suite, j'ai perfectionné l'invention. J'ai abandonné les barres de sommier trop lourdes, trop difficiles à manipuler, pour des ressorts découpés dans nos valises. Mais le principe est demeuré le même.

Le soir, dès que nos gardiens allumaient le groupe électrogène, nous profitions du bruit pour bricoler notre « installation ». Sortir les barres des sommiers, puis les passer de cellule en cellule faisait un boucan de tous les diables. Mais à notre grande satisfaction, et ce fut bien la seule dans cet univers de cauchemar, jamais ils ne découvrirent notre système de communication. Nos micros étaient toujours cachés entre nos cuisses.

A la fin, il n'y en avait plus qu'un seul qui avait résisté à l'humidité et je le gardais sur moi. Celui-là était sacré. C'était la survie de Raouf, l'unique moyen que nous avions de rester en contact.

Pieds nus, en haillons, nous grelottions l'hiver et suffoquions l'été. Nous n'avions plus d'infirmier ni de médicaments, pas plus que de montres, de livres, de papier, de crayons, de disques ou de jouets pour les enfants. Il nous fallait supplier, mendier pour obtenir, de loin en loin, quelques faveurs des geôliers : un stylo qu'on économisait précieusement, des piles pour la radio que nous faisions durer des mois, et que nous avions réussi à obtenir par un petit vieux qui avait connu un de mes oncles, caïd dans sa région.

Notre temps était réglé par les gardes. Ils entraient chez nous trois fois par jour, le matin et le soir pour nous apporter les plateaux des repas, et à midi pour le pain. Vers huit heures trente, ils nous donnaient le petit déjeuner, préparé par Achoura dans son patio. C'était un café mélangé à de la purée de pois chiche, si délayé qu'il ressemblait à de l'eau chaude. On entendait d'abord leurs pataugas marteler la cour, puis l'odieux cliquetis du trousseau de clés. Leur arrivée nous terrorisait, nous avions toujours quelque chose à nous reprocher : la radio, les piles, l'installation ou les trous dans les murs...

Quand ils ouvraient ma porte en même temps que celle de

maman, comme nos cellules étaient situées à angle droit, nous nous arrangions toutes les deux pour nous placer dans le même axe afin de nous apercevoir fugitivement. Nous avions ce genre d'idées en permanence. Vers midi, on entendait leurs sifflements qui annonçaient l'arrivée du camion de pain, puis vers sept heures et demie, ils revenaient à nouveau, ouvraient les portes, déposaient les plateaux.

Jamais ils ne nous laissaient de répit, jamais nous ne pouvions oublier que nous étions enfermés dans ces cellules misérables. Nous étions surveillés heure après heure, nuit après jour. Quand on s'accrochait aux grilles pour apercevoir un peu de ciel, on ne voyait que leurs regards venant des miradors, qui nous épiaient sans cesse, même à travers les murs.

Les premiers mois, nous nous sommes construit un semblant d'emploi du temps. Dans la matinée, je jouais au volley avec mes sœurs dans la « salle de sport »; nous avions fabriqué un ballon avec des bouts de chiffon. Selon l'humeur, nous poursuivions par une séance de gymnastique, des abdos, des fessiers, puis nous allions à la « douche », épuisées, en sueur. En grandissant, Soukaïna avait tendance à grossir. Je la rationnais en nourriture, je l'obligeais à faire du sport pour qu'elle ne se laisse pas aller.

Plus tard, nous avons abandonné les exercices physiques. Le corps ne répondait plus. On s'est éloignés de tout.

Les journées étaient interminables. Notre principal ennemi était le temps. On le voyait, on le sentait, il était palpable, monstrueux, menaçant. Le plus dur était de l'apprivoiser. Dans la journée, il suffisait d'une brise plus douce qui entrait par la fenêtre pour nous rappeler qu'il nous narguait et que nous étions emmurés.

Les crépuscules d'été me rappelaient la douceur des jours anciens, la fin d'une journée de plage, l'heure de l'apéritif, les rires des amis, l'odeur de la mer, le goût du sel sur la peau bronzée. Je ressassais le peu que j'avais vécu.

Nous ne faisions plus grand-chose. Suivre la course d'un cafard d'un trou à l'autre dans le mur. Somnoler. Vider son esprit. Le ciel changeait de couleur et la journée prenait fin. La semaine passait comme un jour, les mois comme des semaines, les années ne signifiaient rien. Et je me consumais. J'apprenais à mourir de l'intérieur. J'ai souvent eu l'impression de vivre dans un trou noir, cernée par l'obscurité. Comme si j'étais une balle qui n'en finissait pas de tomber dans un puits et qui, dong, dong, dong, rebondissait chaque fois sur un mur.

Le silence nous ensevelissait peu à peu. Seuls les pas des mouhazzins, leurs sifflements, le cliquetis de leurs clés, le chant des oiseaux, les braiments d'un âne baptisé Cornélius, vers quatre heures du matin, ou le bruissement des palmiers sous le vent, venaient le troubler. Le reste du jour, on n'entendait rien.

On oubliait peu à peu le brouhaha de la ville, les murmures des conversations dans les cafés, la sonnerie du téléphone, les klaxons des voitures, tous ces bruits familiers que la vie quotidienne charrie avec elle et qui nous manquaient si fort.

De nous tous, Mimi avait une science infaillible de l'heure. Elle se fiait aux rayons du soleil qui filtraient à travers notre minuscule fenêtre. Quand on lui demandait l'heure à n'importe quel moment de la journée, elle soulevait sa tête de dessous sa couverture et elle disait :

— Trois heures dix, quatre heures et quart.

Elle ne se trompait jamais.

Nous avions droit à un petit paquet de Tide mensuel avec lequel il fallait se débarbouiller, nettoyer nos vêtements et récurer la vaisselle. Pour les dents, nous utilisions du sel. Pendant un moment, nous avons eu l'idée géniale de les laver avec de la terre, comme nous faisions parfois pour les assiettes. Le matin où Abdellatif se réveilla la bouche enflée et violette, la langue parsemée de points blancs, nous avons cessé.

Quand les gardes ouvraient ma cellule, je me précipitais vers le robinet d'eau froide qui se trouvait en face, sur le mur, pour me laver les cheveux avec du Tide. Il y avait de la mousse partout. Les mouhazzins étaient persuadés que nous devions nos cheveux raides à ce traitement.

Ils en discutaient entre eux :

— Elle a de beaux cheveux. Moi aussi j'ai essayé avec la lessive, mais ça n'a rien donné.

Les shampooings à la lessive nous ont surtout valu une calvitie collective et de l'eczéma...

Nous portions toujours les mêmes vêtements, que nous appelions nos tenues de combat. Maman récupérait les tissus de nos vieux habits et les housses qui recouvraient nos matelas de mousse. Elle nous fabriquait des pantalons élastiqués à la taille. Comme par un fait exprès, nous avions toutes les sept nos règles en même temps. Nous n'avions pas de coton, pas de serviettes hygiéniques et nous utilisions des bouts de serviettes de toilette, taillés et retaillés jusqu'à l'usure. Il fallait laver ces chiffons, les passer à Halima qui les mettait autour du feu et attendre, les jambes écartées, qu'ils aient séché pour pouvoir s'en servir à nouveau.

Ce manque d'intimité nous était une torture. Nous vivions sous le regard des autres : se laver, aller aux toilettes, gémir de fièvre ou de douleur, étaient des actes partagés. Il n'y avait que la nuit, sous les couvertures, où nous pouvions pleurer tout notre saoul, sans qu'on nous entende.

Cependant, il régnait une bonne entente entre nous. Nous ne nous disputions pas, sauf parfois les filles entre elles, mais je veillais toujours au grain. Faute d'avoir maman avec nous, j'étais devenue leur mère. C'est moi qui les éduquais, qui leur inculquais les bonnes manières et le respect de l'autre.

Même en prison, même à Bir-Jdid, même au bagne, je n'admettais aucun relâchement. On se tenait bien à table, on mâchait délicatement, on disait « merci », « s'il te plaît », « excuse-moi », on se lavait les mains avant de manger. On se nettoyait tous les jours de façon méticuleuse, surtout en période de règles, malgré l'eau glacée et salée qu'on nous distribuait même en plein hiver, dont le contact nous faisait hurler et colorait nos chairs en rouge vif.

Mon éducation au Palais me collait à la peau. Quand Raouf voulait se moquer de moi, il prenait l'accent teuton de la gouvernante Rieffel. Cela m'était égal. Bien sûr, l'esprit devait l'emporter sur le corps, ce qui nous permettait de tout supporter ou à peu près, mais je nous obligeais à nous soigner sans relâche pour ne pas perdre notre humanité.

Il m'arrivait d'être sujette à des accès de coquetterie. Je voulais retarder le vieillissement de mon visage. Maman m'avait donné le secret de beauté des femmes berbères : elles confectionnent un masque à base de dattes cuites à la vapeur et réduites en purée, et l'appliquent sur leur visage. Nous avions droit à quelques dattes pendant la période du ramadan. Je raflais tout ce qu'on nous donnait et j'en faisais une pâte que je gardais toute la nuit. Résultat, les souris s'en donnaient à cœur joie sur mon visage et ma peau ne s'améliorait pas pour autant...

Nous nous coupions les cheveux avec les petits ciseaux que maman avait eu le droit de garder pour tailler nos vêtements. Raouf n'avait pas de barbe et cela le préoccupait, d'autant que nous nous moquions toujours de lui et de ses trois poils au menton.

Vers la fin cependant, il s'était laissé pousser un bouc ; il prétendait que le jour où il se raserait marquerait la fin de notre emprisonnement.

Cette prédiction lancée au hasard se révéla exacte. Il demanda un matin à nos geôliers de le raser, en jouant sur la virilité, leur corde sensible.

— Je suis un homme, plaida-t-il, je ne peux rester ainsi.

Ils l'installèrent dans la cour et supprimèrent le bouc.

Un mois plus tard, nous nous évadions.

La faim

La faim humilie, la faim avilit. La faim vous fait oublier votre famille, vos amis, vos valeurs. La faim vous transforme en monstres.

Nous avions toujours faim.

Tous les quinze jours, les mouhazzins déposaient des provisions dans la cellule de Achoura qui cuisinait pour nous tous.

Elle me les passait l'une après l'autre par un trou minuscule que nous avions creusé entre nos deux cellules. Elle devait se débrouiller avec ce qu'elle avait pour nourrir neuf personnes jusqu'au prochain arrivage. Et ce qu'elle avait était bien maigre. Jamais de lait, ni de beurre, ni de fruits, sauf quelques dattes rabougries et des oranges moisies de temps à autre. Des légumes gâtés, deux bols de farine, un bol de pois chiches et un de lentilles, douze œufs pourris, un bout de viande avariée, quelques morceaux de sucre, un litre d'huile par mois et un petit pot de Tide, c'était tout notre ordinaire. Pas question de jeter quoi que ce soit. Et pourtant...

Jamais je n'ai vu de légumes dans un tel état et, surtout, jamais je n'aurais pu imaginer qu'on puisse les manger. Les carottes étaient vertes, avec une racine épaisse et longue. Avec les aubergines verdâtres et mousseuses, Achoura préparait un plat que les enfants avaient surnommé « le tajine japonais ». Les lentilles étaient pleines de bestioles qui flottaient dans l'eau.

A force de cuire et de recuire chaque aliment, on réussissait à en oublier le goût et la vue, et à en attendrir la consistance. Pis, on se battait pour en avoir plus. Nos problèmes de digestion semblaient bénins par rapport aux autres maux dont nous souffrions sans cesse. Nos corps s'étaient habitués au manque d'hygiène. Comme boisson nous avions de l'eau à volonté : mais elle était salée, ce qui ne nous désaltérait guère.

Je m'aperçus que Achoura et Halima avaient organisé une petite mafia avec la nourriture, troquant du sucre ou du pain avec les autres cellules. J'avais beau compter et recompter au pois chiche près, il manquait toujours quelque chose. Elles me disaient :

— Ce sont les rats, ce sont les souris, ça a pourri... mais je n'avais pas confiance.

Je décidai de prendre les réserves en main. Dès que la marchandise leur parvenait, je la répertoriais et je la confisquais. Je déposais tout ce qu'on nous donnait dans la petite cellule contiguë à la nôtre, à l'intérieur d'un garde-manger improvisé sous des dalles. Le pain était caché dans une valise. Je voulais faire le plus possible d'économies, pour tenir avant la prochaine livraison.

Il nous fallait chaque jour un bout de sucre dans notre café au lait, un casse-croûte vers onze heures du matin pour les garçons, surtout pour Abdellatif qui, en grandissant, était le plus obsédé de tous par la nourriture. Nous, les filles, nous mangions peu : après le café du matin, nous attendions les légumes du dîner. L'été, nous ne souffrions pas beaucoup de la faim, il faisait trop chaud, et puis nous nous étions habituées à ce régime de famine. L'hiver, nos estomacs protestaient vigoureusement, mais nous feignions de ne pas les entendre.

Le soir, je donnais à Achoura de quoi préparer un tagine, qu'elle cuisait sur le canoun et divisait ensuite en neuf. Invariablement la même scène se reproduisait. Le meilleur cordon-bleu de la maison Oufkir sanglotait contre le mur.

— Mais Kika, comment veux-tu que je nourrisse tout le monde avec si peu ?

Ses larmes ne me touchaient pas. J'étais impitoyable. Si nous voulions tenir tout le mois, il fallait se montrer bon gestionnaire.

Au printemps, on se nourrissait d'une herbe sauvage, une sorte de pissenlit qu'Halima allait cueillir dans la cour et que je faisais bouillir. J'y ajoutais des gousses d'ail, un filet d'huile d'olive, et j'en garnissais des sandwiches.

J'avais inventé des recettes de pénurie. L'hiver, je faisais brûler un petit verre de farine, un petit verre de semoule, un petit verre de pois chiches concassés et moulus, je mettais le tout dans une casserole avec un litre d'eau, du sucre, trois cuillerées d'huile, et je distribuais la mixture dans des verres. Nous réutilisions sans arrêt le marc du café infâme du matin. Un brin de menthe passait et repassait des jours entiers dans des tasses d'eau chaude pour nous donner l'illusion d'un thé.

Tous les deux jours, les gardes nous apportaient le pain dans des caisses en carton. Tout de suite, je jetais les miches par terre et Soukaïna et moi relevions les rabats de ces cartons. On ôtait en un temps record la pellicule qui les recouvrait. Elle nous servait à consigner les histoires que je racontais. Ce papier nous était aussi précieux que la nourriture.

Un jour, tandis que j'étais occupée à récupérer la pellicule, je vis les trois filles occupées à lécher par terre les miettes qui tombaient du carton. De ce moment, j'instaurai une règle. Au lieu de se battre comme des chiens errants, elles auraient droit, chacune leur jour, à leur « tour » de miettes.

Nous n'avons jamais su, à Bir-Jdid, ce que pouvait être un œuf normal. La coquille était verte et il en sortait un liquide noir infâme dont l'odeur nous soulevait le cœur. Je les cassais, les mettais à s'aérer la nuit, et au matin, je les battais avec du sucre. J'imbibais des morceaux de pain de cette préparation et je le faisais frire dans l'huile.

Dès que l'odeur se dégageait, des frémissements de joie montaient de cellule en cellule. C'était la fête. Le pain perdu tuait la faim, il était consistant, il bourrait nos estomacs, et il n'était pas si mauvais.

Nous étions devenus experts dans l'art de tout récupérer. Nous mangions même le pain imbibé d'urine et de déjections de souris qui pullulaient dans la cellule. Je revois encore Mimi, assise dans son lit, écarter délicatement avec des gestes de duchesse les petites crottes noires qui parsemaient la mie avant de porter les morceaux à sa bouche. Toutes nos réserves étaient souillées par les rongeurs.

Pour améliorer notre ordinaire, nous ramassions les figues qui tombaient des arbres de la cour. La première année, lorsque nous pouvions encore sortir, nous en entassions le plus possible. Achoura préparait des salades de fruits qui nous rassasiaient un peu. Lorsque nous avons tous été enfermés, Halima les récupéra toute seule.

Quand les gardes s'aperçurent que ces figues nous faisaient du bien, ils s'arrangèrent pour les faire tomber de l'arbre avant de pénétrer dans nos cellules et ils les mangeaient devant nous. Nous n'avions plus que les fruits pourris ou secs et de ceux-là, malgré tout, nous avons été bien heureux de pouvoir nous contenter.

La faim nous poussait souvent à bout. Elle était si violente qu'il nous arrivait d'avoir des regards d'envie envers celui qui n'avait pas encore terminé sa maigre part. Seules les règles strictes de savoir-vivre que j'avais inculquées nous empê-chaient de nous battre.

Nous fantasmions sur un bout de viande, nous salivions quand le vent apportait vers nous l'odeur du tajine des gardiens. Nous étions alors excités comme des chiens aux abois. Jour et nuit, nous rêvions de manger et nous étions humiliés d'être tombés si bas.

Mimi, la plus fragile d'entre nous, n'hésitait pas à voler en cachette quelques fèves qu'elle mâchait toute la journée, la tête sous les couvertures. Nous la surnommions « Mimi boulanger » parce qu'elle adorait la farine et le pain. Lorsque nous jouions à notre jeu favori, « vous avez quarante-huit heures de liberté, vous en faites ce que vous voulez », elle répondait immanqua-blement :

— Je m'arrête devant une boulangerie, je me gave de pain et je rapporte des tonnes de gâteaux.

Raouf avait l'intention de baiser avec toutes les femmes qui passaient. Moi, je voulais dévaliser une librairie et acheter le plus de livres que je pourrais en emporter. J'ajoutais en soupirant :

— Faire l'amour avec un homme rencontré au hasard pour savoir ce que c'est.

Les enfants rêvaient de jouets.

Dans notre famille, Noël a toujours été une fête sacrée. Même au Palais, malgré l'islam en vigueur, Noël restait Noël. Les rationnements ne nous empêchaient pas de le fêter dignement ainsi que les anniversaires. Nous les préparions des mois à l'avance en économisant pour confectionner un gâteau. On limitait les parts, on faisait disparaître les œufs, le sucre, on se privait de tout. Mais le jour de la fête, nous avions notre gros gâteau que les gardes faisaient circuler à leur insu de cellule en cellule, car on les camouflait sous des haillons.

Quelques jours avant le 24 décembre, Achoura et Halima glissaient leur tuyau à gaz par le trou creusé sous notre mur mitoyen. Je le raccordais à mon petit butane. C'est ainsi que nous confectionnions deux immenses bûches de Noël, avec des pois chiches frits, de la farine, des œufs, de l'huile, du café et du sucre. Nous étions très organisées : nous nous répartissions le travail, et faisions passer nos préparations diverses, sablés, crème anglaise, ersatz de chocolat ou de vanille, de la cellule de Achoura et Halima à la nôtre. Le réfrigérateur ne nous manquait pas : il faisait tellement froid que je mettais les bûches à glacer dehors. On se régalait tant, qu'on se battait pour les derniers morceaux.

Noël n'aurait pas été tout à fait réussi sans jouets. Nous en fabriquions pour le petit avec des morceaux de carton que nous récupérions dès que nous le pouvions. Une année, nous lui avons construit un porte-avions avec des chasseurs, des chars, des camions Mercedes, des voitures Volkswagen jaune safran, avec des jantes en papier argenté. A l'époque j'aurais pu faire n'importe quoi avec un bout de carton. Aujourd'hui, j'en serais bien incapable.

Tous les ans, je lui écrivais une lettre où je contrefaisais mon écriture. Nous prétendions que le Père Noël l'avait laissée exprès pour lui. Il y a cru jusqu'à l'âge de quatorze ans.

Halima récupérait dans la cour un peu de terre avec laquelle maman dessinait des empreintes sur le sol de la cellule.

Abdellatif était alors l'enfant le plus heureux au monde et son bonheur nous réchauffait le cœur.

Schéhérazade

Faute de livres, de cahiers, de papier, j'avais cessé de faire la classe. Mais les filles étaient curieuses de connaître la vie. Elles me demandaient si j'avais déjà flirté, comment on embrassait un garçon sur la bouche, ce qu'on ressentait quand on vous caressait les seins. Je leur répondais du mieux que je pouvais, en puisant dans ma toute petite expérience personnelle et dans ce que mes lectures m'avaient enseigné.

Abdellatif était avide d'apprendre ; maman avait besoin de parler ; Raouf, le plus isolé de nous tous, profitait de « l'installation » pour s'épancher ; Achoura et Halima déprimaient.

J'écoutais, je consolais, je conseillais, j'enseignais, je contais, je maternais. J'étais un vrai moulin à paroles. A la fin de la journée, je me sentais épuisée de leur avoir donné ainsi mon énergie. Mais comment me défiler alors qu'ils étaient toute ma raison d'être ?

J'ai eu alors une grande inspiration. J'allais leur raconter une Histoire. Je leur parlerais ainsi de la vie, de l'amour, je ferais profiter les plus jeunes de ma maigre expérience ; je les ferais voyager, rêver, rire et pleurer. Je leur enseignerais l'histoire et la géographie, les sciences et la littérature. Je leur donnerais tout ce que je savais, et pour le reste, eh bien, j'improviserais...

Ce n'était pas une mince entreprise. Il me fallait tenir compte des âges pour pouvoir les intéresser tous. A vingt ans, Raouf avait bien d'autres soucis, d'autres fantasmes que ceux des trois filles, ou bien du petit Abdellatif. Sans parler de maman, de Achoura ou de Halima qui avaient leurs préoccupations propres. Mais l'idée leur plut tellement qu'on la mit immédiatement en pratique.

Dès que le groupe électrogène démarrait, nous passions « l'installation » de cellule en cellule. Une heure plus tard, le bruit infernal s'arrêtait et, dans l'obscurité, je pouvais commencer mon Histoire.

Je l'ai fait pendant onze années, nuit après nuit, semblable à Schéhérazade.

Au début, je racontais jusqu'à trois heures du matin, puis ensuite jusqu'à quatre heures. Vers la fin, j'arrêtais vers huit heures, quand les gardes venaient nous réveiller. J'avais réinventé le feuilleton radiophonique. Dès que je prenais mon micro, je m'installais et je partais.

Il suffisait que j'ébauche la première esquisse, que je prononce leurs prénoms, pour que les personnages prennent forme. Il y en eut cent cinquante en tout, tous différents, tous passionnants. Leurs physiques s'imposaient d'abord, puis leurs caractères, leurs itinéraires, leur destin. Ensuite je leur inventais un passé, une généalogie, une famille, car les enfants me réclamaient de tout savoir sur eux.

L'Histoire se déroulait dans la Russie du XIXe siècle sans que je sache vraiment pourquoi. Je n'avais vu aucun film ni lu aucun livre sur le sujet, hormis le *Docteur Jivago* qui se passe un peu plus tard. Je décrivais les palais de Saint-Pétersbourg comme si j'y avais vécu, je racontais les charges des cosaques, les promenades en traîneau sur la Volga glacée, les aristocrates et les moujiks. J'étais à la fois romancière, scénariste, réalisatrice, comédienne. En créant tous ces personnages, j'allais jusqu'au bout de mes émotions, de mes fantasmes, de mes désirs et de mes délires.

J'ai vécu ainsi par procuration l'adultère, l'homosexualité, la trahison, le grand amour. J'ai été perverse, timide, généreuse, cruelle, fatale. J'ai été tour à tour le héros, l'héroïne, le traître. J'étais troublée de me rendre compte de ma toute-puissance sur les autres. L'Histoire était si réelle pour eux que je pouvais les manipuler, les influencer à ma guise. Quand je sentais qu'ils allaient mal, je remettais les choses à leur place en quelques phrases. L'Histoire faisait partie de notre quotidien, au point qu'elle provoquait des passions, des disputes. Tel clan était pour un personnage, tel autre contre. Ils en discutaient entre eux dans la journée.

— Tu crois que Natacha va s'en sortir ? demandait Soukaïna.

— Mais non, expliquait Raouf, je ne crois pas que la Russie déclarera la guerre...

L'Histoire s'appelait « Les Flocons Noirs ». Le héros était un jeune prince, Andréi Oulianov, qui vivait en Russie au temps des tsars. Beau, jeune, et richissime, il était aussi pervers et diabolique et ne pensait qu'à répandre le mal autour de lui. Il avait perdu ses parents encore enfant, sa mère était morte en couches et son père s'était suicidé. La seule famille qui lui restait était sa grand-mère, dont il avait hérité l'extrême beauté.

Oulianov vivait dans un immense palais, entouré de milliers d'acres de terre. Il possédait mille moujiks. Sa seule passion était le cheval. Sa grand-mère aurait voulu le présenter à la cour, mais il refusait énergiquement. Il préférait galoper dans sa propriété au coucher du soleil. En l'entendant arriver, tout le

181

monde se cachait. Il était si méchant qu'il imaginait mille mauvais tours pour le plaisir de voir souffrir ses gens.

Un soir, il tomba de cheval. Son premier réflexe fut de regarder autour de lui pour voir si personne n'avait été témoin de son humiliation. N'était-il pas l'un des plus grands cavaliers du royaume ? En se redressant, il aperçut un objet qui brillait dans la poussière. Sa main tâtonna, trouva des amulettes. Il les prit et remonta à cheval.

En rentrant chez lui, il exigea de connaître le propriétaire des amulettes sous peine de massacrer tous ses moujiks. Son régisseur se rendit chez le vieil Ivan, un patriarche à la longue barbe blanche, et le supplia de l'aider. Le vieil Ivan blêmit. Les amulettes appartenaient à sa petite-fille, Natacha, âgée de quatorze ans. Le régisseur lui demanda de la lui amener, mais la jeune fille s'était enfuie.

En se promenant à cheval le lendemain, Andréi Oulianov fut attiré par des rires. Il se cacha derrière des buissons et aperçut Natacha et son fiancé Nikita qui se baignaient nus dans l'étang. Natacha était ravissante, aussi brune que Nikita était blond. Elle dansait pour lui. Quand ils le virent ils prirent peur et se mirent à courir. Oulianov les poursuivit à cheval. Il tira sur Nikita qui disparut dans les marécages. Il récupéra la petite Natacha, la viola et la ramena de force chez lui.

Deux jours plus tard, Nicolas Barinsky, le fils du gouverneur de Moscou, vint le voir. Il révéla à Andréi qu'il allait devoir partir pour l'armée. Barinsky était accompagné d'amis, dont un certain Bréjinsky qui avait besoin de fuir. On avait trouvé des tracts chez lui. Andréi accepta d'aider Bréjinsky. Il lui prêta un cheval et le fit passer par les marécages. Pour la première fois de sa vie, il était impliqué dans un acte de révolte contre le pouvoir, mais il n'en mesurait pas encore toutes les conséquences.

Le premier chapitre débutait ainsi. Chaque nuit, j'ajoutais des personnages, je les faisais se croiser, je fignolais les descriptions, je ménageais mes effets, alternant rebondissements et coups de théâtre. Je réussissais ainsi à les tenir tous en haleine.

Aujourd'hui, je serais bien incapable de raconter une telle histoire avec tant de précisions et de détails. Je ne sais pas comment elle a pu sortir de mon imagination pendant ces onze ans, sans que jamais je ne me fatigue ni ne lasse mon auditoire.

Il arrivait souvent qu'un fil de l'installation casse au beau milieu de la nuit. Pour nous faire savoir que le son était coupé, Raouf sifflait sans relâche. Emportée par mon récit, je n'entendais rien, mais l'une des filles se chargeait de me prévenir. Nous réparions alors chacun de notre côté et les sifflements de Raouf ne cessaient que lorsqu'il m'entendait à nouveau. Ces incidents pouvaient se répéter plusieurs fois dans la même nuit, au point que les gardiens demandèrent à Raouf pourquoi il sifflait.

Pris de court, mon frère expliqua que c'était le seul moyen pour faire fuir les rats et les souris qui infestaient la prison. Les gardes ouvrirent de grands yeux. Raouf les considéra de haut.

— Comment? Vous ne savez pas cela? Mais tout le monde est au courant. C'est le seul moyen efficace de leur faire peur, vous dis-je.

Les gardes étaient souvent épatés par notre débrouillardise et notre savoir. Ils avaient beau nous maltraiter, ils ne nous en admiraient pas moins. Ils nous respectaient pour notre intelligence à saisir les situations et à nous en arranger. Ils crurent mon frère sur parole.

Désormais, quand Raouf sifflait, on entendait leurs sifflements en écho. Nous étions partagés entre l'envie de rire de leur bêtise, ce dont nous ne nous privions pas, et l'angoisse de se sentir surveillés au point que pas un de nos mouvements ne pût leur échapper.

Ensuite, prise au jeu, j'ai raconté d'autres histoires. La Russie des tsars, mais aussi la Pologne, la Suède, la Suisse, l'Autriche-Hongrie, l'Allemagne, les Etats-Unis de la guerre de Sécession, Louis II de Bavière ou Sissi, peuplaient notre imaginaire. J'écrivis même un roman, une correspondance entre une grand-mère et sa petite-fille, sur le modèle des *Liaisons dangereuses*. Soukaïna prenait tout en notes, elle avait même dessiné la couverture.

J'avais gardé une trace de cette Histoire. Je l'écrivais dans la journée sur nos pellicules de papier. Malheureusement, tous mes cahiers furent détruits pendant notre évasion par un ami à qui je les avais confiés et qui a eu peur de se compromettre.

À présent, nous évoquons rarement la prison entre nous, mais l'Histoire n'a rien perdu de sa magie. Quand l'un d'entre nous mentionne un des personnages, les visages s'illuminent. Cela reste le meilleur souvenir de cette période affreuse. Je crois réellement, humblement, que cette Histoire nous a tous sauvés. Elle nous a permis de rythmer le temps. Avec la radio, nous connaissions les dates, mais nous n'avions pas d'autres repères que Noël ou les anniversaires. Alors nos personnages en avaient pour nous : ils se fiançaient, se mariaient, naissaient, mouraient, tombaient malades.

On se disait :

— Mais si, tu te souviens, il a fait si chaud le jour où Natacha a rencontré le prince...

Ou bien encore :

— Ah, non, tu te trompes, je n'ai pas eu de fièvre quand le petit-fils d'Andréi est né, mais quand il est devenu tsar...

Grâce à elle, grâce à eux, nous n'avons pas sombré dans la folie. Quand je décrivais par le détail les toilettes de bal, les robes perlées, les dentelles, les taffetas, les bijoux, les carrosses, les fringants officiers et les belles comtesses qui valsaient au son des orchestres du tsar, on oubliait les puces, les serviettes hygiéniques, le froid, la faim, la saleté, l'eau salée, la typhoïde et les dysenteries.

Les maladies et les fléaux

Nous aurions pu mourir vingt fois, mais nous sommes chaque fois sortis indemnes des nombreuses maladies contractées en prison. Nous étions protégés par un dieu mystérieux qui, s'il ne nous épargnait pas les épreuves les plus effroyables, avait pour dessein de nous laisser la vie sauve.

Certaines maladies ont été très graves : fièvres puissantes, infections, diarrhées, et virus inconnus. D'autres étaient moins féroces : angines et bronchites, maux de tête ou de dents, hémorroïdes, rhumatismes. Mais elles n'en étaient pas moins douloureuses parce que nous n'avions aucun médicament à notre disposition. Je soignais tout à l'huile d'olive.

Maria eut une anorexie sévère. Elle était atteinte de fièvres et de suées si violentes qu'elle gardait le lit toute la journée. J'étais obligée de la laver et de l'essuyer quatre ou cinq fois par jour. Puis je lui appliquais sur le plexus un petit pot de lait Nido contenant de l'eau brûlante, que Achoura avait fait chauffer. C'était le remède souverain à toutes nos crises d'angoisse.

De nous tous, Mimi fut la plus atteinte. Ses crises d'épilepsie la laissaient épuisée sur sa couche. Elle souffrit d'une dépression sévère après le sevrage brutal de ses calmants. Elle resta couchée dans son lit sans presque se lever pendant huit ans. Il fallait l'obliger à se laver.

La pauvre Mimi eut aussi des hémorroïdes si nombreuses et si grosses qu'elle perdait des litres de sang chaque jour par les plaies fissurées. Tous les jours je les nettoyais avec de l'eau et du savon pour éviter qu'elles ne suppurent trop, ce qui la faisait bondir de douleur. Impossible dans ces conditions d'aller aux toilettes. D'ailleurs, elle ne mangeait plus rien.

Vers la fin, Mimi n'avait plus du tout de santé. Sa vie tenait à un fil. Sans nourriture, perdant son sang, elle souffrait d'anémie. Mais elle restait stoïque. On ne l'entendait pas se plaindre. Je suppliais Borro de lui envoyer un médecin, mais en vain. Ses gencives étaient blanches, son teint terreux, elle n'avait plus d'ongles. Elle était en train de mourir devant nous et nous ne pouvions rien faire.

Outre les maladies, il nous fallait composer aussi avec des hôtes indésirables, souvent porteurs d'infections. Pendant les pluies diluviennes, des milliers de rainettes tombèrent sur le sol. Nous les avons ramassées par kilos, dans des seaux, pour les donner à Abdellatif en guise de compagnons de jeu. Elles l'occupèrent un bon moment.

Puis il y eut les cafards. Gros, noirs, luisants. La nuit, je ne dormais pas, je souffrais sans répit des articulations. Allongée dans l'obscurité, je les sentais courir sur moi, glacés, leurs longues antennes me frôlant la peau.

Nos cellules étaient situées au-dessous d'un château d'eau ; les murs suintaient, même en été. Les moustiques s'en donnaient à cœur joie. Le plafond en était recouvert, et la nuit, ils attaquaient en piqué avec un bruit d'avion à réaction. Nous organisions des concours : un œuf à celle qui en aurait tué le plus à la fin de la semaine. Maria était championne à ce jeu de massacre.

Chaque printemps, les hirondelles s'installaient sur le petit muret devant notre cellule. Au début, nous étions ravies de leur présence qui nous distrayait de notre monotonie habituelle. Pendant deux semaines nous les regardions vivre. Le même couple revint onze années de suite. Ils bâtissaient leur nid, copulaient, puis la femelle pondait.

Chaque étape était ponctuée de nos petits commentaires, surtout au moment des amours. Elles ne se contentaient pas de le faire une seule fois. Toute la journée, nous entendions « tit tit tit », ce qui signifiait que le mâle était à l'œuvre.

Mais les hirondelles apportaient aussi des puces qui nous piquaient cruellement. Elles s'attaquaient à nos aisselles et à nos entrejambes. Nous nous grattions jusqu'au sang, la douleur était insupportable.

Au bout de quelques jours, nos sexes étaient si enflés, qu'ils pendaient sur nos cuisses. Comme d'habitude, nous tournions nos malheurs en dérision. Nous annoncions la couleur aux cellules voisines :

— Ça y est, les quatre filles ont désormais des couilles.

Les souris étaient plus sympathiques. Petites, rapides, elles se faufilaient partout, sortaient à la nuit de leurs trous, grimpaient sur nos lits. Nous les supportions mieux que les rats qui nous envahirent malgré les pièges et les poudres, au moment de la grande sécheresse. Nous en avions adopté une surnommée Bénévent, le titre princier de Talleyrand, parce qu'elle avait comme lui une patte plus courte que l'autre. Elle mourut d'avoir été trop alimentée, un paradoxe quand on sait combien nous souffrions de la faim.

Ces souris, comme je l'ai dit, s'en donnaient à cœur joie dans nos réserves de nourriture. Elles grignotaient tout ce qu'elles trouvaient et faisaient leurs besoins en prime. J'avais une djellaba en grosse laine prune que je suspendais à un clou derrière la porte quand venait la saison sèche. Au début d'un hiver, je suis allée la chercher comme j'en avais l'habitude. Il ne restait que la passementerie qui ornait le col, le devant et bordait les ourlets. Les souris avaient dévoré le reste, comme elles grignotaient tout ce qui leur tombait sous les dents.

Pendant quelques mois, une odeur nauséabonde se dégagea de la cellule. J'avais beau me laver, nettoyer mes vêtements, regarder partout, je n'en trouvais pas la cause. Les filles m'aidèrent à fouiller dans le matelas. Une souris et ses petits s'y étaient installés pour trouver un peu de chaleur. En dormant, je les avais écrasés. On retira leurs cadavres desséchés. La puanteur était insoutenable.

Je dois mentionner aussi les criquets, dont le chant nous vrillait les oreilles et qui s'infiltraient partout dès qu'il faisait chaud. Sans oublier, charmante compagnie, les scorpions qui couraient partout.

De tous nos hôtes indésirables, les rats nous inspiraient le plus de dégoût et de frayeur. La nuit, ils attendaient l'extinction du groupe électrogène pour venir nous rendre visite. Recroquevillés dans nos lits, glacées de terreur, nous les attendions avec angoisse, ce qui ne nous empêchait pas de commenter leur venue en riant. Ils arrivaient en hordes, toum, toum, toum, et passaient sous la porte blindée en se disputant le passage, ce qui les rendait un peu plus agressifs. Leur course brisait le silence. Ils montaient sur les lits sans nous mordre, mais galopaient sur nos corps transis de peur.

Ils sont devenus vraiment belliqueux lorsque les gardes ont commencé à poser des pièges. La sécheresse les avait affamés. Ils entraient désormais chez nous pendant la journée, cherchant de quoi manger.

Une des femelles, qui était grosse, était toujours suivie de

187

deux ratons dont on disait qu'ils étaient couverts de puces porteuses de la peste. Je voulus le vérifier. Avec l'aide des filles, je poussai un des ratons contre un mur et je le piquai avec un petit bâtonnet. Des millions de puces rouges envahirent la cellule. Le sol en fut brusquement jonché, ce qui acheva de me dégoûter.

Je décidai de passer à l'attaque. J'en coinçai un avant de refermer la porte sur les autres et je le poursuivis avec mon bâton. La peur et la colère l'avaient fait tripler de volume, il ressemblait à un fauve avec sa crinière ébouriffée. Il me fixait, menaçant, prêt à bondir. Je ne voyais plus que ses dents de devant.

Pour me rassurer, je me disais :

— Ce n'est qu'un rat.

Quand il sentit que j'allais l'attaquer pour de bon, il grimpa vivement dans l'angle du mur, se posta tout en haut et sauta sur ma tête. Je hurlai de toutes mes forces. Les filles se précipitèrent pour m'arracher à ses griffes. Je m'acharnai sur lui mais sa mort me mit mal à l'aise. J'eus l'impression d'avoir assassiné un être humain, tant ses gémissements étaient poignants.

Les rats espacèrent leurs visites, puis ils revinrent au bout d'une semaine. Nous nous étions habituées à leur présence. Plus tard, cela devint même un sujet de plaisanterie entre nous.

On demandait l'heure à Mimi :

— C'est bientôt l'heure des rats, répondait-elle.

L'humour

A Tamattaght, un des capitaines de gendarmerie nommé Chafiq se cogna violemment le pied contre une table. Croyant nous exprimer sa douleur dans un français châtié comme il nous entendait le parler, il se tourna vers maman, le visage cramoisi, et dit :

— Mi suis cougné...

L'expression demeura dans notre langage commun de Castors. C'était ainsi que nous nous étions surnommés, en référence à notre désir de partir vivre au Canada.

Un sergent qui s'appelait « le chef Brahim » et que nous surnommions Cappaccico, le nom d'un de nos cuisiniers à qui il ressemblait, marchait toujours en se dandinant, les mains dans les poches. Il faisait ballotter ses parties viriles d'un côté à l'autre de son pantalon.

Un jour, dans la conversation, il nous dit en montrant son crâne de son index :

— Moi j'ai tout là-dedans, tout l'électronique, il part d'ici.

Désormais, quand nous parlons de quelqu'un d'intelligent, il nous suffit de nous regarder en refaisant le même geste et nous éclatons de rire.

L'humour nous a permis de survivre même, et surtout, dans les moments extrêmes. Dès la mort de mon père, nous avons fonctionné ainsi entre nous, riant de ce qui nous faisait le plus souffrir, nous moquant des autres et d'abord de nous-mêmes. Nous parlions par allusions, nous utilisions un langage codé, que nous seuls comprenions.

Cette complicité de chaque instant nous permettait à la fois de nous isoler des gardiens et de resserrer nos liens. Nos phrases de prédilection n'avaient souvent ni queue ni tête.

Dire par exemple : « Les Castors sont entrés dans Sydney avec la sagaie », signifiait que nous avions réussi ce que nous voulions entreprendre.

Rajouter : « ra.t.t.t. » avec les lèvres voulait dire que le triomphe était complet. Quand l'un de nous s'emmêlait dans ce qu'il racontait, on prétendait qu'il avait « fait Malaga », parce que le voyage en avion jusqu'à Malaga est truffé de trous d'air. Encore aujourd'hui, il nous arrive d'utiliser ces codes pour ne pas être compris des étrangers.

La princesse Nehza, la sœur du roi, mourut en septembre 1977, dans un accident de voiture. La nouvelle, entendue à la radio, nous attrista car nous aimions tous beaucoup la princesse. Mais notre esprit moqueur reprit le dessus.

— Si seulement ils pouvaient nous sortir pour la veillée mortuaire, nous disions-nous, nous nous dissimulerions parmi les *talba*[1]...

Pour ces mercenaires du deuil, habillés de blanc, la veillée est aussi un prétexte pour être bien nourris dans les grandes maisons bourgeoises ou princières qui les embauchent pour l'occasion. Nous nous imaginions alors, méconnaissables dans nos déguisements de talba, dissimulant dans nos djellabas toute la nourriture que nous pouvions, pour la rapporter en prison.

Chacun de nous avait un ou plusieurs surnoms, selon les circonstances. Maria était « Haïlé Sélassié », ou « le Négus » en raison de son extrême maigreur. Raouf était « Bobino le roi de la frite » ou encore « Mounch », ou bien « Jiji Machakil », « Jiji » à cause d'une petite chienne qui appartenait à mon père et qui tournait toujours en rond, comme Raouf le faisait, et « Machakil », qui signifie en arabe : « à problèmes ». Nous l'appelions ainsi parce qu'il voulait toujours résoudre la quadrature du cercle...

Mimi était « Petit Pôle », l'ourson de Walt Disney, parce qu'elle avait toujours froid, ou encore « Mimi Boulanger » à cause de son amour du pain. Entre nous, nous l'appelions aussi « Bébert l'atome ». Ce surnom lui était venu un jour où maman s'était emportée pour la centième fois contre sa maladresse.

— C'est une gourde, elle ne sait rien faire, disait-elle, hors d'elle, quand Mimi avait encore renversé par mégarde un bol de nourriture ou la précieuse assiette de braises qui nous servait à nous chauffer les mains.

— Maman, tu te trompes, disais-je, elle va devenir un génie. Quand Albert Einstein a commencé à faire ses recherches sur l'atome, il était aussi très maladroit et il se brûlait tout le temps.

Mimi devint Bébert l'atome. Dès qu'elle avait un geste un peu malhabile, on l'appelait ainsi en riant.

Soukaïna n'était pas très réceptive à l'humour. On la surnommait officiellement « Charlie » et en cachette : « Bob is

1. Hommes payés par la famille du défunt pour veiller le corps en lisant les versets du Coran.

190

too fat to run fast », souvenir des leçons d'anglais que je leur donnais à Tamattaght et clin d'œil à ses rondeurs. Moi, j'étais « Hitler », « Mazarin », « Staline », « Mussolini », à cause de mon autorité et de ma propension à tout diriger.

Maman et Abdellatif étaient surnommés « Wassila » et « Bourguiba [1] », allusion fine au couple inséparable qu'ils formaient. Maman avait aussi droit à « Sigmund », prononcé à l'allemande, lorsque nous voulions plaisanter sur sa façon de tout psychologiser, ou bien encore à « Grand Picsou » pour railler sa prodigalité insensée, alors qu'elle était démunie de tout. Achoura était « Barnabé » ou « Baby ».

Obsédée par ses cheveux crépus, Halima tentait tant bien que mal de les soigner avec des plantes qu'elle ramassait dans la cour. Pour les cacher, elle nouait un petit foulard autour de sa tête mais il n'y avait rien à faire : deux mèches raides sortaient du fichu, semblables aux oreilles de « Dingo ». Ce surnom lui allait bien.

Enfin, entre nous, nous surnommions mon père « Grand méchant loup », ou encore « Moby Dick, le roi de la mer », une allusion à la journée à la plage, juste avant le coup d'Etat, où il avait enfilé de grosses bouées pour faire du ski nautique. Les seules fois où nous nous sommes plaints de l'action qui nous valait à présent d'être enfermés, c'était toujours en se moquant.

— Moby Dick aurait mieux fait de se noyer ce jour-là. Nous n'en serions pas là... Il aurait bénéficié de funérailles nationales.

Vingt ans hors du temps

Grâce à notre petite radio, nous savions ce qui se passait au-dehors. Raouf, qui l'écoutait toute la journée, nous donnait des nouvelles du monde. Il passait des heures à tout nous expliquer.

---

1. Wassila Ben Ammar était la seconde épouse du président de Tunisie, Habib Bourguiba.

191

Avec « l'installation », nous captions tous les émissions litté-
raires, les informations politiques marocaines et françaises.
Nous étions branchés sur RFI, France Inter, Europe 1.
Je ne manquais pour rien au monde la « Radioscopie » de
Jacques Chancel, le « Pop Club » de José Artur. J'écoutais les
histoires que Jean-Pierre Chabrol racontait de sa grosse voix
rocailleuse, les émissions historiques d'Alain Decaux. L'émission préférée de maman était « L'Oreille en coin ». Nous
aimions aussi Macha Béranger, Jean-Pierre Elkabbach, Jacques
Pradel, Clémentine Célarié, Alain de Chalvron... Faute de les
avoir vus en photo, nous inventions des visages que nous met-
tions sur leurs voix. Ils étaient nos amis, nos seuls compagnons.
Nous leur devons beaucoup.

Ils nous ont aidés à survivre. Grâce à eux, nous avons gardé
un lien avec la vie, comme des naufragés sur une île. A minuit,
nous écoutions Gonzague Saint-Bris et sa « Ligne Ouverte[1] ».
Quand les premières notes de la musique du générique composée par Eric Satie résonnaient dans la pénombre, le silence se
faisait dans les cellules. Il nous semblait qu'il ne s'adressait
qu'à nous. La voix du journaliste nous était devenue si fami-
lière, que j'étais convaincue qu'il finirait par nous mentionner,
comme si nous étions nous aussi ses amis.

Invité d'un soir, Michel Jobert parla du Maroc et Gonzague
Saint-Bris lui posa des questions sur les Berbères. Le cœur battant, la bouche sèche, j'écoutais en retenant mon souffle. Je savais que notre nom allait être prononcé.

— Michel Jobert, le symbole de ce peuple fier du désert n'est-il
pas le général Oufkir ? demanda alors Gonzague Saint-Bris.

Le ministre acquiesça et passa rapidement à un autre sujet.
Mais dans l'obscurité qui nous enveloppait, je fus envahie d'un
sentiment de joie indescriptible. J'avais entendu mon nom.
J'existais. Nous existions tous. Nous pouvions renaître un jour.

---

1. « La Ligne ouverte », émission interactive créée en 1975, sur Europe 1
par Gonzague Saint-Bris, et diffusée aux alentours de minuit. Pour la première fois, les auditeurs avaient la parole et pouvaient s'exprimer sur tous les
sujets, pendant une heure. L'émission durera cinq ans, jusqu'au début des
années quatre-vingt.

La muraille était si épaisse entre le monde extérieur et nous, que lorsque la nourriture nous parvenait, les gardes s'empressaient de déchirer les journaux avec lesquels la viande ou les légumes étaient enveloppés, pour que nous ne puissions connaître ni les dates ni les événements.

Malgré toutes leurs précautions, Achoura et Halima réussissaient de temps à autre à subtiliser un petit bout de papier imprimé. Raouf hérita ainsi d'une page à moitié déchirée, où une divine pin-up blonde était photographiée à moitié nue. Ce morceau de papier, qu'il cachait aussi précieusement que la radio et les micros, était devenu sa bible, le support de tous ses fantasmes.

Nous nous moquions de lui, nous lui demandions des nouvelles de sa fiancée chérie... Jusqu'au jour où un deuxième bout de journal arriva, toujours par le même canal. Cette fois la photo représentait un syndicaliste moustachu et adipeux. Pour se venger, Raouf décida qu'il était notre amoureux à maman et à moi et ce fut à son tour de se moquer.

Une autre fois, j'eus une petite photo d'un joueur de foot de l'équipe de Lens, un athlète magnifique que je ne me privai pas d'admirer.

Nous étions tous passionnés par le football, et moi la première. Pendant les coupes du monde nous étions souvent obligés de mordre des chiffons pour ne pas hurler, surtout lorsque la France jouait.

Je me souviens encore du fameux match entre la France et l'Allemagne en 1982, de notre enthousiasme et de notre déception lorsque la France perdit aux penalties. Maman avait fabriqué un ballon de foot avec des morceaux de chiffon pour que Abdellatif puisse s'entraîner dans sa cellule, en shootant contre les murs. Nous lui en avions expliqué les règles et il était devenu un supporter fervent.

Avec la radio, j'ai vécu le féminisme, la libération sexuelle. Libre, j'aurais suivi ces femmes-là, j'aurais sans doute milité avec elles. J'étais fascinée par Benoîte et Flora Groult, par Muriel Cerf, par le succès de Régine Deforges avec *La Bicyclette bleue*. Je la jalousais un peu d'avoir réussi avec ce roman ce que je m'efforçais de faire avec mes histoires : raconter à ma façon des œuvres de la littérature universelle.

Avec les années, la radio devint elle aussi une source de souffrance. Quand un film sortait, je me disais que j'aurais pu y avoir un rôle. Quand Robert Hossein monta sa troupe de théâtre, je rêvai des nuits entières d'y participer.

Quand j'entendais les journalistes parler de progrès technique, d'inventions nouvelles, de télévision couleur, de magnétoscope, de vidéo, d'ordinateur, d'avion Concorde ou de TGV, je rejetais l'information parce qu'elle me faisait toucher du doigt mon décalage avec le monde et que celui-ci m'était insupportable. Je me sentais alors vraiment hors du temps, coupée de tout.

Nous nous rassurions mutuellement en imaginant qu'à notre sortie, la planète ressemblerait au meilleur des mondes. Un univers créé pour nous qui passions notre vie assis ou couchés. Nous télécommanderions le petit déjeuner, le dîner, et tous les actes les plus quotidiens. Ces moments de délire nous amusaient beaucoup.

Mais quand l'émission se terminait, que le rêve s'achevait, nous nous retrouvions entre nos quatre murs obscurs. Rien n'avait changé.

La nuit

Il n'y avait que cela à faire. Penser, gamberger, cogiter, réfléchir, s'interroger. Toute la journée, nos cerveaux travaillaient. La nuit c'était encore pire ; ma vie passée me revenait par bouffées, mon présent n'était que néant et mon futur n'avait pas d'existence.

Quand mes sœurs dormaient enfin, il m'arrivait souvent de me lever et de m'installer face à la lucarne pour apercevoir un morceau de ciel. J'invectivais Dieu. Je demandais sans cesse à maman comment elle pouvait encore croire en Lui alors que des horreurs sans nom se perpétraient sur la terre. Je ne pensais pas seulement à nous. J'étais terriblement marquée par l'Holocauste juif.

— S'il y avait un Dieu, lui disais-je, penses-tu qu'il tolérerait de tels massacres ?

Je ne m'adressais à Dieu que pour lui faire des reproches et pour lui avouer que je contestais son existence. Il m'arrivait cependant de flancher. J'étais tellement terrorisée par une malédiction qui châtierait mon parjure, que je lui disais :

— Je retire ce que je t'ai dit et on reprend à zéro. Mais je te préviens, j'attends un signe.

Je scrutais le ciel. Mais rien ne venait. La nuit était noire. Comme notre vie. Comme nos pensées.

J'attendais la nuit avec impatience pour la paix qu'elle m'apportait. Le jour, je portais un masque, j'étais Malika la forte, l'autoritaire, celle qui insufflait la vie aux autres. Dès le crépuscule, je me débarrassais de mon armure. Je me sentais enfin proche des autres humains : dans le sommeil, nous vivions tous la même chose.

Mais j'étais aussi livrée à mes démons, à mes fantômes.

Je pensais beaucoup à mon père. Les premières années, je culpabilisais de n'avoir pu empêcher sa mort. Je n'avais pas été à la hauteur, je n'avais pas su prononcer les mots qu'il fallait. Chaque fois que je le revoyais, j'imaginais le moment de son exécution. Cette affreuse minute où il avait compris qu'on allait l'abattre comme un chien. J'oscillais entre humiliation, douleur et rage.

Je lui avais fait don de ma résistance au roi. Ce nom qu'il voulait exterminer devait rester l'exemple du courage. On rapportait notre digne conduite au Palais. Notre attitude hautaine signifiait que nous tenions tête au monarque et que nous n'avions rien voulu comprendre à la punition qu'il voulait nous infliger.

C'était un choix délibéré. Il n'était pas question de subir. Je m'efforçais d'accepter mon destin. Il ne dépendait ni du roi ni de personne, c'était le mien et je n'aurais pas pu en avoir d'autre.

Je me suis souvent demandé pourquoi Hassan II nous avait infligé cette mort lente au lieu de nous tuer tout de suite. Notre disparition aurait tout simplifié. Après avoir retourné la question dans tous les sens, et en avoir souvent discuté avec maman et Raouf, j'en étais arrivée à la conclusion, tout intuitive, qu'au début de notre emprisonnement, il n'avait pas les moyens de nous supprimer. Les deux coups d'Etat successifs l'avaient déstabilisé. Il était contesté, lui, l'émir des croyants, le représentant de Dieu sur terre. Politiquement, il était seul. Il n'avait plus auprès de lui l'homme fort qu'était mon père pour reprendre le pouvoir et remettre de l'ordre. Il avait été trahi, il souffrait d'un passage à vide.

La Marche verte[1] lui avait permis de s'imposer à l'intérieur du pays et de donner au Maroc un rôle international. Dans cette affaire, il avait bien joué : la couverture médiatique avait été énorme et ses retombées, excellentes. Après cette Marche, notre situation changea. On nous oublia. Quel intérêt aurait-il trouvé alors à nous tuer ? Il nous avait infligé la pire des sentences.

Il me semble aussi – mais sans doute est-ce une vision de lui trop sentimentale – qu'il était pris en tenailles entre la haine qu'il nous portait désormais et l'affection qui nous avait unis. Plus il souffrait, et plus il devait nous massacrer. Nous, les enfants, la descendance, et aussi cette femme, ma mère, la seule à résister et à lui tenir tête.

Il fallait la réduire au silence.

Enfin, notre emprisonnement était bien dans la tradition ancestrale des punitions infligées par le Palais. Pour briser un opposant, on le faisait disparaître, son nom était banni, le prononcer valait les pires ennuis à celui qui avait osé braver la loi tacite. Mais on ne le tuait pas. On attendait sa mort.

Nous avons survécu, mais nous sommes tout de même passé de l'autre côté. Nous avons peu à peu quitté le monde des vivants pour le royaume des ombres. Nous nous sommes dépouillés de tout ce qui faisait notre vie d'avant pour nous rapprocher chaque jour du tombeau. Ce détachement fut difficile. Notre jeune âge vibrait de passions, de pulsions, de

---

1. Voir page 135.

révoltes. Mais il fallait les dompter, apprendre à vivre sans, pour ne plus avoir mal. Cette douleur était paradoxalement grisante. La nuit me permettait de dialoguer avec la mort, de m'en rapprocher dangereusement jusqu'à m'y fondre. C'était une sensation extrême et je n'en ai plus jamais connu de pareille.

La nuit était propice aux songes qui nous aidaient à nous échapper, à lire dans notre avenir. Je rêvai que le roi était à Ifrane et qu'il avait décrété un mouvement d'union nationale : cela se fit quelque temps plus tard, en 1983, comme la radio nous l'apprit. Je rêvai aussi d'une grande fête donnée au Palais, pour le mariage du prince Moulay Abdallah. Il mourut quelques semaines plus tard, en 1984. Je vis encore le roi au Sahara occidental au milieu d'une foule d'hommes noirs habillés de blanc. Une nuée de tourterelles l'escortaient. Nous guettions ce voyage dont nous espérions qu'il nous serait bénéfique. Il eut lieu quelque temps après mon rêve, mais s'il fut une réussite politique pour le roi, il ne nous apporta rien.

Un peu avant qu'on décide de creuser le tunnel, Halima rêva de mon père. Nous étions tous dans une pièce de terre cuite, à ciel ouvert, et elle était la seule à pouvoir communiquer avec lui. Il lui remit une corde et lui dit de nous la donner : elle nous servirait pour notre évasion.

Rien de tout cela ne nous étonnait. Nous étions à l'affût de symboles, de prédictions, et les rêves nous les fournissaient. Moi-même, depuis l'âge de cinq ans, je faisais un cauchemar récurrent. Toutes les nuits je me retrouvais en haillons dans le jardin de la villa Yasmina. Je courais dans les escaliers et quand j'ouvrais la porte, je restais dans l'obscurité. J'avais beau toucher les interrupteurs, tout était noir. La maison était en ruines.

A la longue, cette paix nocturne se transforma en cauchemar Le plaisir de la solitude disparut. J'en avais peur, désormais. J'étais épuisée par l'Histoire que je racontais quatre ou cinq heures d'affilée. Je souffrais de rhumatismes. Mes muscles s'étaient atrophiés à cause de notre trop grande immobilité. Je restais souvent éveillée dans le noir, immobile, tant le moindre mouvement m'arrachait des cris de douleur. Je cherchais, en vain, le répit.

L'amour et le sexe

Chacun de mes anniversaires était comme un poignard planté dans le cœur. A trente-trois ans, je me suis résignée. Je ne vivrais jamais de grand amour, je ne fonderais jamais de famille, jamais un homme ne me prendrait dans ses bras, ne me chuchoterait des mots tendres ou brûlants, je ne saurais rien de ce qui fait vibrer le cœur et le corps d'une femme.

J'étais condamnée à me dessécher comme un fruit ridé. La nuit, je rêvais que je faisais l'amour. Je me réveillais avec un sentiment aigu de frustration.

J'appris rapidement à me contrôler, je m'obligeais à ne pas y penser. Je ne pouvais pas m'encombrer de ces petites souffrances alors que j'en avais tant d'autres. J'essayais d'avoir le dessus sur mon corps, d'éliminer tout ce qui était de l'ordre de l'appétit humain, le désir, la faim, le froid, la soif. Supprimer mes pulsions, mes désirs.

M'anesthésier.

Quand je racontais l'Histoire, j'insistais sur le grand amour, plutôt que sur le plaisir charnel, pour ne pas frustrer mon auditoire.

Raouf souffrit bien plus que nous de cette abstinence forcée. A la différence de ses sœurs, il avait eu avant la prison de petites expériences sexuelles. Pour se défouler, il nous racontait ses visites aux prostituées, comme le fait tout jeune garçon de la bourgeoisie pour se déniaiser. Ses récits, narrés sur le mode comique, nous faisaient nous tordre de rire.

Les mouhazzins n'abusèrent jamais de notre situation vulnérable. L'un d'eux cependant tenta de me violer. Notre radio avait été confisquée et je voulais absolument en obtenir une autre. Mais il était devenu très difficile de soudoyer les gardes pour qu'ils nous apportent les menus objets nécessaires à notre survie mentale, comme des piles ou des stylos.

J'ai jeté mon dévolu sur l'homme qui avait les clés de notre cellule, le sergent-chef Cappaccico. Semaine après semaine, j'ai tenté de l'infléchir en lui promettant de l'argent par l'intermédiaire de mon grand-père, si nous réussissions à le joindre. Il ne disait pas non. Pour nous, cela voulait dire « oui » et nous attendions cette radio avec impatience.

Mais Cappaccico traînait, tergiversait.

Un après-midi, la porte s'ouvrit à une heure inhabituelle et Cappaccico entra. Il était accompagné d'un autre soldat à qui il demanda de rester derrière la porte. J'ordonnai aux filles de ne pas sortir de leurs lits ; je voulais négocier seule avec lui. Il me poussa contre le mur. Je le sentais excité.

Il se colla contre moi, commença à me tripoter les seins, à me mordre la bouche. Il souleva ma chemise. Je l'entendais souffler comme un animal en rut, il sentait mauvais, son haleine me gênait, son corps m'oppressait, mais j'étais incapable de réagir.

J'étais anéantie : il m'était impossible de hurler, ni de me défendre d'aucune façon sous peine d'affoler les autres. Raouf aurait sans doute essayé de le tuer et il n'aurait pas eu le dessus.

Après quelques minutes où je subis son assaut sans qu'il parvienne à ses fins, je finis par le repousser aussi calmement que je pus. Je tremblais, mon cœur battait, mais je m'appliquai à ne rien lui montrer.

— Tu m'as bien demandé une radio ? me dit-il.

— Oui.

— Alors pourquoi résister ? Tu vas crever bientôt, ton corps ne sert plus à rien. Même si tu avais un fiancé, il n'est plus là aujourd'hui. Tout le monde vous a abandonnés.

J'ai reçu sa tirade comme un coup de poing, mais je n'ai pas bronché.

— D'accord, dis-je finalement. Tu obtiendras ce que tu désires. Mais pas tout de suite. Moi aussi, je veux des preuves. Apporte la radio et tu auras le reste.

J'étais prête à tout pour avoir cette radio. A mes yeux, cette résignation était pire qu'un viol. L'affaire fut enterrée rapidement. Cappaccico avait pris peur.

Entre nous, nous parlions beaucoup de sexe, nous avions besoin de nous livrer. A la longue, les barrières de la pudeur naturelle entre parents et enfants s'effondrèrent. Nous racontions ce qui nous passait par la tête, sans tabous. Au bout de dix ans de prison, nous étions devenus des monstres, prêts à tout. Il n'y avait plus ni mère, ni enfants, ni frères, ni sœurs. Seules nos valeurs morales nous empêchaient de passer à l'acte. Nos fantasmes n'étaient pas seulement d'ordre sexuel. Nous en étions arrivés à envisager de tuer.

— Pour manger, disions-nous, nous serions capables d'éventrer et de massacrer dans la sauvagerie.

Nous étions comme des drogués qui ont dépassé leurs limites et nous en sommes restés marqués à vie.

Les derniers temps nous étions devenus des bêtes en cage. Nous n'étions même plus capables de sentiments. Nous étions fatigués et enragés, agressifs et cruels. Aucun d'entre nous ne voulait plus porter de masque. On ne croyait plus en rien.

Ma famille

Ma mère a été un exemple. Notre exemple. Pendant vingt ans, elle s'est toujours tenue droite, sans exprimer la moindre plainte. Pourtant elle souffrait encore plus que nous, si cela était possible. Elle ne supportait pas d'être séparée de ses enfants, pleurait en secret parce que nous avions faim, parce que nous manquions de tout, parce que cette prison volait notre jeunesse.

Avec la dignité, elle nous a insufflé le courage. La kamikaze, c'était elle, l'évasion était son idée. Elle connaissait les risques encourus, savait qu'elle pouvait nous perdre dans cette aventure, mais sa conviction restait inébranlable.

Pendant ces années terribles où nous avons communiqué

sans nous voir, j'ai compris l'importance de la voix. Derrière le mur, je percevais ses infimes changements d'intonation qui m'en apprenaient plus qu'un long discours sur son état du moment. Elle faisait de même avec moi. Elle était spectatrice de ma vie, impuissante à la modifier. Notre relation avait toujours été très forte : nous étions complices même dans la douleur. Depuis ma naissance, je n'avais eu avec elle que des rapports déchirants, passionnels. Elle souffrait à l'idée que je ne puisse pas avoir d'enfant. Cela faisait partie de cette malédiction qui, selon elle, m'accompagnait depuis toujours.

Nous guettions nos moindres bruits, nous cherchions les plus petites occasions de nous apercevoir, soit dans l'eau de la rigole, soit dans l'axe des portes ouvertes en même temps, ce qui était assez rare. Le matin, aux mouvements provenant de la cellule de maman, je savais qu'elle était réveillée. Elle faisait son ménage, s'occupait d'Abdellatif, ils prenaient leur petit déjeuner. Puis ils marchaient, elle dans sa cellule et lui dans leur patio, quand il ne pleuvait pas, de neuf heures du matin à sept heures du soir.

Nous devons beaucoup à Abdellatif. Il n'avait connu de toute sa vie que la prison et, de nous tous, il était le plus adapté à elle. Ce qui nous semblait anormal était son quotidien depuis sa plus tendre enfance. Il avait, de ce fait, une façon de réfléchir qui était souvent plus pointue que la nôtre. Tout en marchant, il se servait de ce qu'il connaissait pour inventer ce qui nous manquait. Nous l'appelions « Géo Trouvetout ».

Il avait découvert par exemple qu'on pouvait récupérer les piles mourantes en les chauffant au soleil ou en les trempant dans l'eau bouillante. Cela nous fut très précieux, même si leur survie était limitée.

Depuis que nous étions à Bir-Jdid, Abdellatif ne pensait qu'à s'évader. Il raclait les murs pour en faire tomber la pellicule de chaux et l'analyser. Après quelques expériences, il avait pu recréer du plâtre avec du Tide et de la farine, et il avait inventé un ciment composé de cendre, d'ébonite et de terre. Ce qui nous servit par la suite pour nous évader.

Il y avait cependant une ambiguïté entre maman et moi. J'avais usurpé son rôle malgré moi. J'étais devenue la mère de Raouf et des filles.

Je revois encore Maria et Soukaïna blotties contre moi sur mon lit, qui m'interrogeaient sur le sens de la vie ou sur des détails bien plus futiles. Elles me racontaient tout ce qu'elles n'auraient pas osé dire à maman, d'abord parce qu'à cet âge-là, on ne se confie pas à sa mère, ensuite parce qu'un mur bien concret les séparait d'elle.

Je les soignais, je les éduquais, je cherchais à leur remonter le moral, j'étais leur sœur aînée, leur mère, leur père, leur confidente, leur guide et leur soutien. Cela m'était naturel. J'avais développé pour eux tous un sentiment profond qui allait au-delà de la simple fraternité. Je les aimais plus que tout et, à l'instar de maman, je souffrais bien plus encore pour eux que pour moi-même.

Je me souviens du cours de danse que j'avais instauré dans la cellule parce que Maria pleurait son rêve brisé de petit rat de l'Opéra, des régimes que j'inventais pour Soukaïna, des soins prodigués à Mimi, des jouets et des dessins pour Abdellatif. J'entends encore mes longues conversations avec Raouf, grâce à notre « installation ».

J'avais le devoir non seulement de les aimer mais encore de les protéger du mieux que je pouvais, pour qu'ils survivent sans trop de dégâts, si jamais nous sortions un jour.

Car nous ne pensions qu'à notre sortie. Nous discutions à l'infini sur ce que nous ferions ensuite. Mimi désirait se marier et avoir un enfant. Soukaïna, Maria et moi voulions vivre toutes les trois ensemble dans un château de la région parisienne. Maria apprenait à taper à la machine pour devenir ma secrétaire, Soukaïna préparait la cuisine pour les invités. Je devenais une grande réalisatrice de cinéma. Elles restaient dans mon ombre.

D'autres fois, nous achetions une ferme au Canada et nous y habitions tous ensemble avec nos conjoints respectifs. Raouf et moi voulions étudier la médecine à Montréal. Nous habitions une chambre à l'Université. Le diplôme en poche, nous partions exercer au Cameroun. Nous avons ainsi envisagé tous les métiers de la terre. Si nous avons tenu le coup si longtemps, dans des conditions aussi dramatiques, c'est parce que nous étions ensemble et que nous nous aimions. Même séparés, nous formions un bloc, nous nous soutenions, nous nous encouragions. Nous étions une force, et cela, rien ni personne ne pouvait nous l'enlever. Quand l'un de nous flanchait, il y avait toujours quelqu'un pour le faire rire ou lui rappeler les paroles du voyant aveugle de Assa :

— *Zouain, zouain bezef,* ce sera miraculeux et très miraculeux.

La nuit des longs couteaux

Toute courageuse et digne qu'elle fût, toute rompue aux intrigues du Palais, maman était une grande naïve. Elle croyait dur comme fer que nous serions graciés le 3 mars 1986, pour le vingt-cinquième anniversaire du couronnement du roi.

J'étais plus sceptique et la suite me donna raison.

Ce matin-là, vers dix heures, les gardes entrèrent dans nos cellules. Ils ne prononcèrent pas un mot. Ils se parlaient simplement du regard, les yeux fixés sur les grillages qui surplombaient la porte blindée, et ceux de notre patio. Quand ils sortirent, toujours sans prononcer un mot, chacun de nous y alla de ses suppositions quant à leur conduite étrange.

Le lendemain matin, à huit heures trente, ils ouvrirent toutes les portes et nous poussèrent au-dehors. Nous titubions, nous ne savions plus marcher, la lumière nous blessait les yeux.

Nous étions fous de bonheur de nous retrouver tous ensemble pour la première fois depuis tant d'années. Nous avions tellement changé, grandi ou vieilli, c'était selon. Maman ne reconnaissait plus ses petites filles. Elle avait quitté Soukaïna et Maria à quatorze et quinze ans, elles étaient devenues des jeunes femmes de vingt-deux et vingt-trois ans. Raouf était un homme, il ressemblait à mon père par la stature. Abdellatif était à présent un jeune homme de seize ans.

203

Maman était toujours aussi belle, mais terriblement éprouvée par les privations et la douleur. Achoura et Halima avaient le visage et les cheveux gris, de la couleur des cendres dont leur cuisine était envahie.

Nous devions sans doute avoir l'air de cadavres ambulants, maigres, blêmes, les yeux cernés, les lèvres exsangues, le regard flou, le cheveu rare, tenant à peine sur nos jambes... Halima qui possédait un bout de miroir avait pleuré un jour en s'y regardant. Elle ne voulait pas croire que ce fantôme qui la fixait était bien elle.

Mais tout à la joie de nous revoir, nous ne voulions rien paraître remarquer qui puisse gâcher notre bonheur immédiat. Nous étions cependant partagés entre l'envie bien légitime de nous toucher, de nous embrasser, et le refus de montrer à nos tortionnaires à quel point cela nous avait manqué. Nous restions sur notre réserve. Etonné par cette attitude, Borro nous encouragea à nous rapprocher puis il ajouta qu'à l'occasion de la fête du Trône, nous étions désormais autorisés à nous retrouver de huit heures trente le matin à vingt heures le soir. On nous octroyait cette faveur, au bout de quinze années de prison.

Nous nous réunissions le matin dans ma cellule. Ils avaient renforcé les barreaux du réduit à ciel ouvert. Les portes restaient ouvertes, nous pouvions sortir dans la cour. Après le déjeuner on nous enfermait ensemble jusqu'au soir, où nous étions à nouveau séparés.

Au début, l'euphorie des retrouvailles l'emporta sur le désespoir de notre vie. Maman nous contemplait longuement. Elle ne se lassait pas de nous regarder mais pleurait en secret de nous voir si décharnés, si affamés. Cependant, nous avions décidé de profiter à chaque instant de la joie d'être ensemble.

Cette heureuse période dura de mars à novembre. Pour nous occuper, nous inventions des spectacles. Après le déjeuner, nous fabriquions un semblant de scène avec des couvertures militaires. Maman imitait Poulidor sur son vélo, moi j'étais le speaker à la radio. Abdellatif et Maria se déguisaient en mouhazzins et contrefaisaient leur langage.

Nous organisions des séances de cirque. On en annonçait

l'ouverture avec des roulements de tambour et de la musique, puis Raouf faisait claquer un fouet confectionné avec des morceaux de chiffon et les éléphants faisaient leur entrée.

Les éléphants... c'était Mimi à quatre pattes, maigre à faire peur, dans un collant noir et rouge. Raouf frappait le sol de son fouet et Mimi devait lever ses deux jambes en l'air. Nous hurlions de rire. Nous n'étions jamais rassasiés de plaisanter, de nous toucher, de nous embrasser.

Vers deux heures de l'après-midi, Raouf se mettait à l'écart pour sa sieste. Pour avoir vécu à l'écart pendant si longtemps, il avait besoin, plus que nous encore, de moments de solitude. Pour être tranquille, il se bouchait les oreilles avec des boulettes de mie de pain qu'il façonnait pendant des heures. De temps à autre, nous entendions ses grognements de colère contre les souris qui s'en donnaient à cœur joie pour attraper le pain. Le soir, je recommençais l'Histoire, avec plus d'entrain cette fois.

Abdellatif collait son œil dans un petit trou creusé dans les toilettes de notre cellule. Il avait repéré un camion militaire et ne se lassait pas de l'admirer. Il tenta de gratter un peu plus pour mieux le voir. L'ouverture restait cependant minuscule, à peine de la taille d'une pièce de un franc.

Un matin où il était à son poste, les gardes entrèrent dans la cellule sans prévenir. Il n'eut pas le temps de bouger. L'alerte fut donnée. Borro vint examiner l'orifice.

— Je savais bien, nous dit-il, que vous cherchiez à vous évader...

Nous étions un vendredi. Selon ses savants calculs, l'ouverture serait achevée le dimanche.

Sur le moment, sa bêtise me rassura. Le trou était minuscule, situé en hauteur, ce qui, comme chacun sait, est l'endroit idéal pour creuser un tunnel. Je n'imaginais pas qu'il puisse croire une seule seconde à son histoire...

Le soir même, ils nous séparaient sans explications. Le lendemain matin, ils consentirent à dire à maman que nous serions enfermés comme avant. Maman décida d'entamer sur-le-champ une grève de la faim jusqu'à ce qu'on nous autorise à nous réunir à nouveau. Nous avions entendu la conversation à travers le mur.

Je transmis la nouvelle à Achoura qui la fit suivre à Raouf. Ce jour-là, ils commencèrent à construire une deuxième muraille pour renforcer la première. Les travaux durèrent huit jours, pendant lesquels on ne sut rien de ce qui se tramait. Ce vacarme nous rendit fous. Nous étions trop habitués au silence.

Maman fut confortée dans sa décision de ne plus s'alimenter. Mais elle ne voulait pas que nous suivions son exemple. Elle était décidée à mourir toute seule. Son sacrifice nous vaudrait peut-être la liberté.

Je tentai de la convaincre de n'en rien faire, mais elle ne voulut rien entendre. Au cours d'un conseil de famille précipité, tous les enfants choisirent de l'imiter, sauf moi. Il fallait quelqu'un pour dialoguer avec Borro. J'acceptai ce rôle d'autant plus aisément que mon corps ne supportait pas le jeûne. Les autres se couchèrent, économisèrent leurs paroles et refusèrent tout aliment à part de l'eau.

Pendant une journée, Soukaïna refusa même de boire, mais elle faillit en perdre la raison. L'instinct de survie fut le plus fort et je l'obligeai à reprendre un peu de liquide.

Pendant cette grève de la faim, on nous apporta des provisions en grand nombre. Les légumes étaient frais, la viande n'était pas avariée, les fruits n'étaient pas blets. C'était un vrai supplice, mais je n'y touchais pas. Je ne mangeais pas plus que les autres. Le soir je prenais un grand verre d'eau chaude où baignait une feuille de menthe, pour ne pas être trop malade.

Borro vint me voir au bout de vingt jours et se lança dans un long discours hypocrite pour que je persuade les autres de s'arrêter. Il m'annonça qu'on enterrerait le premier qui mourrait. Personne ne bougerait pour nous sauver la vie. Je ne l'écoutai pas.

Quand les gardes se rendirent compte que la nourriture commençait à s'entasser, ils entrèrent de force. Nous en étions à notre quarante-cinquième jour de grève, nous n'avions plus que la peau sur les os.

Et il ne s'était rien passé. Personne ne voulait nous entendre.

Devant l'inutilité de notre combat, le désespoir nous gagna tout à fait. L'échec nous rendit abattus, dépressifs à en mourir. Nous n'étions même pas des prisonniers puisque nos revendications ne comptaient guère. Notre grève n'avait aucune légitimité. Elle ne mènerait nulle part. Nous étions terriblement affaiblis. Il nous était impossible de nous réalimenter. Nos corps ne supportaient plus la moindre nourriture. Nous avions l'impression de nous empoisonner dès que nous avalions la plus petite bouchée. Nous étions au bout de nos forces, au bout de l'espoir, au bout de la vie. La mort était notre seul refuge. Pour la première fois en quinze ans, nous l'appelions de tous nos vœux. Il fallait qu'on en finisse.

Je me souviens de cette soirée du 26 novembre 1986. Superbe, étoilée, paisible. La pleine lune brillait dans un ciel pur, sans nuages. Dans la nuit, maman se trancha les veines avec sa petite paire de ciseaux.

Juste avant d'accomplir cet acte de désespoir, elle me répéta qu'elle m'aimait, et elle me confia mes frères et mes sœurs. Au début je n'ai pas réagi. Si elle voulait mourir, c'était son droit le plus absolu. Mais l'angoisse m'a gagnée peu à peu.

Vers quatre heures du matin, j'ai appelé Abdellatif et je lui ai demandé de vérifier si maman était morte ou vivante.

— Le cœur bat très faiblement, m'a-t-il répondu à travers le mur.

J'ai sauté sur la poignée de la porte blindée et je me suis accrochée au grillage en hurlant :

— Au secours, ma mère est en train de mourir, on va tous crever !

J'ai eu beau crier, ils n'ont pas répondu. J'entendais le son de ma voix comme un écho dans l'obscurité, et j'étais humiliée d'avoir à les supplier pour sauver ma mère. A bout d'arguments, j'ai menacé de nous faire tous sauter avec le butane, s'ils n'agissaient pas.

Paniqués, ils sont entrés chez maman. J'ai entendu hurler Borro. Puis ils sont ressortis sans l'avoir soignée.

J'ai expliqué alors à Abdellatif comment confectionner un garrot avec des morceaux de drap. Maman respirait mais elle avait perdu beaucoup de sang. Elle serait sauvée, mais nous, nous allions mourir. Nous étions tous hallucinés. Le désespoir accumulé durant ces quatorze terribles années, notre délabrement physique et mental, se traduisaient par une hystérie collective impossible à juguler. Jusque-là, nous avions toujours évité la révolte. Cette nuit-là, nous sommes subitement devenus fous.

Dans toutes les cellules, le désespoir était palpable. Abdellatif surveillait l'état de maman, Achoura et Halima hurlaient en s'arrachant les cheveux, et nous, nous vivions un psychodrame, sans plus avoir de repères ni de notions de la réalité.

Cette « nuit des longs couteaux », ainsi que nous l'avons appelée, fut la plus atroce de toute notre existence.

C'était l'apocalypse.

Tout était devenu possible : assassiner son frère ou sa sœur, se tuer, faire exploser la prison avec nos butanes.

Chacune de nous quatre voulait être la première à sauter le pas. On a tiré à la courte paille et Soukaïna a gagné.

Elle s'est allongée sur son lit et s'est installée le plus confortablement possible. Assise en face d'elle, je me suis appliquée à lui tailler les poignets avec un morceau de boîte de sardines et une aiguille à tricoter.

J'ai enfoncé la pointe le plus fort que je pouvais. J'ai fouaillé la chair en sanglotant. Il me semblait que c'était moi que je blessais. Elle grimaçait et elle me souriait en même temps.

Finalement, j'ai réussi à lui perforer une veine. Le sang a jailli. Soukaïna supportait la douleur avec un visage extatique. J'avais mal autant qu'elle. Elle a perdu connaissance.

Maria, Mimi et moi, nous nous regardions en pensant qu'elle était morte.

De temps en temps, nos yeux se croisaient, emplis de larmes qui ne coulaient pas. Nous étions désespérées mais soulagées de penser qu'elle ne souffrirait plus.

Soukaïna est revenue à elle au bout d'un quart d'heure. Elle

208

tremblait de tous ses membres; quand elle a compris qu'elle était encore vivante, elle s'est emportée contre moi.

— Tu ne veux pas me tuer, tu ne veux pas me voir mourir...

— Mais si, je veux que tu meures, Soukaïna, j'ai tout essayé, ça ne marche pas... Regarde, tout le sang que tu as perdu.

Nous avons eu une courte discussion entre nous. Fallait-il oui ou non lui faire un garrot? Puis le sommeil nous a gagnées. Nous sommes tombées mi-endormies, mi-évanouies sur nos couches.

Nous étions épuisées.

Ces tentatives ratées nous ont tous marqués au plus profond de nos âmes. Approcher la mort d'aussi près n'était pas différent de mourir.

Cette nuit-là, nous sommes tous passés de l'autre côté. Je ne sais quelle force, quel instinct, quelle énergie, nous ont poussés à survivre.

Le cauchemar a continué. Le lendemain matin, j'ai entendu les pas des gardes se diriger vers la cellule de Raouf. Des voix rauques ont crié.

Sous la porte blindée, j'ai vu leurs pataugas qui couraient en sens inverse. Cette nuit-là, Raouf avait choisi lui aussi d'en finir en se tailladant les veines. Il avait bien failli réussir : on le donnait pour mort. J'ai appris la nouvelle à maman, elle aussi bien mal en point après son suicide manqué.

Nous avons attendu toute la journée sans qu'on daigne nous informer. Le soir, ils ont déposé son corps dans la cour où régnait un froid glacial. Ils allaient le laisser sans soins pendant quatre jours.

Raouf était dans le coma. Il n'en avait plus pour longtemps, pensaient-ils.

C'était compter sans son incroyable faculté de récupération. Mon frère s'est réveillé peu à peu. La quatrième nuit, il gisait toujours dans la cour, mais si son corps était encore faible à l'extrême, son esprit était à peu près intact.

Il a entendu le capitaine Chafiq parler à ses soldats et a continué à feindre l'évanouissement.

Puis Chafiq s'est retourné vers Borro.

— Cette situation a brisé ma vie, lui a-t-il dit. J'ai honte aujourd'hui de regarder ma famille dans les yeux. Je suis hanté par ce que nous sommes en train de faire. Massacrer des enfants, c'est au-dessus de mes forces. Je ne peux pas aller au-delà. Qu'est-ce qu'ils veulent ?

— Tu ne comprends pas ? a répondu Borro. C'est clair, pourtant. Ils vont mourir. Tous. Et ils seront enterrés ici. On attendra le temps qu'il faudra. Ce sont les ordres.

Les paroles de notre tortionnaire ont eu l'effet d'un électrochoc sur mon frère. Mû par un effort surhumain, il est retourné dans sa cellule et a refermé la porte.

Toute la nuit, il a fait sauter des dalles et a agrandi le trou qui séparait son mur de celui du couloir. Achoura et Halima ont fait de même de leur côté. Ainsi, j'ai pu le rejoindre et communiquer avec lui : une simple paroi nous séparait.

Il s'est allongé de son côté et moi du mien. On ne pouvait pas se voir, juste se toucher par une minuscule ouverture où nous avions passé nos doigts. Il tordait les miens plus qu'il ne les serrait.

Les yeux fermés, j'entendais sa voix, j'essayais de l'imaginer. Il avait le timbre de mon père.

Son désespoir était insoutenable. En fouillant sa cellule les gardes avaient trouvé sa précieuse radio et l'avaient confisquée. Il ne nous restait plus aucun lien avec le monde. Raouf se reprochait d'en être responsable.

— Kika, m'a-t-il dit en sanglotant, on va mourir ici, c'est ce qu'ils veulent. Je les ai entendus. Ils ont dit qu'ils allaient nous tuer. Le premier qui mourra sera enterré dans la cour.

Pendant des heures et des heures, j'ai tenté de le rassurer, de le consoler, de le convaincre, de trouver les mots qu'il fallait alors que j'étais moi-même si désemparée. Je l'ai exhorté à ne pas flancher.

— Mais non, Raouf, tu verras, on aura toujours le dessus. Ils ne nous tueront pas. Nous allons résister.

Nous sommes restés ainsi à nous tenir les mains, jusqu'au matin. Mes yeux étaient secs. Ce qui n'empêchait ni la douleur, ni la peine.

Mais cette nuit des longs couteaux et, plus encore, les paroles de Borro avaient changé notre état d'esprit. Nous ne les laisserions plus jouer avec notre vie. Nous ne serions plus passifs. Le projet d'évasion avait germé en nous. Il ne nous restait plus qu'à le concrétiser.

Le tunnel

Borro avait reçu des ordres pour renforcer notre surveillance. Tous les objets tranchants avaient été supprimés, on avait remplacé ce qui restait de vitres par des cartons, ôté le volet de notre lucarne, confisqué nos couteaux, nos fourchettes. Même nos gobelets, des bouteilles d'huile coupées à la moitié, étaient en plastique et nous piquions des fous rires en les voyant se ratatiner sous l'effet de l'eau bouillante.

Désormais, les lundis, mercredis et vendredis, à huit heures du matin, les gardes fouillaient les cellules à la recherche de la moindre trace de tunnel ou de trou. Cette dernière trouvaille venait du colonel Benaïch, jamais à court d'idées pour nous empoisonner l'existence.

Ces perquisitions n'étaient pas saugrenues. Notre résolution s'était affirmée, nous étions tous d'accord pour nous évader. Depuis la nuit des longs couteaux, nous avions touché le fond.

A force d'entendre les pas des soldats au moment des relèves, Raouf connaissait au millimètre près la qualité du sol, sa résonance, sa sécheresse. Nous avons demandé à Achoura et Halima de creuser dans leurs cellules et de nous envoyer un peu de terre pour l'étudier. Chacun d'entre nous a fait de même dans la sienne.

Après maintes discussions, et même quelques essais chez Achoura et Halima, nous avons décidé de forer notre souterrain dans la cellule aveugle contiguë à la nôtre, celle où l'on entreposait les valises et les réserves. Les dalles étaient en bon état, il serait plus facile de les maquiller pour dissimuler notre entreprise.

Un autre argument tranchait en faveur de l'endroit : pour avoir soulevé mon bandeau en arrivant à Bir-Jdid, je savais que cette cellule donnait sur un champ, dont tout nous laissait croire qu'il n'était pas cultivé. Aucun bruit, aucune vie, pas même le braiment d'un âne, ne nous parvenait jamais aux oreilles. Nos geôliers avaient dû exiger du paysan qu'il le laisse en friche.

Maman et Raouf, les deux ingénieurs du groupe, avaient ratifié notre choix. C'était bien là, dans cette cellule aveugle, qu'il faudrait ouvrir les dalles. Raouf analysait la couleur de la terre que je lui envoyais et il m'expliquait comment reconnaître les niveaux atteints dans le sol. La terre glaise signifiait que j'arrivais aux fondations. Il faudrait ensuite creuser à la verticale.

J'écoutais ses conseils avec attention, car il enrageait de ne pas se trouver lui aussi dans l'action. Il tournait dans sa cellule comme un lion en cage.

Le 27 janvier 1987, dans l'après-midi qui suivit notre décision définitive, nous avons cassé le ciment et soulevé les dalles avec une cuiller, un manche de couteau, un couvercle de boîte de sardines et une barre de fer provenant de notre literie.

Nous, c'est-à-dire Maria, Soukaïna et moi. Mimi était bien trop mal en point pour nous aider, mais elle nous encourageait et elle fut très efficace quand il s'est agi de déblayer la terre.

En deux heures à peine, malgré notre peur d'être découvertes, nous avions déjà bien avancé. Nous avions fait sauter huit dalles. Pendant deux semaines, nous nous sommes entraînées à les ôter et à les replacer avec la préparation de ciment qu'avait inventée Abdellatif, un mélange de terre, de cendre et d'ébonite.

Comme cela ne suffisait pas, nous avions inventé un stratagème pour nous en procurer du vrai. Avec la grosse barre de fer que nous dissimulions toujours dans nos lits, nous élargissions les trous causés par les rats et les souris dans les murs. Les gardes les colmataient avec du ciment, que nous récupérions. Pour l'empêcher de durcir, nous le faisions tremper dans un seau d'eau.

Replacer les dalles n'était pas très facile. Il fallait prendre garde de ne pas trop les abîmer en les soulevant, puis limer le ciment qui adhérait autour avec une vieille râpe à légumes.

Pour ne pas alerter les geôliers, nous attendions les cris des hirondelles : ce bruit infernal que nous détestions tant nous était enfin utile.

Le jour où nous avons enfin réussi à replacer les dalles dans le bon ordre, nous nous sommes attaquées à la suite, au creusement d'un trou jusqu'aux fondations de la maison.

Après la couche de ciment que nous cassions à l'aide des barres de fer, on tombait sur de petites pierres, puis sur de plus volumineuses. Le premier jour, je butai sur une pierre aussi grosse qu'un menhir. Impossible de creuser plus avant.

Je fis transmettre la mauvaise nouvelle à Raouf.

— Tâche de l'extirper, m'ordonna-t-il.

— Mais pour le mettre où ?

— Débrouille-toi. Tu veux t'évader ou pas ?

Dans la cellule de maman et d'Abdellatif, il y avait une pièce en hauteur, où l'on entreposait des affaires. On l'atteignait à l'aide d'un escabeau en bois. Après la nuit des longs couteaux, les gardes avaient ôté l'escabeau et muré l'ouverture.

Dès qu'ils sortirent de la cellule, maman eut la présence d'esprit de prendre le petit sur ses épaules et de lui faire retirer une des briques, en prévision du jour où nous aurions besoin de cette pièce. Le ciment était encore humide. Ils se débrouillèrent pour qu'il ne sèche jamais afin de pouvoir ôter cette brique et d'autres, le cas échéant.

Nous avions creusé un énorme trou sous mon lit, entre la cellule de maman et la nôtre. On sortit le « menhir » tant bien que mal, et maman et Abdellatif le cachèrent dans le réduit en descellant d'autres briques. Pour passer chaque « menhir » par le même chemin, ce ne fut pas une mince affaire. Il fallut agrandir le trou.

Abdellatif grimpait dans la petite pièce et maman lui tendait les grosses pierres. Poussant, soufflant, ils réussissaient à les déposer sur d'épaisses couches de vêtements pour étouffer le bruit des chocs.

Nous faisions coïncider le passage des « menhirs » avec le

démarrage du groupe électrogène, pour éviter d'attirer l'attention.

Ensuite, nous leur avons passé l'excédent de pierres que nous ôtions du tunnel. Quand maman les recevait en vrac dans sa cellule, elle les disposait dans un drap qu'elle fermait comme un baluchon, puis elle prenait Abdellatif sur ses épaules pour qu'il puisse les jeter par l'ouverture du réduit.

Les gardes vérifiaient les traces d'humidité sur les murs, mais ne décelèrent pas le système ingénieux que Abdellatif-Géo Trouvetout avait imaginé, et qui consistait à colmater les interstices entre les brique avec un mélange de Tide et de farine qui imitait le plâtre.

Pour que cela sèche plus vite, il utilisait des braises fumantes préparées par Halima et Achoura. Le petit promenait l'assiette sur le mur, toujours juché sur les épaules de maman, jusqu'à ce qu'il n'y ait plus aucune trace d'humidité.

Au bout d'un moment, nous avions si bien avancé que nous ne pouvions plus nous permettre de jeter la terre, comme nous avions jeté les pierres, dans le réduit de la cellule voisine. Il ne fallait pas que les dalles sonnent creux si les gardes avaient la bonne idée de les sonder.

Avec d'anciens pantalons, maman fabriqua des coussins rectangulaires, de formes variées, que nous appelions lampions ou éléphants. Nous les bourrions du trop-plein de terre que nous façonnions en boulettes.

On travaillait à la chaîne, comme des automates. Enfouie dans le trou, je remplissais de terre un bidon d'huile vide, d'une contenance de cinq litres. Puis je tirais sur la corde avec laquelle les filles le retenaient, pour qu'elles remontent le chargement. Elles jetaient la terre en tas, au centre de notre cellule.

Myriam remplissait les seaux d'eau, les versait sur la terre, et pétrissait celle-ci comme une pâte. Elle était aidée par Achoura et Halima, les spécialistes du pain, qui se glissaient elles aussi dans notre cellule par le trou agrandi de notre mur mitoyen. Abdellatif passait par le trou étroit que nous avions creusé entre sa cellule et la nôtre pour participer lui aussi.

Les trois femmes confectionnaient des boulettes de la grosseur d'un poing que nous passions une par une dans la cellule de maman. Celle-ci en remplissait les coussins. Elle les fermait en les cousant, Abdellatif les repassait par l'ouverture et nous les replacions dans notre souterrain. Les éléphants remplaçaient les gros « menhirs », et les lampions, les plus petits.

Quand nous sommes arrivées aux fondations, que la terre glaise a remplacé la terre rouge, nous avons alors creusé à l'horizontale, toujours sur les conseils de Raouf, qui avait calculé que le tunnel devait mesurer cinq mètres environ pour déboucher derrière les deux murailles.

Nous étions animés d'une force surnaturelle, ne sentant jamais ni la fatigue, ni le poids, ni l'effort. Nous étions devenues des bêtes silencieuses, attentives à leur tâche, sans plus rien d'humain. Nul besoin de parler : nous nous comprenions d'un geste, d'un regard.

Je n'avais plus d'ongles, ma peau était recouverte d'eczéma, mes doigts n'étaient qu'une plaie. Mais je n'y faisais pas attention.

Nous nous éclairions avec des chandelles improvisées. Maman tissait de petites mèches comme elle l'avait appris dans son enfance à la campagne. Nous trempions les mèches dans l'huile, et nous les allumions le soir.

Quand je sortais de mon trou, je me demandais souvent si je n'étais pas en train de rêver. Ces visages grisâtres encadrés de cheveux poussiéreux, ces corps émaciés, à peine éclairés par ces semblants de bougies qui jetaient une lumière glauque sur les murs, troués de part en part et sur le sol jonché de pierres et de terre. Des spectres... Des morts vivants...

Détruire, creuser, était chose aisée pour nous les Castors. Le plus délicat était de reconstruire. A quatre heures du matin, quand nous entendions braire l'âne Cornélius, nous savions qu'il fallait nous arrêter pour tout remettre en ordre, refermer soigneusement le souterrain et reboucher les trous entre nos cellules.

La première fois que nous avons ouvert le tunnel, nous n'en maîtrisions pas la fermeture. Nous avons cependant compris assez vite. On replaçait d'abord les éléphants et les lampions qu'on calait avec de petites pierres et quelques-unes plus grosses, que nous avions numérotées pour faciliter leur remise en place. Cette tâche était nécessaire pour que les dalles ne sonnent pas creux une fois replacées.

Puis on plaçait par-dessus une couche de terre rouge, mouillée et lissée du plat de la main, on ajoutait encore au-dessus une couche de ciment sur lequel nous posions les dalles. Pour finir, nous les colmations avec du plâtre. Ce rôle était dévolu à Soukaïna, l'artiste, qui les maquillait ensuite avec de la terre pour effacer toute trace de nos travaux.

Au petit jour, personne n'aurait pu imaginer qu'un souterrain se creusait dans ce petit réduit. Il me restait deux heures avant l'arrivée des gardes pour laver la cellule et faire disparaître la terre et la poussière. Parfois je n'avais pas eu le temps d'enfiler mes affaires, qu'ils ouvraient déjà la porte de maman. Elle les retardait le plus possible, leur posait des questions saugrenues et leur demandait des chambres à air pour nous fabriquer des semelles, ou n'importe quoi d'autre.

Nous avions des frayeurs terribles. Il nous arriva de sécher la dernière couche de plâtre et de nous rendre compte, au matin, que la terre au-dessous était restée mouillée, formant une auréole jaunâtre sous les dalles. Nous avons vite réparé les dégâts et passé le message à maman pour qu'elle retienne les gardes. Ils ne s'aperçurent de rien.

Une autre fois, alors que je creusais tout doucement, j'entendis éternuer un garde si près de moi que je pus percevoir son souffle. Je me figeai et remontai à toute allure. Au moment où je sortis, je vis les visages anxieux de mes sœurs penchés sur moi. Un silence épais s'installa dans la cellule. Nous attendions que les gardes surgissent mais la porte ne s'ouvrit pas.

Et je replongeai dans mon trou.

Pendant les perquisitions, nous restions dans nos lits sans bouger, en feignant d'être malades. Les gardes fouillaient minutieusement, même dans la petite pièce du tunnel. Les faisceaux de leurs torches braqués dans les coins, ils regardaient partout, sous les lits, au plafond, dans les creux. Ils frappaient sur le sol avec leurs pataugas pour écouter la différence de son, cherchant la moindre résonance.

Maman et Raouf étaient sur des charbons ardents en entendant leurs pas lourds et leurs coups sur les murs. Mais à la panique s'ajoutait l'ivresse. On jouait notre vie à quitte ou double et ce sentiment était grisant. On sortait enfin de notre léthargie. J'en oubliais mes souffrances, ma faim, mes mains abîmées. Je ne sentais plus mon sternum déchiré qui me causait les plus vives douleurs dès que je respirais ou que je me baissais.

Jamais un garde ne posa le pied sur nos dalles. Ils les contournèrent, s'arrêtèrent juste devant, et ce fut tout. Nous étions persuadés d'être sous la protection de la Vierge : la première fois que nous avons ouvert, l'irrégularité du sol formait comme une croix, de la longueur des dalles. Avec du carton, nous en avons fabriqué une autre que nous placions sur la dernière couche de pierre avant de refermer. Nous avons appelé le souterrain, « le tunnel de Marie ».

On y croyait si fort qu'on priait à genoux en ouvrant chaque soir et en fermant chaque matin. Par rejet de l'islam, qui ne nous avait rien apporté de bon, nous avions opté pour le catholicisme. Maman, qui avait passé son enfance chez les religieuses, connaissait toutes les prières par cœur et nous les avait enseignées avec cependant beaucoup de réticences. Elle était restée une bonne musulmane.

Maria, dont le véritable prénom était Mouna-Inan, se rebaptisa en hommage à la Vierge. Abdellatif et Soukaïna suivirent son exemple. Tous les trois avaient été prénommés par le roi Hassan II. Ils ne voulaient rien lui devoir. Soukaïna décida de s'appeler désormais Yasmina et Abdellatif, Abdallah. Des trois, Maria a été la seule à tenir son engagement. Elle ne répond à aucun autre prénom. Les deux autres flanchèrent assez vite, il leur était bien trop compliqué d'avoir une double identité.

Dans la journée, je continuais de raconter l'Histoire. Nous étions comme drogués. Nous ne mangions presque plus, dormions à peine, nous tenions sur les nerfs. Nous communiquions avec Raouf grâce à « l'installation », nous le tenions au courant de

notre progression étape par étape. Mais il enrageait tant de ne pouvoir se joindre à nous, qu'il creusait lui aussi de son côté
Un soir, à notre grande joie, il nous fit la surprise de nous rejoindre mais il ne recommença pas. C'était trop risqué et puis il souffrait, comme moi, d'œdème de carences à cause des privations. Nous étions tous les deux enflés, énormes. Il avait un mal fou à mouvoir son mètre quatre-vingt-cinq et à passer par le trou. Mais, de loin, il jouait à l'ingénieur. Il voulait absolument qu'on étaye le tunnel pour nous garantir plus de sécurité. Quand on eut fini de creuser, il me demanda de récupérer ma réserve de bois, les longs morceaux ramassés à notre arrivée. Je les avais entreposés dans une petite cave au-dessus de notre cabinet de toilette bien avant qu'ils la condamnent.

Ce réduit se trouvait à environ trois mètres du sol. Pour l'atteindre, il fallait entreprendre une sérieuse acrobatie, monter les unes sur les autres, ce que nous avons fait, un soir, en hurlant de rire. Nous en avions bien besoin.

Avec ses trente kilos, Maria grimpait comme une guenon. Après mille dégringolades, elle réussit à atteindre le réduit et à récupérer les morceaux de bois. Le plus dur fut de le refermer. A cette hauteur-là, c'était irréalisable. Nous l'avons fait, pourtant. Nous avons rebouché le trou avec la préparation d'Abdellatif qui ne sécha pas, malgré tous nos efforts.

Le lendemain, je devançai les questions des gardes. J'annonçai qu'il y avait une fuite d'eau sur le mur et qu'il fallait la réparer. Je pouvais être tranquille : dès que nous leur demandions quelque chose, nous avions la certitude de ne rien obtenir.

Le 18 avril, j'ai atteint les cinq mètres prévus, et j'ai cessé de creuser. Je l'avais fait sans m'arrêter et sans me plaindre, malgré ma claustrophobie naturelle. Je m'étais glissée dans la peau d'un cafard ou d'un reptile. A plusieurs reprises, j'avais frôlé la démence.

Il m'arrivait d'arrêter subitement mon nettoyage. Je me tapais sur la tête et je me bouchais les oreilles parce qu'il me semblait entendre le bruit des clés ou de leurs pas. Je lâchais alors ce que j'avais à la main, je me jetais par terre pour regarder qui arrivait, j'avais le cœur qui explosait de peur, mais personne n'entrait.

Ces bruits ne me quittaient pas. Je demandais sans cesse aux filles si tout était normal. Je vivais avec la crainte de basculer d'un coup dans la folie.

Nous étions tous convenus de nous évader en décembre. Nous voulions sortir par une nuit d'hiver, sans lune, une nuit où les gardes, frileux comme tous les Marocains, seraient calfeutrés au fond de leurs guérites, les capuches de leurs djellabas rabattues sur leurs visages. Une nuit où nous passerions inaperçus. Nous avons donc refermé le tunnel et maquillé les dalles. Quinze jours avant l'évasion, nous commencerions à creuser la remontée. Avant, c'était trop risqué.

Nous avons tenu maints conseils de famille pour décider qui allait partir, et comment faire une fois dehors. Nous n'avions pas d'argent mais il nous restait la plaquette de la gourmette en or massif de mon père que maman avait réussi à dissimuler aux fouilles durant toutes ces années. Nous avions effacé le nom en le limant avec soin.

Avec du carton, de l'ébonite et de la farine en guise de colle, Abdellatif avait confectionné un revolver plus vrai que nature, sur les conseils avisés de Raouf qui avait eu, dans son jeune âge, la passion des armes. Il avait même pris des leçons de tir. Ce jouet était destiné à nous sauver de situations délicates.

Le premier objectif était de savoir précisément où nous étions. En écoutant avec attention le vol des avions long-courrier au-dessus de nos têtes, maman en avait déduit que nous nous trouvions entre Casablanca et Marrakech, plus proche cependant de la première ville que de la seconde.

Le second objectif était de réfléchir à la façon de nous mettre hors de la portée des gardes le plus rapidement possible. Nous avons imaginé plusieurs scénarios, certains raisonnables, d'autres délirants.

Une fois arrivés sur la route, nous attendions le passage d'un taxi. Pour attirer l'attention du conducteur et endormir sa méfiance, j'avais décidé de me faire passer pour une putain, au grand dam de maman et de Raouf. Après avoir aguiché le conducteur, je sortais le revolver, j'appelais les autres et nous montions avec eux dans la voiture.

— Et s'il n'est pas seul ? objecta quelqu'un.

Rien de plus facile... Nous assommions alors son comparse avec un barreau de fenêtre qu'Abdellatif avait réussi à desceller. Nous avions un scénario de rechange, moins violent que le précédent, pour le cas où le chauffeur se montrerait conciliant. Nous étions des émigrés, vivant en Belgique. Nous étions revenus au Maroc pour rendre visite à notre famille. Notre voiture, une Volvo, était tombée en panne. Il fallait à tout prix qu'on nous emmène chez un mécanicien.

Notre but était d'atteindre l'ambassade de France et de demander l'asile politique. Pour mener tout cela à bien, il nous fallait un peu de temps. Le matin de notre évasion, maman devrait retenir les gardes le plus longtemps possible pour les empêcher de donner l'alerte tout de suite.

Nous avons pensé à tout, étudié avec minutie les plus petits détails. Nous avons fait une réserve de poivre pour neutraliser les chiens errants. Maman avait taillé et cousu nos costumes d'évasion : des combinaisons noires, des cagoules avec une ouverture pour les yeux, la bouche et le nez. Elle nous avait coupé des chaussures dans le cuir de nos valises Vuitton. Avec leur semelle en chambre à air, elles avaient une drôle d'allure et tenaient plus de la cothurne que de l'escarpin à la mode.

Nous avons envisagé le pire. Si nous étions repris, nous nous tuerions. Nous ne voulions pas survivre à une arrestation. Maman avait prévu de provoquer une explosion avec le petit butane. Perfectionniste, Raouf peaufinait les moindres détails, tentait d'envisager les moindres imprévus.

Ce n'était pas mon genre. Je brûlais d'envie de me jeter dans l'aventure. On improviserait en route.

Sur de minuscules feuilles qui servaient à envelopper le safran et que nous avions patiemment récupérées, Raouf avait rédigé une dizaine de pamphlets que nous voulions déposer à l'ambassade de France. Ils étaient destinés à diverses personnalités politiques et artistiques. Chacun y ajouta quelques lignes poignantes.

La question la plus épineuse restait en suspens. Qui allait s'évader ? Raouf voulait fuir seul, tant il craignait pour nous tous. Mais il était évident que je l'accompagnerais. Maria avait déclaré tout net que si on ne l'emmenait pas, elle se tuerait. Je connaissais ma sœur, elle était parfaitement capable de mettre sa menace à exécution.

Abdellatif viendrait lui aussi avec nous. Lui qui de nous tous n'avait jamais rien connu de la vie, qui n'avait ni passé ni repères, devait participer à cette aventure. Maman, qui voulait s'évader avec nous, se trouvait dans l'impossibilité de le faire. Le corps gonflé comme nous tous, elle ne pouvait même pas se glisser dans le trou entre sa cellule et la nôtre, où seul Abdellatif pouvait se faufiler comme une anguille. Nous ne pouvions l'agrandir sous peine de casser les dalles d'ardoise qui étayaient le mur.

Soukaïna accepta de rester, montrant ainsi sa grandeur d'âme et son courage. Nous avions besoin d'elle pour refermer le tunnel. Cela nous ferait gagner encore un temps précieux.

De nous tous, Mimi était trop fragile pour nous suivre.

L'évasion

Le dimanche 19 avril 1987, lendemain du jour où nous avons refermé le tunnel, j'étais assise par terre, dans la cellule, le visage offert au soleil printanier. On entendait les oiseaux gazouiller. La nature, comme nous, se réveillait d'un long sommeil. Nous nous sentions étrangement bien, malgré la perspective de ces quelques mois d'attente. Nous étions sortis de la tombe. Nous avions enfin une raison d'espérer.

Mimi était couchée dans son lit, les deux filles s'étaient blotties contre moi. Nous bavardions avec insouciance.

J'ai entendu notre code alerte provenir de la cellule de maman.

— Ecoute, Kika, a-t-elle chuchoté, je les ai entendus. Ils ont reçu l'ordre de construire une guérite et un mirador sur le toit de la cellule du tunnel. La guérite se trouvera exactement dans l'axe de la sortie. Il y aura des projecteurs.

— Qu'est-ce qu'on fait ?

— Pas le choix, trancha-t-elle. Ils auront fini dans quarante-huit heures. Et alors, adieu l'évasion. Vous devez creuser le tunnel tout de suite et partir cette nuit.

J'avais mille objections à lui opposer. Percer trois mètres de remontée en quelques heures ? C'était impossible. Nous avions prévu une semaine de travail.

Mais elle ne m'écoutait pas.

— C'est ça ou rien, répétait-elle. Si vous ne partez pas ce soir, vous ne sortirez jamais. Envoie l'alerte à Raouf.

Raouf était d'accord avec maman, nous n'avions pas le choix.

J'ai commencé à creuser vers midi. A dix-huit heures, j'avais achevé la remontée. Il ne nous restait plus que la terre à déblayer. Je remplissais le bidon d'huile, je tirais sur la corde, les filles le hissaient jusqu'à elles, versaient le contenu sur le sol et me le renvoyaient.

J'avais la rage. La cuiller ne me suffisait plus. Si j'avais pu arracher la terre avec mes dents, je l'aurais fait. Je creusais, je vidais, je ne pensais plus, je n'existais plus, j'étais devenue une machine. Creuser, vider la terre, creuser, vider la terre...

A un moment, je suis tombée sur du lierre profondément enraciné. J'ai tiré de toutes mes forces. Pendant des heures, j'ai bataillé contre ces racines, peinant pour les extirper. Cette tâche relevait de l'impossible mais j'y ai insufflé toute mon énergie et plus encore.

Il fallait que j'y arrive.

Et soudain du bleu a envahi mon champ de vision. C'était un ciel de fin de journée de printemps, balayé par une brise tiède qui caressait ma joue avec douceur.

Je suis restée un bon moment immobile, agrippée au lierre, à regarder dehors d'un seul œil. Je me réjouissais.

— Mon Dieu, quelle merveille, la vie est là, toute proche.

J'ai continué tant bien que mal à tout arracher. Et puis, j'ai passé ma tête en pleurant. C'était trop beau. J'avais peur de ce que je voyais, cette liberté toute proche m'effrayait.

Je suis revenue dans la cellule en annonçant triomphalement que j'avais gagné.

— Les Castors sont entrés dans Sydney avec la sagaie.

La remontée était achevée. Soukaïna et Maria ont tenté aussi de passer, avec succès. On a envoyé Abdellatif en éclaireur pour repérer où nous allions atterrir. Nous voulions savoir si, à droite du mur, il y avait aussi des gardes.

Il est revenu, le cœur battant. En sortant la tête, deux yeux l'avaient fixé. Il avait fermé les paupières. C'était fichu. Echouer si près du but, il en aurait pleuré...

Quand il a osé enfin les rouvrir au bout d'interminables minutes, il a failli éclater de rire. Ce n'était qu'un chat qui le regardait et qui, lassé sans doute de ce spectacle inintéressant, lui avait tourné le dos et l'avait planté là. Abdellatif était très fier de son exploit.

Maman nous a passé les combinaisons, les cagoules, les provisions, les sandwiches, le poivre, la barre de fer. J'ai insisté pour prendre les cahiers contenant l'Histoire dans mon baluchon. Maman était contre cette idée. Elle avait peur qu'ils ne soient détruits. Son intuition était la bonne.

Raouf a débarqué peu après dans notre cellule.

A la nuit tombée, le moment des adieux est arrivé. Je me suis allongée sur le ventre et maman a fait de même de son côté.

Elle était angoissée, se demandait si elle devait nous laisser partir. C'est le seul moment où je l'ai vue flancher.

On s'est dit tout notre amour à travers nos mains serrées. Sa voix tremblait un peu.

— Je te confie ma chair, me dit-elle, je sais que tu es aussi leur mère. Promets-moi que tu les ramèneras vivants.

Soukaïna frissonnait, ses dents claquaient, ses yeux étaient brillants, mais elle n'a pas versé une larme. Sa responsabilité était énorme. Elle devait tout maquiller derrière nous pour qu'ils comprennent le plus tard possible que nous nous étions échappés.

Mimi m'a serrée contre elle avec tendresse et a chuchoté à mon oreille :

— Je suis sûre que vous allez réussir.

223

Halima et Achoura manifestaient plus d'hystérie dans leur angoisse. Elles exprimaient bruyamment leurs craintes et leur chagrin de nous laisser. Nous étions dans un état d'exaltation immense que je ne pourrai jamais oublier. Je ne sais pas si on peut appeler cela du courage. C'était plutôt une volonté de survivre qui décuplait nos forces.

Nous nous sommes habillés en silence, nous avons pris nos baluchons et nous nous sommes engagés chacun à notre tour. Abdellatif et Maria sont sortis sans difficultés. Ils étaient si maigres, si légers... Raouf a fait trembler la terre. Nous retenions notre souffle, mais il a réussi cependant à se dégager sans dommages.

Quand mon tour est arrivé, j'ai pu remonter jusqu'aux hanches. Mais il me fut bientôt impossible de me dégager plus avant. J'étais bloquée. Mon corps, gonflé d'œdème, était bien trop gros pour l'étroit passage.

Raouf m'encourageait en chuchotant gentiment pour me calmer mais je n'y arrivais pas. Je peinais, je pleurais, j'étais en nage.

J'ai senti alors Soukaïna derrière moi.

— Kika, reviens, dit-elle. Tant pis, n'y va pas. Tu fais trop de bruit, ils vont finir par t'entendre.

En forçant, je risquais de griller tout le monde. Mais il n'était pas question de rester. Une fois de plus, je mis toute mon énergie dans l'effort. Ce fut comme un accouchement, une seconde naissance. Malika revenait au monde.

Je fus enfin expulsée du tunnel. En poussant ainsi, je me suis arraché toute la peau des cuisses. Mais sur le moment, je n'y ai pas fait attention.

Nous étions sortis de l'autre côté du deuxième mur. Les calculs de Raouf étaient exacts...

On a longé la muraille. Devant nous se trouvait une haie grillagée d'environ quatre mètres de hauteur, recouverte de lierre. Maria a pris appui sur Raouf et a grimpé. Il l'a soutenue puis il l'a poussée. Elle est tombée sur la terre du champ.

On a attendu un peu, puis comme rien ne bougeait du côté des gardes, j'ai sauté à mon tour. Abdellatif puis Raouf m'ont suivie. On s'est retrouvés tous les quatre en grappe, collés les uns aux autres, accrochés par nos mains qui tremblaient.

Nous ne voulions plus nous séparer. Nous respirions sans bouger. Ces minutes nous ont paru interminables.

Mais elles étaient indispensables pour nous assurer que tout se passait bien.

Et pour reprendre notre souffle avant la grande aventure.

Les évadés

(19 avril-24 avril 1987)

L'errance

Depuis le temps que nous vivions dans l'ombre, nos yeux s'étaient accoutumés à l'obscurité. Immobiles, accrochés les uns aux autres, nous avons scruté la nuit sans aucun sentiment de peur. Nous étions au contraire exaltés, grisés, persuadés que la protection divine qui nous avait accompagnés jusqu'alors étendrait encore ses bienfaits sur nous.

Du côté des gardes, tout était silencieux. Nous avons commencé à ramper dans le champ humide.

Les aboiements des chiens errants se sont fait entendre. Ils arrivaient en courant, droit sur nous, agressifs, affamés, plus féroces que des bergers allemands. Ils devaient être une dizaine à galoper dans la nuit, derrière leur chef de meute. Ils se rapprochaient de plus en plus. Nous pouvions sentir leur souffle haletant. Nous nous sommes à nouveau blottis les uns contre les autres pour nous protéger.

Leur chef s'est avancé toutes dents dehors, a grogné et s'est mis en posture d'attaque. Transformés en statues, nous retenions notre souffle, attendant un improbable miracle qui a fini par se produire. Le chien a poussé un gémissement incompréhensible et a fait demi-tour, suivi par les autres.

227

Mais le répit a été de courte durée. Alertés par la meute, les gardes ont braqué leurs torches et leurs projecteurs sur le terrain. On s'est figés un peu plus, priant pour être confondus avec les ténèbres. Sûrs cette fois d'être découverts, nous avons attendu en tremblant les détonations de leurs fusils. Les gardes ont échangé quelques paroles de mirador à mirador. Enfin, les torches se sont éteintes.

Nous sommes demeurés immobiles deux ou trois minutes qui nous ont semblé durer des heures, puis nous avons repris notre avancée en bifurquant vers la droite au lieu de ramper devant nous. Nous cherchions à sortir de l'axe du camp.

Nous nous sommes retrouvés dans un champ de fèves, qui nous a rapprochés de la caserne. Nous avions besoin d'un court repos, aussi avons-nous roulé sur le dos et regardé pour la première fois le camp, en face de nous. La pleine lune éclairait distinctement le haut des grillages, les miradors et les murailles. Le brouillard enveloppait le reste d'un halo blanchâtre. Un terrible spectacle.

Ainsi c'était donc là que nous avions passé onze ans de notre vie, que nous avions laissé nos plus belles années, nos espoirs, nos illusions, notre santé, notre jeunesse. Dans ce camp de la mort – il n'y avait pas d'autre mot pour décrire notre prison –, nous avions été des parias abandonnés du monde, attendant la fin qui tardait à venir. Enfermés à l'intérieur, nous nous étions efforcés d'oublier où nous étions, mais là, dans ce champ, face au lieu de notre calvaire, la réalité nous rattrapait d'un coup. Et elle nous bouleversait.

Je n'ai pu m'empêcher de sangloter sur ce passé horrible et mes larmes redoublaient en pensant à celles que nous avions laissées. J'avais si peur pour elles. Mon cœur se serrait, je frissonnais. J'entendais les autres pleurer tout bas ; ils ressentaient tous la même angoisse.

Nous sommes restés un moment ainsi, puis nous nous sommes ressaisis. Le champ était planté de fèves que nous avons croquées toutes crues. Fraîches, sucrées, délicieuses, elles avaient le goût de la liberté. Nous avons recommencé notre reptation puis, jugeant que nous nous étions suffisamment éloignés de la caserne, nous nous sommes redressés et nous avons marché en silence. Les champs étaient si humides que nous étions trempés des cheveux jusqu'aux pieds.

Dans cette obscurité profonde, sans repères, sans balises, nous nous sommes vite aperçus que nous tournions en rond. L'impression était aussi angoissante que si nous nous étions perdus en mer ou dans le désert.

Il n'y avait rien qui puisse nous indiquer la route et aucun de nous n'avait le sens de l'orientation. Maman m'avait enseigné la lecture des étoiles mais je devais être une bien mauvaise élève car ni la Grande Ourse, ni Cassiopée, ni l'Etoile du Berger ne me parlaient.

Nous avons continué à errer.

Une toux nous a glacé les sangs. Elle venait d'un point élevé. En levant la tête, nous avons aperçu une guérite : nous étions revenus au camp.

Nous n'avons pas demandé notre reste et nous nous sommes remis à courir. Le désespoir nous a alors gagnés. Fatigués, la peur au ventre, nous nous sommes arrêtés et nous avons allumé une cigarette que nous avions gardée précieusement pour cette occasion. Nous avons fumé sans un mot, le cœur serré, en pensant toujours à maman et aux autres.

Nous n'étions pas sortis d'affaire. Nous ne savions pas où nous diriger.

J'ai alors demandé à Abdellatif de nous guider.

— Nous sommes des adultes, lui ai-je dit. Nous avons peut-être commis des péchés, mais toi, tu es si pur... Si Dieu existe, il aura pitié de toi. Tu vas nous mener vers la liberté.

Nous l'avons suivi sans un mot. Notre corps était endolori, nos vêtements trempés, mais il nous fallait avancer.

— Kika, viens voir, c'est dur. Je ne sais pas ce que c'est.

Abdellatif n'avait encore jamais marché sur l'asphalte. Nous nous sommes roulés dessus, nous l'avons embrassé. Nous nous sentions comme des cosmonautes qui viennent d'exécuter leurs premiers pas sur la Lune.

Nous sommes revenus dans un champ pour nous déshabiller et enfiler nos vêtements de « civils ». J'ai revêtu une robe longue que portait maman dans les années soixante-dix, un imprimé cachemire aux tons d'automne. Les autres ont enfilé des pantalons et des pulls, simples mais démodés, qui devaient cependant leur donner une apparence « normale ». Nous avons chaussé les cothurnes Vuitton et nous nous sommes débarrassés de nos tenues de combat dans le champ.

Nous avons repris notre marche. Chef de troupe, j'accélérais en les exhortant à me suivre. Derrière moi, ils traînaient le pas, ils étaient si fatigués. Raouf se moquait de mon allure énergique. Il prenait l'accent allemand et m'encourageait d'un « allez Jeanne, allez », une fine allusion à ma gouvernante alsacienne.

Nous sommes enfin arrivés devant une grande bâtisse, une coopérative laitière. Nous nous sommes concertés et nous avons décidé d'appliquer notre premier scénario. Maria et le petit se sont cachés. Soutenue par Raouf, j'ai poussé des hurlements, à la marocaine, en faisant appel à Allah et aux prophètes.

Un gardien armé d'un bâton est sorti. Il était vêtu d'une djellaba avec une capuche. Je me suis écroulée dans ses bras sans lui demander son avis. Il a été obligé de me soutenir.

Il a regardé Raouf avec suspicion et lui a demandé ce qui se passait.

— Ma femme a fait une fausse couche la semaine dernière. Elle ne s'en remet pas.

L'homme redoublait de méfiance.

— Je n'ai pas entendu de bruit. Je me demande bien d'où vous sortez dans cette nuit.

Sans lui laisser le temps de se poser d'autres questions, je suis tombée à nouveau sur le sol en feignant de me tordre de douleur. Avec maintes formules de politesse, Raouf lui a demandé un verre d'eau et lui a expliqué que nous venions de Belgique et que nous n'avions pas revu le Maroc depuis quinze ans.

— Nous sommes en panne de voiture, a-t-il ajouté.

Le gardien était méfiant comme tous les Marocains qui ont appris à survivre dans un régime de terreur. Il ne croyait pas Raouf et l'interrogeait en essayant de le coincer. Mais il a tout de même consenti à m'apporter de l'eau.

Dans la conversation, j'ai réussi à placer que nous étions de la famille du ministre de l'Intérieur, Driss Basri[1], ce qui a eu l'effet de crainte escompté : l'homme s'est un peu calmé. Nous avons essayé à notre tour de le faire parler, nous voulions savoir où nous étions. Il nous a proposé d'attendre le camion de la laiterie qui allait à Bir-Jdid, la ville la plus proche. Enfin, nous avions le renseignement tant convoité.

Nous avons attendu le camion trois quarts d'heure, très inquiets à l'idée que l'homme puisse donner l'alerte, mais il n'avait pas le téléphone dans sa guérite de gardien. Les portes de la laiterie se sont ouvertes, le camion est sorti... Il a filé droit devant lui sans s'arrêter pour nous laisser monter.

Nous étions paniqués. Il était déjà quatre heures du matin, nous tournions en rond depuis onze heures du soir et nous venions encore de perdre trois quarts d'heure à attendre ce camion.

Seul point positif, nous savions enfin où nous allions.

Un peu déprimés, nous avons repris la route. Nous devions former un drôle de cortège dans la nuit qui pâlissait, deux garçons et deux filles marchant comme des automates, le regard fixe, le pas saccadé. Mais nous n'avions pas le temps de penser à notre allure, il nous fallait avancer.

Au bout de quelques kilomètres, nous avons vu arriver un car collectif qui s'arrêtait dans tous les bleds. Les paysans qui s'agglutinaient à l'arrêt étaient chargés de sacs volumineux, de poules, ou de moutons qui s'agitaient dans tous les sens.

Nous nous sommes joints à eux, mal à l'aise, persuadés d'être le point de mire. Jusque-là, l'obscurité nous avait protégés, mais le jour se levait et la lumière de l'aube nous mettait à nu.

Raouf a proposé au conducteur de le payer avec la plaque de la gourmette. Les autres passagers réglaient leur billet en œufs ou en poulets, en marchandant tant qu'ils pouvaient. Méfiant,

---

1. Driss Basri : ministre de l'Intérieur marocain depuis 1975 et deuxième personnage de l'Etat.

le conducteur a refusé. Il voulait des dirhams et rien d'autre. On a abandonné l'idée du car et on s'est remis en route. Un camion est passé. J'ai levé le pouce. Le chauffeur, un baba cool sympathique, nous a fait monter tous les quatre, sans nous poser de questions. Il nous a simplement avertis qu'à l'entrée de Bir-Jdid, nous risquions de rencontrer un barrage de gendarmes. Nous pouvions le contourner en suivant un petit chemin de traverse où il nous a déposés.

Heureusement, son renseignement était inexact et nous avons atteint Bir-Jdid sans voir le moindre barrage.

Le bourg était minuscule et d'une pauvreté extrême. De part et d'autre de la route, quelques maisons délabrées, des bistros, des boucheries, et c'était tout. Il était six heures et demie. Dans les cafés qui ouvraient leurs portes, les radios déversaient une musique assourdissante. Les serveurs s'affairaient, les clients commandaient un crème, un thé à la menthe. La vie était là, immuable, elle recommençait son cours comme chacun des matins où nous en avions été privés.

Le spectacle de la rue m'a soudain paru étrange. Il m'a bien fallu quelques minutes avant de comprendre pourquoi. J'avais perdu l'habitude du bruit. Les cris, les voix, les klaxons, les chansons orientales, les pneus crissant sur la chaussée... Tous ces sons agressaient mes oreilles. Raouf et les autres étaient dans le même état que moi. La lumière nous blessait les yeux, nous avions mal à la tête.

Affolés par tant d'agitation, nous regardions avec avidité autour de nous et on nous regardait aussi. Mais les pauvres hères que nous étions ne tranchaient pas dans ce décor. Surtout Raouf, dont la bouche était aussi édentée que celle des paysans à cause des abcès et des coups.

Au bout du village se trouvait une station de taxis collectifs où se pressait une foule compacte. Raouf y est allé en éclaireur puis il est revenu m'annoncer que les taxis allaient à Casablanca. Il est reparti pour palabrer avec un chauffeur et leur discussion a duré une bonne vingtaine de minutes. Je n'étais pas très rassurée, j'étais sûre que son plan ne marcherait jamais ; aussi, quand je l'ai vu qui faisait de grands gestes, je n'ai pas compris tout de suite qu'il fallait le rejoindre. Mais un autre miracle était survenu : le chauffeur acceptait de nous prendre en échange de la gourmette.

Deux hommes étaient assis à l'avant, à côté du conducteur. Nous sommes montés tous les quatre derrière, et le taxi a démarré en trombe. Nous étions silencieux, perdus dans nos réflexions. Je pensais à maman et à mes sœurs avec douleur.

Mes regards se sont portés sur Abdellatif. Pour la première fois depuis bien longtemps, j'ai pris conscience de l'état désastreux dans lequel il se trouvait. Il était enfermé depuis l'âge de deux ans et demi. Il sortait pour la première fois de sa vie, à dix-huit ans passés. Mon petit frère regardait défiler la route, la bouche ouverte, le regard vitreux, comme un zombie qui sort d'un tombeau.

Il était abasourdi par tant de nouvelles découvertes. Il n'était monté dans une voiture que deux ou trois fois dans sa vie, et seulement pour être ballotté de prison en prison.

Ma sœur Maria pesait à peine trente kilos. Ses grands yeux sombres dévoraient son petit visage décharné. Raouf était aussi maigre qu'elle et cependant boursouflé par l'œdème. Il était pâle, fiévreux, édenté.

Quinze ans avaient passé, quinze années de torture qui avaient laissé de terribles traces. Mais en les regardant attentivement tous les trois, à une expression, un sourire, une mimique, je retrouvais les enfants qu'ils avaient été.

Je me sentais responsable de leur état. Je maudissais ce que la prison avait fait d'eux, ce qu'elle avait fait de chacun d'entre nous.

Casablanca

Je n'oublierai jamais le choc que me causa notre arrivée à Casablanca par les quartiers populaires. J'avais tout oublié de la ville. La foule marchait d'un pas pressé, se bousculait, envahissait les trottoirs, traversait sans se prêter attention. Tout m'étourdissait, les voitures qui freinaient, les cris des petits marchands de rue, une calèche tirée par un cheval, deux femmes qui se disputaient, un policier sifflant un excès de vitesse. Je respirais les odeurs d'essence, les effluves de nourriture qui sortaient des restaurants et des échoppes.

C'était la première fois en quinze ans que je voyais autant de monde d'un coup, que mes oreilles entendaient autant de sons, que mes sens étaient sollicités de cette façon. Il me semblait que la population du Maroc avait triplé. Tout était plus grand, plus neuf, plus moderne. Les femmes étaient plus nombreuses, habillées à l'européenne, maquillées, soignées.

Cette file ininterrompue de gens qui marchaient la tête basse, sans savoir où ils allaient, me rappelait le film de Chaplin, *Les Temps modernes*. Ils éveillaient en moi un étrange sentiment de pitié. Tout compte fait, ils étaient bien plus à plaindre que moi.

Je me demandais, perplexe :

— Alors, c'est ça la vie, c'est ça la liberté ? Mais ils sont prisonniers autant que je l'étais...

Des milliers de détails que je n'avais jamais remarqués dans ma vie d'avant me sautaient aux yeux : les immeubles comme des cages à lapins, les regards vides, la pauvreté, la fatigue, l'agitation inutile.

Mes compagnons ne ruminaient sans doute pas les mêmes pensées que moi, du moins pas sous cette forme. Abdellatif avait la mâchoire qui bâillait de stupeur, Raouf et Maria se taisaient. Le taxi roulait trop vite. J'avais peur à chaque arrêt brutal. Après tout le mal que nous nous étions donné, ce n'était pas le moment de mourir d'un accident.

Le chauffeur a commencé à râler. Il se méfiait de nous, voulait prévenir la police.

— Je n'ai pas le droit de vous emmener au centre-ville...

Raouf a su le convaincre en employant des trésors de diplomatie. Après tout, nous lui avions donné un petit morceau d'or massif, l'équivalent de deux mille cinq cent dirhams pour une course qui en valait à peine cinquante.

Raouf lui a indiqué l'adresse de la maison de Jamila, son amour d'adolescence, située dans le quartier résidentiel de

Anfa. Pendant que le chauffeur cherchait la rue, je regardais autour de moi sans rien reconnaître. J'avais la sensation de débarquer sur une autre planète. Nous étions, comme dans le roman de Swift, des lilliputiens arrivant au pays des géants. Anfa a toujours ressemblé à un Beverly Hills miniature. Les immenses villas se succèdent de façon bien ordonnée. Certaines ressemblent à des palais. Toutes ont leurs piscines, leurs terrains de tennis, leurs golfs, leurs pelouses taillées au cordeau, leurs massifs parsemés de fleurs vives. Dans les garages, attendent des dizaines de voitures rutilantes. Des armadas de chauffeurs, jardiniers, maîtres d'hôtel, soubrettes, veillent au confort de leurs maîtres.

Mais quinze ans plus tard, les maisons me semblaient encore plus luxueuses, les jardins, encore plus imposants, la richesse étalée, encore plus indécente. C'était sans doute vrai. Vrai aussi qu'il n'y avait aucune commune mesure entre toute cette beauté et la prison sordide dont nous nous étions échappés.

Le taxi nous a déposés et est reparti sans attendre. Jamila avait déménagé. Nous nous sommes sentis abandonnés mais je n'ai pas voulu rester sur ce sentiment pénible. J'ai suggéré aux trois autres de demeurer à l'écart et je me suis approchée d'une villa. Un jardinier en tablier blanc arrosait le gazon.

Je l'ai salué d'un air hautain et lui ai demandé d'appeler la maîtresse de maison, en prétextant un rendez-vous avec elle. Il m'a regardée des pieds à la tête puis il a brandi son tuyau d'arrosage et m'en a menacée, en m'ordonnant de filer.

— Dépêche-toi ou j'appelle les flics. Ton genre à toi, on ne le voit pas circuler ici.

Je n'ai pas demandé mon reste et j'ai couru rejoindre les autres. J'étais mortifiée, humiliée. Du temps de l'ancienne Malika, cet homme n'aurait même pas osé me parler. Et c'est moi qu'il chassait comme une misérable...

Nous avons poursuivi notre marche sans trop savoir quoi faire. J'ai choisi, au hasard, une villa à la porte de fer forgé joliment travaillé et j'ai sonné à l'interphone. Une voix de femme a répondu. Je lui ai demandé de me donner de l'eau. La coutume marocaine exige qu'on ne refuse jamais cette requête au mendiant.

Une ravissante soubrette en tablier rose, un petit bonnet posé avec coquetterie sur ses cheveux bien coiffés, est sortie de la maison. Je l'ai détaillée, envieuse de son allure, avant de commencer à lui parler. Mon regard affolé a dû l'effrayer car elle a fait mine de reculer.

Je lui ai débité alors mon petit couplet, la Belgique, les quinze années d'absence, la fausse couche, et je lui ai demandé si je pouvais téléphoner. Le courant commençait à passer entre nous mais elle m'a répondu qu'elle devait d'abord en référer à son patron.

Elle a refermé la porte. J'ai fait signe aux autres de rester cachés derrière la haie de bougainvilliers.

Quelques minutes plus tard, la porte s'est ouverte à nouveau sur un grand bel homme d'une cinquantaine d'années, les cheveux poivre et sel, vêtu d'un peignoir éponge. Je le dérangeais sans doute dans sa toilette car il portait un rasoir électrique à la main. Il sentait bon, il était soigné, il se trouvait à des années-lumière de la pauvresse que j'étais et dont l'apparence physique le faisait tiquer.

Ma façon de m'exprimer a sauvé la situation. Je me suis tout de suite adressée à lui dans mon français le plus stylé, avec les phrases les mieux choisies. Mon langage l'a sans doute rassuré et il a commencé à me donner du « chère madame ».

— Ma soubrette m'a dit que vous avez fait une fausse couche, j'espère qu'il n'y a pas d'hémorragie. Je suis médecin, je peux vous conduire à l'hôpital.

J'ai bredouillé de vagues explications, recommencé mon baratin sur la Belgique puis, sans lui laisser le temps de réfléchir, je lui ai demandé si je pouvais téléphoner. Il a accepté et m'a priée d'entrer.

Sa maison m'a semblé un palais, elle n'avait rien pourtant de luxueux. Mais elle sentait l'ordre, la propreté, le confort bourgeois, avec ses murs blancs, ses tommettes au sol, ses plantes vertes qui s'épanouissaient devant les fenêtres. Le téléphone était posé sur une jolie petite table, à côté des annuaires.

Je n'avais pas oublié comment on s'en servait, mais mon cœur s'est mis à battre plus fort en décrochant le combiné. Je me sentais comme dans *Hibernatus*, ce film avec Louis de Funès, où le héros revient à la vie après de longues années de sommeil et ne doit pas se trahir. J'étais cet « Hibernatus » et j'accumulais bien malgré moi les gaffes.

La ligne de mon grand-père sonnait toujours occupé. Le docteur Arfi – c'est ainsi qu'il se présenta – m'a fait remarquer qu'il fallait composer six chiffres alors que je m'obstinais à en faire cinq, comme à mon époque.

— Oui, ai-je dit d'un ton détaché, le cœur battant à tout rompre d'avoir failli me trahir, je le sais bien. Mais c'est toujours ainsi, même quand on les appelle de Bruxelles. Ils sont tellement bavards...

Il m'a proposé un café. Je lui ai alors avoué que j'étais accompagnée de mon mari, de ma sœur et de mon beau-frère. Cela ne semblait pas lui poser de problèmes, aussi ai-je fait signe aux autres d'entrer cependant qu'il allait s'habiller.

La soubrette est arrivée, en portant un plateau rempli de mets délicieux : du café à l'arôme exquis, des gâteaux, du pain, des confitures. Nous nous sommes tous regardés en silence. Nous avions tellement faim qu'il nous était impossible de toucher à quoi que ce soit, sinon dans quelques minutes, nous aurions tout dévoré, la nourriture, la moquette, les meubles et même le chien. Celui-ci fascinait Abdellatif qui n'en avait jamais vu. C'était un petit cocker joueur qui le léchait et se levait sur ses pattes arrière pour manifester sa joie. Mon frère était partagé entre l'extase et la crainte.

Nous nous sommes tous installés dans le salon, raides comme des piquets, soucieux de ne pas salir la moquette blanche avec nos pitoyables chaussures, couvertes de boue et trempées de rosée. Le docteur nous a rejoints au bout d'un temps interminable. Il portait un costume, une chemise propre, une cravate, le comble de l'élégance pour nous.

Il s'est mis à converser de façon presque mondaine tout en nous proposant du café. Je lui ai révélé que nous avions des amis à Casablanca, j'ai cité les B... J... et les B..., deux familles de la grande bourgeoisie. Son visage s'est éclairé. Il était en terrain connu.

— Incroyable, a-t-il dit, ce sont aussi mes amis.

Rassuré par ces relations communes, il nous a proposé de nous déposer en voiture chez les B... J... Ces derniers appartenaient à une famille de banquiers casablancais. L'un des fils, Kamil, un peu plus âgé que moi, était considéré comme le plus beau garçon de sa génération. Son frère cadet, Laarbi, faisait partie de mes intimes. Pendant mes dernières vacances à Kabila, juste avant le coup d'Etat, j'avais organisé son anniversaire à la maison. Je les voyais tous les jours et je les aimais beaucoup.

Quand le médecin nous a déposés devant chez eux, j'ai dit aux enfants de se cacher à nouveau et je suis entrée sans sonner, en poussant la porte. C'était soudain comme si ces quinze années ne s'étaient pas écoulées. Je reconnaissais tout, les meubles, les tableaux, les odeurs familières. La tête me tournait.

La maison semblait vide. J'ai caressé le chien qui me faisait fête, puis j'ai fait le tour par la cuisine. J'ai aperçu un téléphone. Sans réfléchir, j'ai composé un numéro, celui de mon grand-père. Chaque fois, quelqu'un décrochait et répondait « Allô » d'un ton désagréable. Terrorisée, je me suis cependant entêtée à recommencer.

J'ai fini par comprendre qu'il s'agissait d'une ligne intérieure et puis j'ai reconnu la voix. C'était celle de Laarbi. Je lui ai demandé de descendre sans lui révéler mon identité. Il a obtempéré en maugréant.

Quand il est entré dans la pièce, son apparence m'a stupéfiée et j'ai mis quelques instants avant de le reconnaître. J'avais connu un jeune homme mince de vingt-cinq ans et j'avais en face de moi un quadragénaire grisonnant, à l'embonpoint certain.

On s'est salués. Il semblait ne pas savoir qui j'étais.

— Je suis Malika, ai-je dit.

— Malika qui ?

— La fille de Haja[1].

---

1. El Haj pour un homme ou Haja pour une femme : on appelle ainsi, par respect, les croyants qui ont fait le pèlerinage à La Mecque.

Je ne pouvais pas prononcer mon nom de famille. J'avais peur de décliner mon identité et cette peur m'a poursuivie encore bien des années.

— Je ne vois pas.

J'ai réussi à articuler, non sans mal :

— Oufkir, Malika Oufkir.

Il était pétrifié.

— Que veux-tu ? m'a-t-il demandé d'une voix à la fois brusque et pleine de morgue.

J'ai raconté qu'on nous avait libérés, que j'étais avec Raouf, Maria et Abdellatif. Je tremblais de peur, mais surtout, je ne savais plus où j'en étais. Pendant toutes ces années de prison, nous nous étions comportés en innocents, certains de notre bon droit. Nous étions des victimes, et non des coupables, comme l'accueil de Laarbi tentait de me le faire accroire. Jamais je n'aurais pu imaginer que nos propres amis puissent faire preuve d'une si totale amnésie.

Laarbi venait de me donner ma première gifle.

J'ai ravalé mon orgueil en m'efforçant de penser aux autres qui m'attendaient et à tout ce que nous devions entreprendre.

— J'ai besoin d'argent, lui ai-je dit sèchement. Et puis je voudrais que tu nous conduises à la gare.

J'avais appris l'existence de cette ligne ferroviaire en interrogeant le chauffeur de taxi. A mon époque il n'y avait pas encore de train entre Casablanca et Rabat.

Sans un mot, il est sorti de la cuisine et il est revenu quelques secondes plus tard en me tendant trois cents dirhams, c'est-à-dire environ cent quatre-vingts francs. La somme m'a paru suffisante et même royale. J'ignorais que les dirhams de 1987 n'avaient plus le même pouvoir d'achat que ceux de mon époque.

Laarbi m'a fait un petit discours moralisateur m'interdisant d'approcher son frère aîné qui était dépressif depuis la mort de leur oncle. Kamil, j'en étais certaine, ne nous aurait jamais traités comme Laarbi le faisait. Il avait toujours été bon, humain, sensible. Et fidèle. Mais je n'avais pas le temps de vérifier.

Laarbi a sorti la voiture du garage. Il a regardé les enfants avec autant de mépris que de crainte, sans aucune pitié pour leur état lamentable, puis il nous a fait signe de monter et nous a déposés comme des paquets de linge sale devant la gare.

Cette entrevue m'avait ébranlée mais je ne voulais pas demeurer sur une impression pénible. Je me sentais riche avec mes dirhams en poche et ma première dépense a été pour Abdellatif. Je lui ai acheté *L'Equipe*. Il avait découvert le foot grâce à la radio et il connaissait par cœur la composition des équipes françaises et marocaines ainsi que le déroulement des coupes.

On s'est munis de cigarettes en pensant à Soukaïna. Elle aimait tant fumer, qu'à Bir-Jdid elle faisait sécher de l'herbe et des feuilles ramassées par Halima dans la cour, qu'elle roulait ensuite dans du papier « carton » ou « safran ».

L'achat des tickets nous a demandé plus d'énergie. Nous avions peur de la foule et surtout des contrôleurs avec leurs uniformes. Le portrait géant du roi, accroché sur un des murs, nous a valu un autre accès de panique qui nous a fait ressortir en courant, haletants, tremblants, comme si Big Brother en personne s'était mis à nous poursuivre.

C'était certes stupide, mais tout à fait incontrôlable.

Nous sommes enfin montés dans le train, conscients de notre allure insolite et des regards braqués sur nous. Nous nous sommes installés dans le compartiment, nous avons commandé du café et nous avons allumé nos cigarettes avec, pour la première fois depuis des heures, un sentiment de liberté. Mais quand le contrôleur est entré pour vérifier nos billets, nous nous sommes remis à trembler de la tête aux pieds.

A côté de nous, un couple de Français commentait la corruption du régime, les fastes de la fête du Trône, les dépenses engagées, les touristes écartés de La Mamounia[1], malgré leurs chambres réservées, parce que le gouvernement les avait réquisitionnées pour l'occasion. Leur conversation nous confortait dans l'idée que nous n'étions pas les seuls à contester le pouvoir.

---

1. Hôtel de luxe de Marrakech.

Vingt ans de prison

De temps à autre, les Français nous jetaient des coups d'œil intrigués. Nous avions une folle envie de leur parler, de les renseigner sur notre sort. Ils semblaient sympathiques, ouverts, mais n'allaient-ils pas nous dénoncer malgré leurs belles paroles ? Nous étions devenus trop méfiants. Nous avons ravalé nos appels au secours. L'état de choc d'Abdellatif s'accroissait au fur et à mesure de ses découvertes. Il n'avait jamais vu un journal de sa vie. Il contemplait, bouche bée, les photos des joueurs avec leur ballon de foot. Le seul qu'il connaissait était celui que nous lui avions confectionné en prison. Sa stupeur s'est accrue quand le train a démarré et s'est mis à rouler de plus en plus vite. Il avait la lèvre qui pendait ; les yeux hagards, il fixait le paysage. Raouf essayait de le dérider mais c'était peine perdue. A notre grande tristesse, Abdellatif était un enfant sauvage, abasourdi devant l'avalanche de connaissances et de sensations nouvelles.

Pendant nos cinq jours de fuite, il a eu sans cesse l'impression de se trouver dans un train qui roulait. A Tanger, dans le bar de l'hôtel Ahlan où nous avions établi nos quartiers, il m'a demandé si le train allait finir par s'arrêter.

Rabat

La peur au ventre, nous avancions dans la gare centrale de Rabat. L'alerte avait-elle été donnée ? Allait-on nous cueillir sur le quai ? Ou bien au-dehors ? Mais non, rien ne semblait anormal, aucun policier n'était en vue. Nous nous sommes dirigés en hésitant vers la station de taxis. Cette gare était beaucoup trop grande, beaucoup trop neuve, beaucoup trop fréquentée. La foule nous bousculait, les gens semblaient pressés, ils savaient où aller. Nous, personne ne nous attendait.

Raouf et Maria sont montés dans le premier taxi et j'en ai pris un second avec mon petit frère. Il était neuf heures du matin. Nous devions nous retrouver à l'ambassade de France.

241

Un policier marocain gardait la porte. J'ai eu un moment d'hésitation, puis je me suis avancée vers lui.

— Je veux entrer, ai-je dit.

— L'ambassade est fermée, a-t-il répondu, comme si c'était une évidence.

J'ai mis quelques minutes à comprendre. Nous étions le lundi 20 avril, autrement dit, le lundi de Pâques. Malgré la minutie de nos plans, nous n'avions pas pensé à ce détail important. Qui sait ce qui se serait passé si nous nous étions évadés un jour plus tard ?

Raouf s'est approché et a tenté d'engager la discussion, mais le policier nous regardait avec méfiance. Il avait vite décelé que notre allure n'était pas nette. Il nous a bombardés de questions, nous a même demandé si nous n'étions pas pourchassés. Son regard nous a balayés avec mépris, du haut de nos crânes dégarnis, jusqu'à nos chaussures crottées.

Sans lui laisser le temps de nous interroger plus avant, nous sommes remontés dans les taxis. Le chauffeur m'a regardée lui aussi d'un air suspicieux quand je lui ai demandé de nous déposer devant l'ambassade des Etats-Unis.

C'était notre seul plan de rechange au cas où la demande d'asile politique à l'ambassade de France ne marcherait pas.

— Pourquoi as-tu l'air traqué ? m'a-t-il demandé. D'où viens-tu ? Il y a quelque chose qui cloche en toi. Tu as l'air d'une Européenne, mais, non, décidément, tu es vraiment étrange...

Nous n'avons rien répondu. De questions de sa part en silences de la nôtre, nous sommes arrivés devant l'ambassade américaine. J'ai décidé de tenter seule ma chance. Un policier marocain m'a arrêtée à la porte et m'a demandé de déposer mon baluchon. J'y avais rangé le revolver qu'Abdellatif avait confectionné et qui ressemblait à s'y méprendre à un vrai. Je craignais d'être confondue avec une terroriste.

Je lui ai dit en balbutiant qu'à l'intérieur se trouvaient les jouets de mon frère. Mais l'homme m'a pris le sac des mains, l'a jeté dans un coin de sa guérite et m'a dit de le récupérer en sortant.

Je n'en menais pas large. Nous étions tellement sûrs de notre réussite à l'ambassade de France que nous n'avions pas prévu qu'il nous faudrait improviser en cas d'échec. Nous n'en avions pas non plus la force morale. Dans l'état de délabrement et de panique où nous nous trouvions, appliquer un scénario fignolé pendant des semaines après l'avoir appris par cœur était encore faisable. Affronter l'imprévu nous demandait un effort difficilement surmontable.

J'étais désorientée.

En tremblant, j'ai suivi une allée en pente qui menait aux bureaux de l'ambassade. A droite, une guérite vitrée abritait deux GI's en tenue qui surveillaient les allées et venues sur leurs écrans de contrôle. En face d'eux, sur la gauche, un Marocain en costume et cravate se tenait en faction devant une chaîne qui protégeait l'entrée des bureaux.

J'ai demandé au Marocain des formulaires d'immigration, je l'ai interrogé sur la façon d'y répondre. Tandis qu'il me répondait, je réfléchissais à toute allure. Il me suffisait d'arracher la chaîne devant moi pour me retrouver en territoire américain. De l'autre côté, les fonctionnaires s'affairaient. J'ai tenté d'accrocher leur regard, mes yeux se sont faits suppliants, mais en vain.

Un homme s'est approché du planton marocain. Il lui a montré son badge et celui-ci a soulevé la chaîne. J'ai hésité encore une fois sur la conduite à tenir. Fallait-il me précipiter à sa suite, sauter par-dessus cette chaîne et demander en hurlant l'asile politique ? Mais s'ils m'acceptaient moi, qu'adviendrait-il des trois autres ? Seraient-ils refoulés ? Dénoncés ? Arrêtés ?

Si le Marocain avait été un Américain, j'aurais enjambé la chaîne sans plus tergiverser. Il aurait représenté pour moi la délivrance, l'Amérique, les droits de l'homme. Mais pouvais-je avoir confiance en un compatriote ? Et s'il me barrait le passage ?

Quand je me suis décidée enfin à passer à l'action, il était trop tard. Dans leur guérite vitrée, les GI's étaient devenus méfiants. Ils ont parlé entre eux en anglais en me désignant puis ont aboyé dans leur haut-parleur, à l'adresse du Marocain, en disant que j'avais une allure bizarre. L'un des deux est sorti de son box et s'est dirigé vers moi.

J'ai paniqué. J'ai ramassé les formulaires, récupéré mon sac et je me suis enfuie en courant, le cœur battant à tout rompre. J'ai rejoint la petite troupe dans les taxis. C'était la débâcle. Il ne nous restait plus que l'ambassade de Grande-Bretagne et l'ambassade d'Espagne. Mais elles étaient fermées aussi. Nous ne savions plus quoi faire.

Quelqu'un d'autre pouvait nous aider, un ami de mon grand-père, berbère comme lui. Une de ses filles avait été en classe avec moi, au Palais. Nous avons demandé aux taxis de nous emmener à l'Agdal, le quartier où il habitait avec sa famille, sa femme Lalla Mina, ses filles, Latifa et Malika. A l'époque, l'Agdal était entièrement bâti de petites villas ravissantes. Mais toutes les maisons avaient été rasées et remplacées par des immeubles.

Nous ne reconnaissions plus rien. Les taxis tournaient en rond et nous étions de plus en plus perdus. Je me suis alors souvenue que leur maison se trouvait à côté de la poste. Par chance, c'était la seule qui n'avait pas été détruite.

Le gardien m'a demandé qui il devait annoncer. Je lui ai dit que je désirais parler à Lalla Mina, de la part de Malika, la fille de Haja Fatéma.

Il est revenu et m'a annoncé d'un air suspicieux :

— Elle ne connaît personne de ce nom-là. Si tu ne files pas tout de suite, elle appelle la police.

Je me suis obstinée.

— Dis-lui que je suis Malika, la fille d'Oufkir.

Il s'est arrêté net, surpris, presque effrayé.

— N'insiste pas, m'a-t-il dit enfin, ce n'est pas la peine. Elle ne veut rien savoir.

Mais il a fermé tout doucement la porte de communication entre le salon et l'entrée et m'a interrogée du regard. Je lui ai demandé où habitait Latifa.

— Elle vit à Agadir.

Malika, sa sœur, habitait de l'autre côté de la rue. Je l'avais bien connue, elle avait été institutrice dans sa jeunesse. A l'époque où mon père était encore directeur de la Sûreté nationale, elle venait à la maison donner des cours particuliers aux enfants. Elle était à présent mariée à un entrepreneur, et mère de famille.

Sans beaucoup d'espoir, j'ai décidé de tenter ma chance. On s'est postés devant l'immeuble et on a attendu son retour. Vers midi et demi, on a vu une voiture se garer. Une matrone en est descendue, suivie de ses quatre enfants en file indienne, comme une poule précédant sa couvée. Malika avait dû prendre dix kilos à chaque grossesse.

Je me suis avancée. Elle m'a regardée fixement et son visage s'est figé. Plus je m'approchais et plus elle se décomposait. A la fin, elle a grimacé, a reculé, et s'est mise à pleurer.

— Mais pourquoi moi ? a-t-elle hurlé. Pourquoi me faire ça à moi ? Tu n'as pas le droit... Les enfants, rentrez vite à la maison, a-t-elle repris, au bord de l'hystérie.

Elle a continué à reculer en me chassant avec ses bras comme si j'étais une lépreuse.

Nous sommes revenus au centre-ville pour envoyer nos lettres à la grande poste. Nous en avions adressé une vingtaine à des politiciens et des artistes parmi lesquels Alain Delon, Simone Signoret, Simone Veil, Robert Badinter, José Artur... Nous voulions aussi téléphoner. Nous nous sommes enfermés dans une cabine mais nous n'avons pas su faire fonctionner l'appareil.

Chaque fois que quelqu'un s'approchait, nous sortions de la cabine en courant, comme si on allait nous pourchasser. Malgré notre peur, nous avons bien rigolé, ce qui nous a permis d'oublier pour quelques minutes que nous étions des fugitifs. Mais nous n'avons pas réussi à composer un seul numéro.

L'heure tournait. Il fallait nous réfugier quelque part. Il ne restait que les copains d'enfance qui pouvaient nous aider, et parmi eux Reda, l'intime de Raouf. Il habitait à l'époque tout à côté de chez nous, dans l'allée des Princesses. Pour se rendre chez Reda, nous devions passer par notre ancienne maison. J'avais toujours promis au petit de la lui montrer un jour. Il ne s'en souvenait plus mais il aimait nous entendre en parler avec nostalgie.

C'était l'occasion ou jamais.

J'ai donné rendez-vous aux deux autres devant la maison de Reda et je me suis attardée avec Abdellatif pour prendre le chemin de la nôtre.

J'avais peur de ce que j'allais trouver, des transformations qu'avaient effectuées les nouveaux locataires. Auraient-ils respecté les lieux ? Ma chambre se trouvait-elle toujours entre la piscine et le sauna ? Et le jardin ? Y aurait-il encore les fleurs que j'aimais tant ?

En arrivant devant l'entrée, j'ai cru que je m'étais trompée d'adresse. A la place de la majestueuse villa ocre rouge, entourée d'un gazon toujours verdoyant, il ne restait qu'un terrain vague. Après notre départ, la maison avait été pillée. Nos anciens courtisans s'étaient bien servis, qui les meubles, qui les tableaux, qui les tapis, qui les bijoux de maman, les albums de photos, les bibelots, les vêtements, les souvenirs...

Puis Hassan II l'avait fait raser. Elle n'existait plus, comme nous n'existions plus. Par cet acte brutal, il nous avait rejetés dans le néant.

J'ai accusé le coup avec violence. Cette maison avait pour moi une importance considérable. Au Palais, elle avait été le centre de mes préoccupations, le symbole d'un foyer normal et heureux, le havre de paix auquel j'aspirais.

Pendant toutes ces années de prison, je m'étais accrochée à elle, je la revoyais avec précision. La nuit, avant de m'endormir, je me promenais dans toutes les pièces, j'en examinais tous les détails. Elle était mon cordon ombilical, la dernière chose qui me rattachait à mon père et aux jours de bonheur enfuis.

Avec sa disparition, mes repères s'écroulaient d'un coup. Je me sentais salie, violée, meurtrie. Seule au monde, une fois encore. Rien n'avait plus de sens. Pour ne pas inquiéter Abdellatif, j'ai inventé que je m'étais perdue, que je ne savais plus où était la maison. Il a accepté le mensonge sans broncher.

Le taxi est reparti vers la maison de Reda. Un jardinier se tenait devant la porte.

— Reda ? m'a-t-il dit, comme s'il s'adressait à une simple d'esprit. Il s'est marié, Reda. Il n'habite plus ici... Ses parents ? Mais ils sont en France, ses parents...

A force d'insister, il a fini par me lâcher du bout des lèvres que Reda habitait désormais la résidence Zawha. On est remontés dans les taxis, plus défaits que jamais. A l'entrée de la résidence, le gardien nous a arrêtés, méfiant, inquisiteur, un indic sans doute, comme la plupart des concierges marocains. J'ai pris un air détaché pour lui demander où se trouvait l'immeuble de Reda. Je m'y suis dirigée avec précaution comme si j'étais en guerre. J'avais la sensation de traverser une frontière dangereuse, où à chaque instant une balle pouvait interrompre mon parcours. J'ai sonné à la porte. Une bonne nous a ouvert. Reda venait de sortir, elle ne voulait pas me dire où il déjeunait. Je lui ai demandé un verre d'eau, et l'ai suppliée de me laisser téléphoner. Je voulais appeler José Artur à France Inter. Son émission nous avait tant de fois accompagnés pendant notre captivité qu'il serait sûrement à même de nous aider... Mais elle m'a signifié de partir sans accéder à ma demande.

J'essayais de palabrer quand j'ai entendu dans le ciel le grondement caractéristique d'un hélicoptère. J'ai pris le petit par la main et j'ai dévalé les escaliers. Maria et Raouf, qui m'attendaient à l'entrée de la résidence, se sont mis à courir eux aussi.

L'appareil volait si bas qu'on pouvait voir avec netteté les soldats assis à l'intérieur, la mitraillette sur les genoux. Nous avons repris notre course et nous nous sommes cachés tous les quatre derrière les cyprès, serrés les uns contre les autres, en tremblant. Nous ignorions que notre grand-père habitait lui aussi cette résidence et que les policiers avaient commencé leurs recherches par là.

Raouf a eu alors une nouvelle idée, une de plus, mais au point où nous en étions, nous n'allions pas faire les difficiles. A côté de la résidence Zawha, était située la villa d'autres copains d'enfance, Patrick et Philippe Barère, des Français du Maroc.

Nous avions toujours été en bons termes avec eux et nous aimions bien leurs parents, leur mère surtout, une véritable maman poule, toujours inquiète pour sa progéniture.

Après quelques minutes de marche, nous avons trouvé la maison, petite et charmante, entourée d'arbres et de gazon.

Une bonne nous a ouvert.

— Nous voulons voir madame Barère. De la part de Malika et Raouf Oufkir.

Elle a refermé la porte. Nous nous attendions à tout. Etre chassés comme des voleurs, insultés, méprisés, dénoncés. Nous étions épuisés, affamés, transis, désespérés. Incapables de faire un pas de plus.

Et puis on a entendu courir dans le couloir et la porte s'est rouverte brusquement. Michèle Barère était devant nous, en larmes.

Elle ne pouvait pas dire un mot tant elle pleurait.

Elle a écarté grands les bras et nous a serrés fort contre elle en murmurant :

— Mes enfants, mes enfants chéris, quel bonheur.

Elle nous a fait entrer. Pour la première fois depuis l'évasion, nous nous sommes sentis en sécurité.

Elle prenait le café avec son mari, et nous a invités tous les quatre à la suivre. Luc Barère était propriétaire d'une usine de bois. A l'époque où nous l'avons connu, il était bien en vue au Palais. Il s'est levé et nous a embrassés. Il semblait très surpris de nous voir. Je lui ai dit que nous avions été libérés.

— Mais comment ? Personne ne l'a annoncé à la radio ni à la télévision...

— Tu sais, c'est ainsi. Quand nous avons disparu, personne non plus n'a donné d'explications...

Ma réponse était plausible. Combien de disparus n'avaient-ils pas un beau jour « réapparu », sans qu'on sache ni pourquoi ni comment ? J'ai continué sur ma lancée. Maman et les autres sortiraient bientôt, il y aurait un deuxième convoi. On nous avait donné un peu d'argent pour le voyage.

Je n'étais pas très à l'aise en proférant ces mensonges. Je sentais bien qu'il était sceptique.

Quant à moi, jouer le jeu de la libération, faire semblant que tout était normal, ne pas pouvoir exprimer tout ce qui bouillonnait dans ma tête, me coûtait terriblement. J'aurais aimé hurler, là, dans leur salon si bien ordonné, au milieu de leurs jolis petits bibelots disposés avec amour sur chaque meuble bien ciré, que nous étions recherchés, traqués par toutes les polices marocaines ; que nous avions payé pendant quinze ans pour un crime que nous n'avions pas commis ; que maman, Soukaïna et Myriam étaient encore enfermées, torturées peut-être, à l'heure qu'il était, pour leur faire avouer où nous nous trouvions...

J'étais secouée par la peur, l'angoisse, la révolte, la culpabilité, la colère. Sans nous, la vie avait continué... Notre réapparition perturbait la bonne marche du monde et faisait peur même à ceux qui nous avaient aimés. Pendant quinze ans, nous avions été des fantômes dont on évitait de prononcer le nom ou alors à voix basse, par crainte des représailles.

Mais moi non plus, je ne pouvais rien dire, je devais me contenter de sourire, faire semblant, prononcer des paroles convenues, dont la banalité dissimulait le drame que nous étions en train de vivre.

Luc Barère a annoncé qu'il devait partir travailler, ce qui nous a soulagés. Nous aurions moins besoin de feindre. Sa femme, elle, nous croyait sur parole et s'affairait dans la cuisine, sortant de la nourriture, des boissons, répétant :

— Mes pauvres petits, comme je suis heureuse...

Nous avons passé quelques heures ainsi, à nous rassasier et à boire, mais nous demeurions toujours sur le qui-vive. Cependant, la parenthèse était bienvenue. Michèle Barère nous a donné des nouvelles de nos anciens amis. Elle nous a raconté comment notre maison avait été rasée, et qui, parmi les courtisans, s'était disputé pour la piller. Je me suis retenue de pleurer.

Elle m'a appris aussi la mort, une dizaine d'années auparavant, de ma courageuse grand-mère Mamma Khadija, celle qui avait servi d'intermédiaire à mobylette, pour remettre courrier et colis aux policiers de Tamattaght. Mon grand-père s'était remarié peu après avec une très jeune femme.

Elle nous a dit encore que l'un de ses fils, Philippe, qui vivait désormais en France, était de passage au Maroc avec sa femme, Janine, une ancienne amie de lycée. Il serait si content de nous revoir.

Moi qui craignais tant que l'un de nous se trahisse, j'ai été pétrifiée lorsqu'elle a allumé la télévision. Nous n'avions jamais vu d'images en couleurs, autrement qu'au cinéma. Des dessins animés sont apparus sur l'écran géant et Abdellatif s'est collé devant. Il n'entendait plus, ne nous regardait plus, fasciné par le spectacle. Il était redevenu un gamin de trois ans, riant aux moindres bêtises. J'étais inquiète. Il ingurgitait trop de nouveautés, trop vite. Et je craignais que Michèle Barère soupçonne nos conditions de détention. Je voulais donner le moins de détails possible.

Plus les heures avançaient, tandis que nous bavardions de choses et d'autres, et plus je me convainquais de notre échec. J'envisageais la mort, puisque notre résolution d'en finir, si nous étions repris, était irrévocable. Mais si cette décision avait été aisée à prendre dans l'isolement de notre prison, le retour à la vie nous la rendait beaucoup plus difficile.

Luc Barère est revenu en fin d'après-midi. Il n'avait pas l'intention de lâcher prise. Il ne croyait pas un mot de notre petite histoire, nous posait cent fois les mêmes questions sans se satisfaire de nos réponses. Sa femme tentait de le raisonner, lui répétait de nous laisser en paix.

— Tu vois bien que ces enfants ont vécu un cauchemar, Luc... Quand je pense à tous ces gens qui ont été si indifférents à leur égard...

Nous tentions de dévier la conversation, de demander des nouvelles des uns et des autres, mais il revenait sans cesse à la charge. Il a fini par déclarer que notre liberté devait se fêter. Il se proposait de téléphoner à notre grand-père qui méritait cette joie. Comment le dissuader de n'en rien faire sans trop insister pour ne pas accroître ses soupçons ?

— Il est vieux, ai-je dit, il va être choqué quand il nous verra dans cet état pitoyable. Nous préférons nous retaper un peu avant de l'appeler. C'est la seule famille qui nous reste. Nous ne voulons pas le tuer.

La vérité était bien sûr toute différente. La police surveillait sans aucun doute son téléphone et sa maison. Nous serions arrêtés tout de suite.

Michèle Barère est venue à notre secours.

— Laisse-leur le temps de se reposer, lui a-t-elle dit, demain ils iront le voir. On le préparera avant, a-t-elle ajouté pour nous rassurer. Je lui téléphonerai moi-même.

Nous allions passer à table, lorsque la porte d'entrée s'est ouverte. On a entendu des sanglots d'homme dans le couloir. Philippe Barère avait appris la nouvelle de notre retour et venait nous voir avec sa femme et son fils. Il nous a serrés dans ses bras en pleurant.

Il répétait les mêmes phrases.

— C'est pas vrai, quel cauchemar, pourquoi on vous a fait ça ?

Puis il se calmait, nous regardait, nous disait que nous revoir était la plus belle chose que la vie ait pu lui offrir.

Ce dîner a été un des plus étranges, un des plus pénibles aussi de toute mon existence. Philippe riait par moments ou bien nous dévisageait avec un sourire béat. A d'autres, il sanglotait. Nous nous efforcions d'afficher l'apparence de la normalité, mais nous étions terriblement secoués, et en tout cas bien épuisés.

Après le dîner, Luc Barère m'a montré nos chambres à l'étage. J'ai poliment refusé celle qu'elle me proposait, en prétextant que je voulais dormir seule. Elle a accepté sans broncher que je m'installe où je voulais, c'est-à-dire dans une pièce munie d'un téléphone. Luc Barère est monté à son tour et m'a tendu des somnifères, afin que nous passions tous une bonne nuit. J'ai pris les cachets en le remerciant et, dès qu'il a tourné le dos, je me suis empressée de les jeter dans les toilettes.

Ma paranoïa augmentait d'heure en heure.

On s'est lavés à tour de rôle. Abdellatif découvrait sa première baignoire. Je suis passée la dernière dans la salle de bains. En enlevant ma robe, je me suis aperçue qu'elle résistait. J'ai été obligée de la tirer avec brutalité et j'ai détaché en même temps la peau de mes jambes que le sang avait collée au tissu.

Sans même m'en rendre compte, je m'étais sérieusement blessée en m'extirpant du tunnel. La douleur était déjà terrible mais le pire était à venir. Mes chaussures adhéraient à mes pieds. Il m'était impossible de les ôter.

J'ai fermé les yeux, compté jusqu'à trois et j'ai tiré très fort. J'ai dû me mordre les lèvres pour ne pas hurler. Je m'étais arraché tous les ongles des pieds, provoquant une hémorragie. Le sang s'est répandu sur la moquette.

Affolée, j'ai cherché autour de moi quelque chose pour le nettoyer. La porte s'est alors ouverte et j'ai plongé dans la baignoire. Michèle Barère a vu le sang sur le sol.

— Que t'arrive-t-il ?

— Ce n'est rien, j'ai fermé la porte sur mon ongle.

Elle commençait à paniquer. La situation devenait incontrôlable. Elle est sortie, je me suis lavée et séchée tant bien que mal puis j'ai nettoyé les dégâts. Elle m'avait prêté une gandoura pour dormir, mais mes pieds étaient tellement sanguinolents que je suis restée assise toute la nuit pour ne pas salir le vêtement ni les draps.

J'ai passé la nuit à écrire. Une lettre à Jean Daniel, des poèmes, des SOS. Vers quatre heures du matin, j'ai pris le combiné et j'ai décroché tout doucement.

A l'autre bout du fil, Luc m'a demandé si j'avais besoin de quelque chose.

— Non, j'ai entendu sonner.

— Tu as rêvé...

Vers six heures et demie, ce mardi matin, je me suis levée, je me suis habillée, puis je suis allée rejoindre les autres. Ils étaient déjà tous réveillés. Je leur ai demandé de se vêtir en vitesse puis je suis descendue dans la cuisine.

Michèle Barère chantonnait en préparant le petit déjeuner. La table était dressée, la pièce sentait bon le pain grillé et le café. Tout semblait si normal. Et nous étions si loin de cette normalité.

Je l'ai embrassée. Elle m'a demandé tendrement si j'avais bien dormi. J'ai refoulé mes larmes, désarmée par sa gentillesse béate à mon égard. Je me suis alors étonnée de l'absence de Luc.

— Impossible de le retenir... Tu sais comment il est... Il a pris la voiture, pour prévenir ton grand-père.

Je suis montée avertir Raouf de la catastrophe. Puis Philippe est arrivé pour prendre le petit déjeuner avec nous. Raouf l'a attiré à l'écart et lui a demandé s'il pouvait nous accompagner en voiture.

— Sans problèmes. Où voulez-vous aller ?

— On te le dira quand on y sera.

J'ai dit à Michèle Barère que Raouf et moi sortions faire un tour avec Philippe.

Nous avions repéré la veille l'ambassade de Suède, qui se trouvait non loin de chez ses parents. C'était notre dernière chance pour demander l'asile politique, mais on n'y croyait plus beaucoup. Nous avons indiqué le chemin à Philippe, puis nous lui avons fait signe de se garer.

Il nous a regardés longuement, sans parler. Nos visages, comme notre silence, étaient éloquents. Nous lui avons expliqué notre situation. Il s'est frappé la tête contre le volant en poussant des hurlements de douleur.

— Pourquoi, mais pourquoi ce cauchemar n'a-t-il pas de fin ?

Il était impossible de le calmer. Nous continuions pourtant à lui parler le plus posément du monde, comme à un enfant qu'on veut consoler.

— Ecoute, lui a dit Raouf, nous allons entrer dans l'ambassade et demander l'asile politique. Si dans un quart d'heure nous y sommes toujours, c'est que notre plan a marché. Si nous en ressortons, tout ce que nous te demandons, c'est de nous déposer à la gare.

Il a accepté en pleurant toujours. Il aurait accepté n'importe quoi.

Il fallait faire la queue pour pénétrer dans l'ambassade et notre tour n'arrivait pas. Au bout de dix minutes, Raouf s'est impatienté. Il a pris une feuille de papier, et a écrit en grosses lettres :

— Les enfants du général Oufkir demandent l'asile politique à l'Etat de Suède.

On a glissé la feuille sous la porte vitrée derrière laquelle une géante blonde était assise. Elle a saisi le papier, l'a lu et s'est levée. Debout, elle paraissait gigantesque. Elle nous a fusillés du regard et a déclaré en détachant les mots :

— GO OUT.

Terrorisés, nous nous sommes enfuis en cavalant. Suède, pays des droits de l'homme...

Philippe nous attendait dans la voiture. Nous devions retourner chez lui pour récupérer Abdellatif et Maria. Sa mère nous a ouvert la porte. Elle ne comprenait pas pourquoi il sanglotait ainsi. Sans doute se refusait-elle à comprendre.

Puis Luc Barère est entré, suivi de mon jeune oncle Wahid dont le visage était tuméfié et les yeux larmoyants. Barère était allé chez mon grand-père, avait trouvé Wahid et lui avait dit que nous avions été libérés. Mon oncle s'était écroulé dans ses bras.

— Ils se sont évadés.

Il avait appris la nouvelle par la DST. Les policiers étaient venus le chercher la veille et toute la nuit, ils l'avaient frappé sur la plante des pieds pour le faire avouer où nous étions.

Ils l'avaient déposé chez lui une demi-heure avant que Barère arrive. Wahid ne nous avait pas revus depuis notre départ pour Assa. Il n'avait plus eu de nouvelles depuis Tamattaght, excepté, de temps à autre, l'annonce du décès de l'un ou l'autre d'entre nous.

Ainsi, on lui avait fait croire que Myriam était morte, puis Raouf, puis moi. Il me faisait jurer que maman et les autres étaient encore vivantes. Il hurlait, pleurait, gesticulait, nous embrassait à tour de rôle.

J'étais très émue de le revoir, je l'aimais comme un frère, mais je me suis cependant efforcée de demeurer impassible. Ce n'était pas le moment de flancher. Je n'étais pas en état d'entendre son désarroi. Je voulais l'endurcir, le réveiller, lui faire comprendre que nous jouions notre vie. Surtout, je tremblais de crainte qu'il n'ait été suivi.

— Aujourd'hui, tu pleures, alors que pendant quinze ans, vous nous avez tous lâchés, ai-je dit avec froideur. Si tu veux te

Vingt ans de prison

racheter, tu n'as qu'une seule chose à faire : raconte toute notre histoire à la presse internationale parce qu'ils ne nous auront pas vivants. Et puis débrouille-toi, mais on a besoin d'argent.

Luc Barère s'est mis à hurler.

— Pourquoi m'avoir fait ça à moi ? Je vous ai fait confiance. Je vous ai ouvert ma maison ! Je ne vais plus pouvoir travailler dans ce pays ! On va m'expulser...

— Je n'avais pas l'intention de mentir ni de te manipuler, lui ai-je répondu. Nous sommes seuls au monde, nous ne savions pas où aller, et si nous ne t'avons rien révélé, c'était pour te préserver. Tu diras aux autorités que tu ne savais pas et qu'on vous a tous bernés.

Sa femme tentait de le calmer. Philippe, lui, s'énervait, en lui reprochant de n'avoir jamais rien tenté pour nous.

— Nous sommes tous fautifs, tous complices de cette ignominie, répétait-il.

Wahid n'avait pas d'argent sur lui. Il a demandé un prêt à Barère qui nous a remis trois mille dirhams. J'ai donné mon manuscrit de l'Histoire à Philippe en le faisant jurer de l'enterrer quelque part et de me le rendre un jour. Il a promis. Mais il avait eu si peur qu'il s'empressa de tout détruire dès que nous avons été hors de portée.

Michèle Barère nous avait donné des vêtements propres. J'avais hérité d'une sorte de gandoura bleu lavande et de sandales à talon haut avec une empeigne en filet, avec lesquels j'avais une allure pour le moins curieuse. Les petits et Raouf étaient correctement habillés.

Nous avons pris un taxi et demandé qu'il nous dépose à la gare de l'Agdal. Partir par la gare de Rabat-Ville, située au centre, était trop risqué. Nous voulions aller à Tanger.

Tanger

Pourquoi Tanger ? D'abord parce que nous ne savions plus où aller et que la ville nous semblait marquer le bout de notre

255

aventure. Nous manquions de sommeil, nous étions fatigués, déprimés, désespérés par les secousses et les déceptions qui s'étaient abattues sur nous depuis deux jours. L'autre raison, un petit peu plus concrète, était que les Barère m'avaient appris qu'un de mes anciens soupirants, Salah Balafrèj, était propriétaire d'un hôtel à Tanger. Peut-être pourrait-il nous aider? De toute façon, Casa et Rabat étaient devenus trop dangereux pour nous et il nous fallait un but. Alors, pourquoi pas Tanger?

En attendant le train, nous nous sommes réfugiés dans un parking et, pour ne pas nous faire repérer, nous nous sommes dissimulés sous des voitures. Nous avions deux heures et demie à tuer. Raouf est parti chercher les billets, puis il est revenu se cacher avec nous. Nous avons commencé à délirer en imaginant maintes hypothèses de fuite, toutes plus farfelues les unes que les autres.

Le rire avait repris le dessus, c'était l'unique, le meilleur remède au désespoir qui nous envahissait et que nous préférions dissimuler sous les plaisanteries les plus enfantines.

Nous avons imaginé de quitter le Maroc à la nage par le détroit de Gibraltar. Mais Maria avait peur des requins.

— Le Negus, pas un requin ne voudrait de tes os, lui rétorquait Raouf, hilare, en faisant allusion à son extrême maigreur.

Abdellatif, qui prenait tout au pied de la lettre, paniqua parce qu'il ne savait pas nager. Raouf décida que nous achèterions à Tanger des combinaisons insubmersibles, dignes du commandant Cousteau. Nous nous enduirions la peau de graisse de phoque pour supporter le froid. Nous ferions aussi l'acquisition de pastilles anti-requins pour rassurer Maria, et de balises de détresse pour indiquer notre position aux navires.

Ces bêtises nous aidaient à nous maintenir. La traversée de Gibraltar à la nage n'était sans doute qu'un projet idiot, mais en comparaison avec ce tunnel que nous avions creusé de nos mains, et cette évasion rocambolesque, il nous paraissait réalisable.

Dans la foulée, nous avons mis au point un de nos innombrables scénarios loufoques, moitié Castor et moitié Pieds

Nickelés. A Tanger, il nous fallait un point de chute pour dormir en arrivant, avant de contacter Balafrèj. Aller dans un hôtel était risqué, on nous aurait demandé des papiers d'identité et puis nous ne voulions pas nous démunir de notre argent. Frapper aux portes ? Nous ne connaissions pas grand monde et, depuis l'accueil reçu à Rabat, nous craignions d'être encore échaudés. De plus, la police nous recherchait depuis deux jours et sans doute était-elle déjà à Tanger. Notre signalement était diffusé, nos amis étaient surveillés. Nous devions nous montrer prudents.

Il fallait nous faire de nouvelles connaissances dans le train. Raouf et moi tenterions de les séduire. Nous en avons tracé le portrait-robot : un homme et une femme du peuple, assez naïfs pour gober nos mensonges, Nous saurions ainsi où dormir...

En inspectant les compartiments, nous avons trouvé nos oiseaux rares. La femme était installée à gauche de la fenêtre et l'homme de l'autre côté. Il avait la trentaine insignifiante, un air plutôt gentil, une allure modeste, mais je ne m'attardai pas à le dévisager.

Le séduire ne devait pas être une partie de plaisir mais un moyen pour assurer notre survie. Je me suis assise en face de lui, tandis que Raouf prenait place en face de la femme, une Marocaine d'une cinquantaine d'années, dodue à craquer, vêtue des pieds à la tête d'un savant dégradé de rose, et maquillée comme une voiture volée.

J'ai regardé Raouf et lui ai glissé à l'oreille en pouffant de rire :

— Mon pauvre chéri, tu as vu ce qui t'attend ?

J'avais froid, sommeil, je tremblais dans ma gandoura légère. L'homme m'a proposé son pull. Je l'ai remercié en français mâtiné d'accent italien. Nous ne venions plus de Belgique, cette fois, mais d'Italie, et nous nous étions même choisi un nom de guerre : les Albertini. Bien nous en prit car l'homme, lui, venait de Belgique. Il était cuisinier et allait voir sa famille à Tanger.

La matrone s'est mêlée à notre conversation. Ils nous ont demandé d'où nous venions et j'ai sorti mon petit couplet italien. Du Sud, ai-je précisé quand elle m'a fait remarquer que j'avais la peau mate comme les Marocains.

J'ai changé de place pour m'asseoir à côté du cuisinier. Au bout d'un moment, j'ai simulé la fatigue et j'ai laissé tomber ma tête sur son épaule. J'ai évité le regard de Raouf. Je devinais que mon frère était furieux de me voir aguicher un homme pour obtenir un toit. Je n'en menais pas large moi non plus. Mais avions-nous le choix ?

La voie ferrée longeait des plages de sable blanc. Abdellatif regardait la côte défiler, en reprenant son air d'enfant sauvage. Il n'avait jamais vu la mer, ou du moins, il ne s'en souvenait plus. La matrone lui a demandé, un brin étonnée, si c'était la première fois qu'il la voyait.

Nous avons changé de conversation, nous ne voulions pas donner trop de détails sur notre vie supposée en Italie. La femme était un peu trop soupçonneuse. Quant au cuisinier, il planait. Il était persuadé que j'allais bientôt « passer à la casserole » et cette idée le faisait déjà saliver.

Les quatre heures de trajet ont été un véritable supplice. La peur nous arrachait le ventre. Jouer aux Albertini nous a détendus cependant et nous a fait un peu oublier le reste.

Le train est enfin arrivé à Tanger. On s'est tous regardés avant de passer à l'action. Nous nous comprenions sans avoir besoin de parler. J'ai enlacé le cuisinier ; Raouf s'est collé à la matrone. Maria et Abdellatif sont restés ensemble. Sur le quai, des policiers surveillaient la descente des passagers, sans trop de zèle cependant. Le pays était en état d'alerte, nous étions recherchés dans les lieux publics, mais le gouvernement était embarrassé. Il ne fallait pas que l'opinion publique, révoltée par le sort qui avait été le nôtre depuis quinze ans, se retourne contre ses dirigeants. Cela, nous l'avons su plus tard.

Les gens sont sortis du train, se sont bousculés, ont formé bientôt une foule compacte à laquelle nous nous sommes mêlés. Une fois de plus, nous sommes sortis de la gare sans encombre. La raison était simple. Les policiers cherchaient quatre fuyards rasant les murs, et non pas une fille amoureuse enlaçant tendrement son fiancé, pas plus qu'un grand garçon trop maigre, flanqué d'une petite amie bien ronde. Ni même un gentil petit couple avançant bras dessus bras dessous.

Surtout, ils ne nous connaissaient pas, n'avaient aucune photo récente de nous, nous apprit ensuite le directeur de la DST. Depuis 1972, nous avions eu bien le temps de grandir et de changer...

Le cuisinier ne comprenait pas pourquoi j'étais soudain pâle et nerveuse. Il mit ma nouvelle attitude sur le compte des policiers.

— Eh oui, c'est ainsi, dit-il, je suis désolé. Dans mon pays, il y a des flics partout.

La grosse femme nous avait lâchés. En partant, elle m'a donné son adresse, elle était secrétaire à Rabat. Je tenais le cuisinier par le bras. Un peu énervé, il m'a demandé pourquoi je ne me débarrassais pas des autres.

— Je ne peux pas larguer ma famille. Ils ne comprendraient pas...

J'ai cherché à savoir où il habitait mais il n'a pas répondu.

Cette marche dans Tanger qui s'illuminait à la nuit tombante, avait quelque chose d'irréel. La brise marine qui caressait nos visages, l'odeur de l'iode emplissant nos narines, les sirènes des paquebots, nous donnaient une impression de grands espaces, de frontières ouvertes. La liberté était là, à portée de main, il nous fallait si peu pour en jouir à nouveau. Le rythme de vie nocturne des Tangerois, calqué sur l'Espagne voisine, nous grisait.

Mais Tanger la fêtarde avait une autre facette. Foyer de l'intégrisme, plaque tournante de la drogue et de la contrebande, la ville était quadrillée par les forces auxiliaires qui se livraient à de fréquents contrôles d'identité. Nous ne le savions pas encore.

Nous avons croisé deux soldats, le fusil sur l'épaule, qui se sont avancés vers nous et nous ont demandé nos papiers. Prise de court, j'ai bégayé. Notre salut est venu du cuisinier, qui a protesté en arabe.

— Comment ? Vous prétendez attirer les touristes au Maroc et vous faites tout pour les dégoûter de notre pays ! Ils arrivent tout juste de Rabat, ils vivent à Rome. Pourquoi ces contrôles d'identité ?

Les deux hommes ne nous quittaient pas du regard mais la colère du cuisinier les avait impressionnés. Ils nous ont laissés passer, à contrecœur m'a-t-il semblé. Encore un miracle. Nous avons feint de ne rien comprendre à l'incident.

— Le Maroc n'est pas l'Europe, a expliqué le cuisinier. Ce pays devient un véritable Etat policier...

Nous nous sommes exclamés poliment. En Italie, la politique était bien différente... Le cuisinier m'a alors pris la main et j'ai commencé à paniquer. Tant qu'il s'était agi d'un scénario, c'était parfait. Mais la réalité était beaucoup moins amusante.

Pour gagner du temps, nous nous sommes arrêtés dans une épicerie pour acheter de quoi grignoter. Nous avions oublié que nous avions faim. Abdellatif regardait l'étalage avec stupeur, il ne connaissait presque aucun des fruits exposés. Je l'ai secoué, lui ai demandé ce qu'il voulait. Il a choisi des oranges parce qu'il en avait déjà mangé en prison. Le reste lui faisait peur. Il les a oubliées en partant.

Le cuisinier perdait patience. Il m'a emmenée à l'écart, m'a dit qu'il allait rejoindre des copains pour régler la question de la chambre. Ainsi, je pourrais loger ma famille.

Il voulait que je vienne avec lui. J'ai refusé et je lui ai demandé de me donner l'adresse d'un endroit où le retrouver. Il m'a indiqué un café et on s'est dit au revoir. J'étais plutôt soulagée de retarder l'échéance.

Dans les années soixante-dix, maman avait acheté des parts d'un hôtel à Tanger, le Solazur, en copropriété avec Mamma Guessous, l'amie qui avait été impliquée dans l'affaire de l'uniforme de mon père[1].

Je l'ai appelée de l'épicerie, chez elle.

— Mamma, c'est Malika. Je suis à Tanger. J'ai besoin d'argent et d'une cachette sûre... Est-ce que... ?

— Ah, oui, je vois... Non, non, mon mari n'est pas encore rentré. C'est impossible, je dois retourner à Casa demain...

---

1. Voir page 114.

Je n'ai pas tout de suite compris pourquoi elle me répondait de façon évasive en prenant ce ton coincé. J'ai cru à une nouvelle trahison de nos amis. Déçue une fois de plus, j'ai laissé tomber. Elle était entourée de policiers. Plus tard, quand nous nous sommes revues, elle m'a avoué que l'un d'eux était sur le point de s'emparer du combiné au moment où j'avais raccroché. Ils étaient certains que j'étais au bout du fil.

Nous sommes quand même passés au Solazur qui était tout proche. Nous avions besoin de l'adresse de l'hôtel Ahlan, qui appartenait à mon copain Salah Balafrèj. Avant de partir pour Tanger, j'avais demandé à Wahid de le prévenir de notre arrivée.

Nous ne savions plus où aller. Nous nous sentions obligés de rejoindre le cuisinier à l'endroit qu'il nous avait indiqué, et qui était situé dans l'un des coins les plus glauques de Tanger. Nous avons emprunté des escaliers qui nous ont menés à la partie souterraine de la ville.

Le café se trouvait dans une cave si basse de plafond que Raouf devait plier son mètre quatre-vingt-cinq pour avancer. Je n'avais jamais vu pareille assemblée de mines patibulaires. Des marins balafrés, des drogués au regard vitreux, des trafiquants, toute la pègre des bas-fonds était assise autour de tables en formica. Il n'y avait aucune femme parmi eux, pas plus d'ailleurs que de cuisinier. Nous l'avons attendu une dizaine de minutes puis nous nous sommes ressaisis. Même dans notre état, ce n'était pas un endroit pour nous. Nous avons remonté les escaliers en courant et nous avons respiré un bon coup à l'air libre.

Il ne nous restait plus que la solution Balafrèj. Nous étions bien trop épuisés pour continuer à pied. On a hélé un taxi dont le conducteur était un petit vieux intégriste, assez grognon. Raouf s'est assis devant, et nous trois sur les sièges arrière.

L'hôtel Ahlan était situé à une trentaine de kilomètres de la ville. Le taxi a dépassé les faubourgs et s'est engagé sur une route tranquille. Après avoir roulé un petit moment, il fut stoppé par un embouteillage. Il y avait quelque chose de curieux à s'arrêter ainsi en rase campagne. Cela ne nous disait rien de bon. En nous rapprochant un peu, nous avons aperçu un barrage gigantesque. Ils avaient mis le paquet : l'armée, la police, les forces auxiliaires, la gendarmerie, la DST, tout ce beau monde nous cherchait. Le conducteur qui n'avançait pas se mit à râler. Raouf n'osait pas se retourner, mais nous n'avions pas besoin de parler pour exprimer la terreur qui nous a alors gagnés. Maria, Abdellatif et moi, nous nous serrions les mains si fort que nos ongles pénétraient dans les chairs. Le silence s'est fait pesant. Quand notre tour est arrivé, la voiture a démarré doucement pour se ranger au niveau du barrage. Un policier s'est avancé, la torche à la main. Il l'a braquée sur nous. J'ai tenté un sourire qui ressemblait plutôt à un rictus. Il a éteint, s'est éloigné pour discuter avec un collègue. Ils sont revenus ensemble et ont braqué à nouveau leurs torches.

Nous étions pétrifiés. Il me semblait entendre le cœur des trois autres battre aussi fort que le mien et je me demandais comment les policiers n'entendaient pas ce bruit assourdissant.

« S'ils restent une minute de plus, ai-je pensé au bord de l'évanouissement, je vais mourir d'une crise cardiaque. »

Ils cherchaient quatre jeunes fugitifs. Ils n'ont même pas fait le rapprochement avec nous...

C'est que nous n'avions pas la même logique. Dans leur esprit, nous n'avions rien à faire à trente kilomètres de la ville. Si nous étions bien à Tanger, nous irions plutôt vers le port, les plages, les voies de sortie du pays. Les policiers ont repris leurs torches et nous ont fait signe de passer.

Ce n'est qu'au bout de quelques kilomètres que nous avons pu recommencer à respirer.

L'hôtel Ahlan

A l'hôtel Ahlan, un mot qui signifie « bienvenue » en arabe, je suis allée à la réception et j'ai demandé d'un ton très sûr à parler à monsieur Balafrèj.

— De la part de madame Albertini, ai-je précisé.
Le réceptionniste a semblé impressionné qu'une femme à l'allure si étrange demande le directeur. Mais celui-ci était reparti à Rabat. J'ai froncé les sourcils, élevé la voix.
— Comment ? Mais c'est un scandale, où est ma suite ? Elle a été réservée au nom d'Albertini.
Je voulais gagner du temps. Eviter qu'on nous demande nos passeports. J'ai exigé qu'on téléphone à Balafrèj pour lui annoncer que madame Albertini l'attendait. Le réceptionniste est revenu quelques minutes plus tard.
— Monsieur Balafrèj nous a demandé de vous trouver une chambre.
Mais je connaissais la suite. L'homme m'a demandé nos passeports et j'ai fait semblant de me fâcher.
— Moi, une amie du propriétaire, me faire cet affront...
J'ai fait volte-face bruyamment, suivie des autres. Un petit bar, proche de la réception, nous a accueillis et quelques cafés nous ont remonté le moral. Le réceptionniste passait et repassait avec force sourires. Il a fini par s'approcher de nous et il m'a demandé si je voulais aller dîner.
— Ne vous dérangez pas pour nous. Nous allons quitter l'hôtel.
Le personnel nous regardait avec curiosité, intrigué par notre dégaine qui contrastait avec nos grands airs. Certains tournaient autour du bar.
Il était près de vingt-trois heures. Nous avons décidé de nous cacher près de la piscine puis de passer la nuit dans le night-club de l'hôtel. Sur la pelouse, quelques chaises longues étaient disposées en cercle. Je me suis affalée sur l'une d'elles. La toile était trempée et j'ai mouillé ma gandoura qui déjà n'était pas bien épaisse. Cachés sous les arbres, serrés les uns contre les autres en grelottant de froid, nous avons attendu minuit, l'ouverture de la boîte de nuit.
Pendant quinze ans, nous avions idéalisé notre retour à la vie. Moi qui, adolescente, ne vivais que pour la danse, j'attendais le moment où je pourrais à nouveau m'adonner à ma passion nocturne. Mais soit tout avait changé autour de nous,

soit nous n'étions plus tout à fait comme les autres. Dans la boîte, la musique était beaucoup trop forte, la lumière psychédélique nous vrillait la tête. Pour nos pauvres cerveaux endoloris, cette agression sonore était pire que la plus insupportable des tortures. Nous avons fui en courant.

Cet incident accentua notre sentiment d'être des « fugitifs » et rien d'autre. Une fois de plus nous étions hors du coup, et cette constatation nous blessa. Mais l'humour de Raouf rétablit une fois de plus la situation. Il réussit à nous faire rire en y allant de ses commentaires sarcastiques sur les clients de la boîte.

Nous sommes alors retournés au bar et nous avons attendu sa fermeture, à quatre heures du matin. J'avais repéré, dans l'hôtel, l'endroit où se trouvaient les toilettes. Nous y avons passé le reste de la nuit, Raouf et Abdellatif chez les hommes, Maria chez les femmes. Cachée derrière un meuble dans un couloir, j'ai veillé sur leur sommeil en attendant le jour.

Au matin, nous avons fait un brin de toilette puis nous sommes entrés dans le hall, comme si nous avions dormi ailleurs. Nous marchions avec difficulté, le bruit nous assourdissait, la lumière nous blessait les yeux, nous souffrions de mille maux divers...

Et pourtant il fallait être à la hauteur de notre évasion, alors même que nous en savions l'issue incertaine, jouer un rôle devant les autres, alors que nous aurions eu besoin d'être soignés, écoutés, consolés, plaints, aimés. C'était terriblement difficile, terriblement injuste aussi, mais nous n'avions pas le choix.

Les touristes allaient et venaient, ils descendaient des cars qui stationnaient devant l'hôtel, se hélaient dans toutes les langues. Ils étaient bronzés, gais, souriants, parfois râleurs ; ils avaient des problèmes de repas mal digérés et d'excursions non comprises dans le forfait. La vie était là, mouvementée, joyeuse, tellement simple dans les détails, et nous en étions exclus. Nous étions tout le temps rejetés vers les morts, alors que nous aspirions tant à faire partie des vivants.

Nous avons quitté le hall de l'hôtel et nous nous sommes

retrouvés dans le jardin entouré d'arbres magnifiques. Nous nous sommes assis sur de petites marches, et nous avons longtemps discuté. Nous étions le mercredi 22 avril, il y avait près de trois jours que nous nous étions évadés et l'on ne nous avait toujours pas repris. Nous étions traqués, paniqués, ballottés au gré des événements. Mais libres. Nous nous étions joués d'eux. Sur ce plan notre évasion était une réussite.

Mais maman et les autres nous manquaient. Nous avons parlé d'elles en riant et en pleurant. Quand avaient-ils découvert notre fuite ? Comment les traitait-on ? Quand allions-nous les revoir ? Nous laissions certaines questions en suspens, certaines réponses aussi, tant notre angoisse était forte.

Nos problèmes n'étaient pas résolus pour autant. Où aller ? Qui contacter ? Nous avions décidé d'appeler Radio France Internationale. Malheureusement, nous n'avions pas le numéro et, pour téléphoner, il fallait passer par une standardiste de l'hôtel. A la réception, ils commençaient à se méfier de nous.

Notre seule solution était de nous faire des alliés pour nous aider dans nos démarches. Dès le matin, nous avions repéré une adorable vieille dame française, plutôt bon chic bon genre. Elle était accompagnée de son fils, un grand benêt de cinquante ans, prof de maths, qu'elle menait par le bout du nez. Nous avons décidé de gagner sa confiance pour qu'elle demande au standard le numéro de RFI à notre place. Pour cela, nous avons encore mis au point un gros mensonge que nous devions lui débiter quand l'occasion s'en présenterait.

La vieille dame ne nous suffisait pas. Il nous fallait des amis de rechange, qui puissent éventuellement nous inviter à dîner ou nous héberger dans leurs chambres. Nous avons ainsi jeté notre dévolu sur le professeur d'équitation de l'hôtel que Maria ne laissait pas indifférent, sur un réceptionniste qui me faisait les yeux doux, et sur un jeune couple d'Espagnols en shorts, souriants, sympathiques, très baba cool.

Maria alla flirter avec le professeur d'équitation, ce qui était un exploit pour elle. Il déposa un léger baiser sur sa bouche et elle en fut émerveillée. Elle avait beau avoir vingt-cinq ans d'âge légal, en réalité elle n'avait encore que dix ans...

De mon côté, je sympathisai avec le réceptionniste, qui me donna rendez-vous dans sa chambre vers quinze heures. J'acceptai en me disant que j'improviserais le moment venu. En attendant mon rendez-vous, je me suis mise en quête de la vieille dame pour savoir dans quelle partie de l'hôtel elle habitait. Après l'avoir trouvée, je l'ai suivie en tâchant de me faire le plus discrète possible. Devant l'ascenseur, elle a commencé à pester contre les Espagnols et leurs horaires tardifs, et j'ai acquiescé en souriant à tout ce qu'elle disait.

C'était une brave femme, heureuse de rencontrer quelqu'un qui pouvait la comprendre. Nous avons échangé quelques banalités puis nous nous sommes séparées sur un joyeux : « À tout à l'heure. »

De retour dans le hall, j'ai croisé mon réceptionniste. Il semblait harassé autant qu'énervé.

— Laissons tomber le rendez-vous, je n'ai pas le temps, dit-il. Tous les clients sont paniqués. Ils veulent rentrer chez eux. La police est sur les dents.

— Mais pourquoi ?

— Ils recherchent quatre criminels, quatre dangereux évadés.

Il m'a plantée là et est retourné à ses touristes.

J'ai appris la nouvelle aux enfants, qui se sont affolés autant que moi. Criminels, nous ? Dangereux, nous ? Nous risquions donc d'être abattus sans sommation ? Il n'en était pas question, nous ne leur laisserions pas ce plaisir, nous préférions nous suicider avant. Abdellatif a commencé à chercher fébrilement des prises électriques pour pouvoir nous électrocuter si besoin en était. Le délire nous reprenait. Le désespoir aussi. Maria et moi, nous sanglotions.

Nous nous étions installés dans le bar. La vieille dame française y est alors entrée avec son fils. Elle nous a salués puis, voyant notre état misérable, elle s'est approchée et nous a demandé pourquoi nous pleurions. Nous avons saisi l'occasion au vol et débité le mensonge que nous avions préparé à son intention.

Notre sœur, journaliste à France Inter, devait être hospitalisée à Villejuif pour soigner un cancer du sein. Nos parents n'étaient pas au courant et nous ne savions pas comment la joindre à la station.

— Mais mes chères petites, pourquoi n'appelez-vous pas Radio Medi 1[1] ? Ils vous donneront le numéro de RFI à Paris. Vous pourrez ainsi contacter votre sœur...

Il n'était pas question de lui dire que les standardistes se méfiaient de nous. Nous avons continué à pleurer tout en la surveillant du coin de l'œil.

— Nous ne pouvons pas le faire nous-mêmes, ai-je prétendu en hoquetant, nous sommes incapables de parler sans pleurer.

Nous devions être convaincantes. Emue par nos larmes, elle nous a proposé de chercher le numéro pour nous.

Elle est partie puis elle est revenue avec un bout de papier et nous l'a tendu en souriant. Elle avait appelé Medi 1 où on lui avait donné le numéro de RFI. Nous l'avons remerciée puis nous avons filé en donnant rendez-vous aux garçons un peu plus tard.

J'ai laissé Maria se débrouiller avec le standard et je lui ai précisé de demander Alain de Chalvron. C'était une des voix de RFI que nous connaissions le mieux.

J'ai attendu ma sœur dans le hall. Elle est revenue tout de suite, avec un air de triomphe. A force de diplomatie, elle avait eu gain de cause auprès du standard. Nous avons patienté jusqu'à ce qu'on nous passe un interlocuteur.

Par chance, Alain de Chalvron était sur place.

— Nous sommes les enfants du général Oufkir, a dit Maria. Nous nous sommes évadés après quinze ans de détention. Nous avons creusé un tunnel dans notre prison, et à présent nous sommes à Tanger. Nous voulons de l'aide. Nous voulons parler à Robert Badinter et lui demander d'être notre avocat.

Au début, le journaliste ne nous a pas crus. Il répétait sans cesse :

— Mais c'est trop gros, ça, mais c'est monstrueux...

Puis il nous a demandé une preuve. Il nous a suppliés de ne

---

1. Station de radio marocaine qui émet autour de la Méditerranée.

pas paniquer et nous a fait préciser l'endroit où il pouvait nous rappeler. On lui a donné le numéro de l'hôtel et notre nom de guerre, les Albertini. Nous avons raccroché et nous avons attendu en tremblant. Dix minutes plus tard, il nous rappelait.

— C'est un scoop incroyable, vous vous en rendez compte ? Savez-vous que François Mitterrand doit atterrir dans quelques heures au Maroc pour une visite officielle ?

Alain de Chalvron avait appelé le Quai d'Orsay qui avait transmis la nouvelle au Président, dans son Concorde. Badinter ne pouvait pas nous défendre, puisqu'il était président du Conseil constitutionnel. Le journaliste nous a conseillé de faire appel à maître Kiejman. Il se proposait de le joindre. Il a raccroché et a promis de nous rappeler.

J'ai laissé Maria en sentinelle et j'ai couru jusqu'au parking pour prévenir mes frères. Je suis tombée dans les bras de Raouf en sanglotant et je lui ai raconté notre conversation. Abdellatif me regardait en essayant de comprendre. Mitterrand, Quai d'Orsay, Concorde, Badinter étaient des noms qui lui échappaient totalement.

Nous avons rejoint Maria. Alain de Chalvron l'avait rappelée et elle nous attendait pour lui parler. Au téléphone, nous lui avons dicté notre appel au roi. Cette déclaration disait en substance que nous n'étions que des enfants et qu'il était injuste de nous punir parce que nous portions le nom de notre père.

Puis le journaliste nous a informés qu'un envoyé du Quai d'Orsay viendrait nous voir le soir même. Nous lui avons donné rendez-vous au parking.

Nous avons attendu la nuit, partagés entre la joie d'avoir été entendus et la méfiance. Ce voyage de Mitterrand serait-il bon pour nous ? Je n'étais plus sûre de rien. Mais je n'en étais pas moins impatiente de rencontrer cet envoyé, qui était Hervé Kerrien, le correspondant de RFI à Tanger. Sur le moment, il ne nous révéla pas son identité.

Sa froideur nous a surpris. N'était-il pas notre sauveur ? Nous nous attendions à des paroles chaleureuses, des félicitations, une certaine compassion... Mais non, il gardait ses distances, ce qui nous a déconcertés. Nous nous sommes avancés dans le parking pour nous dissimuler aux regards.

Il a regardé à droite et à gauche pour s'assurer que personne ne nous suivait, puis il a sorti un stylo et nous a demandé, toujours aussi sèchement, si nous étions bien les enfants du général Oufkir.

— N'importe qui peut prétendre cela, a-t-il ajouté. Donnez-moi des preuves.

J'ai commencé à évoquer les actions politiques de mon père, mais il m'a interrompue.

— Parlez-moi plutôt de lui dans l'intimité.

Je lui ai répondu que je ne l'avais pas beaucoup connu, mais je lui ai cependant donné un détail, su seulement par les intimes. Il avait une petite cicatrice en haut du bras gauche, due à une blessure causée par un éclat d'obus.

Cette précision a paru le satisfaire et il nous a posé maintes autres questions. Avant de nous séparer, il nous a informés que le lendemain, dans la journée, nous recevrions la visite de notre avocat, maître Dartevelle, l'associé de maître Kiejman, qui viendrait spécialement de Paris pour nous rencontrer.

Ne sachant plus quoi faire, nous sommes retournés au bar qui s'emplissait d'une faune étrange ; des hommes habillés de façon voyante, des filles trop fardées, qui buvaient du whisky, fumaient des cigarettes et draguaient ouvertement. Raouf n'échappait pas à leurs regards aguicheurs...

Mon ami réceptionniste s'est assis à côté de moi.

— Je ne vous comprends pas. Pourquoi ne prenez-vous pas de chambres ici ?

— Parce que nous avons un meilleur hôtel, à Tanger.

Il nous a proposé un café que nous avons bu sans nous méfier. Il était drogué. Le personnel voulait savoir qui nous étions. Ils ne soupçonnaient pas notre véritable identité mais supposaient que Maria et moi étions des putes et que Raouf était notre souteneur. Ou peut-être encore que nous étions des trafiquants italiens ou espagnols qui attendions un rendez-vous louche à l'hôtel. De toute façon, nous n'étions pas bien nets à leurs yeux.

Sous l'emprise de la drogue, nous avons commencé à dire n'importe quoi. Le réceptionniste m'a proposé le salon marocain pour y dormir.

— Vous délirez trop, allez là-bas, il n'y a personne, vous serez en sécurité.

Notre empressement à le suivre était la réponse qu'il attendait. Il avait bien la preuve que nous nous trouvions dans une situation délicate, sans savoir exactement laquelle.

Raouf et Abdellatif se sont endormis tout de suite. Maria et moi sommes restées debout toute la nuit, bien trop énervées pour fermer l'œil. A leur réveil, ils divaguaient de plus belle et nous aussi.

Nous sommes allés nous installer du côté du parking. Nous n'arrivions pas à nous arrêter de rire, mais nous avons tenté de nous calmer pour être dignes devant notre avocat.

Nous étions convenus de nous retrouver dans la petite salle vidéo de l'hôtel. Quand nous l'avons découverte, nous en avions fait notre refuge. C'était une bonne cachette. Nous regardions la télévision couleur qui nous fascinait toujours autant. Les subtilités du satellite nous échappaient. Nous ne comprenions pas comment les chaînes espagnoles pouvaient être diffusées au Maroc.

Maître Bernard Dartevelle est arrivé tard dans la matinée, ce 23 avril, accompagné de Hervé Kerrien qui portait un appareil photo. A l'aéroport, personne ne soupçonnait l'objet de sa visite, et on l'avait laissé passer sans encombre. Ce qui ne fut pas le cas à son retour, où il fut interrogé à deux reprises par la police avant d'être relâché.

Maître Dartevelle nous a servi le discours de la France indignée, de la France des droits de l'homme. Il nous a juré que les intérêts économiques de son pays ne passeraient pas avant les nôtres. Puis il nous a donné le message du président Mitterrand :

— Vous devez être très fiers de vous parce que s'il y a des millions d'enfants qui sont persécutés, massacrés, emprisonnés dans le monde, vous resterez les seuls qui n'ont pas baissé les bras et qui ont continué à lutter jusqu'au bout.

Il nous a fait signer un papier où nous reconnaissions que le cabinet Kiejman était habilité à nous défendre. Puis il nous a dit qu'il devait nous prendre en photo. Au moment où Kerrien appuyait sur le déclencheur, la porte s'est ouverte sur le réceptionniste qui nous a regardés longuement avant de sortir. Maître Dartevelle nous a donné un deuxième rendez-vous pour le soir. Quand il est parti, l'euphorie nous a enfin gagnés. L'Himalaya avait été franchi. Nous avions réussi à alerter la presse et l'opinion publique. On nous avait écoutés, pris au sérieux. Toute la journée cette idée nous a réconfortés ; nous ne parlions que de notre victoire. Bientôt nous serions libres. Bientôt nous serions tous réunis à nouveau.

Quand il est revenu le soir, cette fois sans Kerrien, maître Dartevelle nous a appris que tout était organisé pour notre départ, fixé au lendemain matin à dix heures trente. Nous devions fuir vers Tanger et, une fois au consulat français, on nous ferait prendre un avion pour la France.

Je lui ai fait remarquer avec une certaine angoisse que l'alerte avait été donnée, que le réceptionniste nous avait surpris dans la salle vidéo et qu'à l'hôtel ils se méfiaient de plus en plus de nous. Il serait sans doute très risqué d'attendre encore. Il ne pouvait rien faire de plus mais nous a conseillé de nous faire très discrets.

Quand il est reparti, nous n'en menions pas large.

A la nuit, nous sommes allés du côté des chambres. Nous avions faim. Depuis trois jours, nous ne nous nourrissions que de cafés et de cigarettes. Devant les portes étaient déposés des plateaux, portant des reliefs de repas. Nous nous sommes disputé un bout de pain, un reste de fromage. Nous étions près de la chambre du jeune couple d'Espagnols et nous avons frappé à leur porte.

L'homme a ouvert. Il était en caleçon. Il m'a regardée, d'abord étonné.

— Pétard ? ai-je demandé en français, avec mon plus charmant sourire.

Ce mot est le sésame de tous les babas cool du monde.

Il a souri lui aussi et nous a invités à entrer. Sa femme était nue dans le lit, elle nous a vus passer les uns après les autres. Elle était un peu affolée, mais il l'a calmée d'un baiser et il nous a fait signe de nous asseoir sur le divan. Pour avoir passé trois jours à étudier ce petit couple avec attention, nous savions qu'ils étaient du genre « on partage tout », peace, love et fumette.

Il s'est roulé un joint, a tiré quelques bouffées, l'a donné à sa femme puis ensuite nous l'a tendu. Nous avons fait semblant de fumer : le café drogué nous avait servi de leçon. Raouf imitait Louis de Funès dans les *Gendarmes à Saint-Tropez*. Il me tendait le pétard et disait d'un air pénétré :

— Amour, amour...

Nous nous tordions de rire et le couple nous imitait. Ils mettaient notre hilarité sur le compte de l'herbe.

Assommés, ils se sont enfin endormis. Nous avons fait de même sur le divan.

Au lever du jour, les oiseaux nous ont tous réveillés de leur caquetage insupportable. Les deux Espagnols nous ont regardés bizarrement. Ils semblaient surpris de nous trouver là. Puis ils se sont souvenus de la soirée « pétard ». La jeune femme m'a gentiment proposé de passer à la salle de bains.

Nous avons fait chacun une vraie toilette, c'était la première depuis quatre jours. D'habitude, j'évitais les miroirs, je ne supportais pas mon visage dévasté. Pour tenter de le camoufler, je me suis maquillée de façon voyante avec les produits de beauté que j'ai trouvés sur la tablette. Maria m'a imitée.

Nous les avons quittés en les remerciant. Nous sommes allés directement au bar pour attendre maître Dartevelle.

Nous avons alors entendu un appel de la réception.

— On demande mademoiselle Oufkir...

J'ai fait comme si cela ne me concernait pas. Ne m'appelais-je pas Albertini ?

Pour être tout à fait honnête, je ne croyais pas que nous allions nous en sortir, même en étant aussi près du but. Mon instinct me soufflait que nous serions repris ; même dans mes plus grands moments d'euphorie, je n'avais jamais sous-estimé mon ennemi. Mais cela m'était égal. Nous avions joué le jeu, atteint le maximum de nos possibilités.

J'étais fière de nous comme mon père l'aurait été.

— On demande mademoiselle Oufkir...

Il était dix heures vingt-cinq, ce vendredi 24 avril 1987. Je me suis retournée vers le hall de l'hôtel. Au lieu du taxi de maître Dartevelle, j'ai vu un fourgon de police s'arrêter devant la porte vitrée.

Dix policiers en tenue kaki, portant des kalachnikov, en sont descendus. Un deuxième, puis un troisième, puis une dizaine de fourgons se sont arrêtés.

Des policiers en sortaient toujours, par grappes.

J'ai poussé Raouf du coude et je lui ai dit tout bas :

— Les flics sont là. Ils nous ont donnés.

Au pas de course ils se sont alignés de part et d'autre. Le jeune couple espagnol qui venait nous rejoindre les a vus et a rebroussé chemin en courant.

A part « pétard », qu'avaient-ils, eux, à se reprocher ?

L'arrestation

Une demi-douzaine d'officiels de la police fondit sur nous. L'un d'entre eux nous demanda de décliner nos identités.

— Vous êtes Malika Oufkir ?

— Pas du tout, répondis-je avec hauteur, mon nom est Albertini.

Je tenais à m'en tirer avec les honneurs. Raouf proféra le même mensonge. L'homme qui semblait être le chef se retourna et fit un signe aux policiers armés qui, à présent, nous entouraient. Ils s'avancèrent. D'un geste, il stoppa leur élan. Notre arrestation devait se passer dans la discrétion. Ils nous firent alors traverser le couloir en nous poussant violemment la tête pour nous forcer à la baisser, sous les yeux horrifiés des touristes. En un éclair, nous avons aperçu la vieille dame et son fils ainsi que le jeune couple espagnol revenu sur ses pas.

On nous a fait monter dans un fourgon qui nous a conduits au commissariat de Tanger. A l'entrée, les policiers formaient une sorte de haie comme s'ils voulaient nous saluer. Ils nous regardaient avec admiration, l'un d'entre eux pleurait à chaudes larmes. Nous n'aurions pas été étonnés qu'ils nous applaudissent. Les officiels venaient de Rabat. On nous sortait le grand jeu. On nous traitait en héros, ce qui accentuait notre fierté. Partout, nous sentions le respect dans les regards.

On prit nos mesures, nos empreintes, et on nous fit passer dans un box. Notre fierté redoubla quand le procureur général téléphona devant nous à Driss Basri, le ministre de l'Intérieur.

— Mais Excellence, je vous le jure, je les ai arrêtés. Je vous le jure sur la tête de mes enfants, Excellence, ils sont là en face de moi, oui, ils sont quatre, Malika, Raouf, Maria, Abdellatif. Oui, c'est moi, personnellement, Excellence, qui les ai repris. Dans la discrétion, oui, tout à fait, Excellence.

Il aurait capturé Mesrine ou la bande à Baader qu'il n'en aurait pas été plus heureux. Raouf et moi, nous nous regardions en souriant discrètement. Mes genoux chancelaient, mes jambes tremblaient, l'émotion me submergeait. Mais je n'ai pas eu le temps de me laisser aller.

Dans un coin, les « gros bonnets » discutaient entre eux. Ils donnèrent des ordres rapides et on emmena Abdellatif. Je fus affolée par son départ. J'avais peur qu'ils se servent de lui pour faire pression sur nous. Comme pour confirmer mes craintes, ils nous fixèrent avec sévérité, Raouf et moi, histoire de bien faire passer le message.

Les petits policiers virent ma panique et s'arrangèrent pour me chuchoter à l'oreille que nous n'avions rien à redouter. Les autres essayaient de nous impressionner mais nous avions gagné. Nous avions défié le pouvoir, contacté l'étranger... Face à nous, ils étaient pieds et poings liés.

Peu à peu, les gardes se sont enhardis. Au lieu de communiquer par signes, ils sont venus nous parler directement.

Certains pleuraient. D'autres nous avaient connus enfants. Ils faisaient partie de l'escorte de mon père quand nous habitions encore rue des Princesses. Certains se trouvaient à Tamattaght et avaient participé au réseau.

— Vous pouvez être fiers de vous, disaient-ils, vous avez

redoré le blason des Berbères. Vous avez fait revivre votre père. Les officiels se sont approchés de nous, trop mielleux et trop onctueux pour qu'on leur fasse confiance. Le procureur a pris la parole.

— Ne paniquez pas. Votre frère sera bien traité. Il a l'âge de mon fils, j'ai assisté à son baptême...

Puis ils nous ont fait quitter la pièce. En montant des escaliers, j'ai demandé à nouveau à un policier si Abdellatif ne risquait vraiment rien.

— Penses-tu... Personne n'osera toucher à un seul de vos cheveux. Depuis quatre jours ils sont tous sur les dents, ils ne mangent pas, ils ne boivent pas. Le patron (il voulait dire le roi) supervise personnellement cette affaire et tant que vous n'étiez pas arrêtés, c'était eux qui trinquaient.

La rumeur racontait que pendant les jours où nous étions en fuite, le roi avait interdit à ses enfants de sortir du palais de Marrakech où ils se trouvaient, par crainte de notre vengeance.

On nous a fait entrer dans une pièce de vastes dimensions. A mon grand soulagement, le petit nous y attendait. Les officiels se tenaient devant la fenêtre. Je me suis approchée d'eux. Soudain, les jambes m'ont manqué, les murs se sont mis à tourner, j'ai ressenti un picotement au cœur. Ils se sont précipités pour me soutenir. L'accumulation des émotions et la peur éprouvée pour Abdellatif avaient eu raison de mon équilibre.

Quelqu'un est allé me chercher un jus d'orange. On a ouvert la fenêtre et on m'a conseillé de respirer fort. Le commissariat donnait sur une église. J'ai regardé distraitement au-dehors.

C'est alors que je l'ai vue. Marie. La Vierge. Lovée dans une alcôve, elle portait l'Enfant Jésus dans ses bras et me fixait de son bon regard bienveillant. J'ai failli m'écrouler pour de bon, mais cette fois, de bonheur. Ainsi, elle était toujours là lorsque nous avions besoin d'elle, elle veillait sur nous, elle nous protégeait. J'ai appelé les autres d'un signe discret, pour qu'ils la voient aussi. Le message était clair, elle me signifiait de tenir bon, comme lorsque nous creusions le tunnel. Je me suis ressaisie rapidement.

Ils n'en démordaient pas. Nous n'avions pas pu nous échapper tout seuls. C'était impossible. Nous avions eu des complicités venant d'Algérie. Ils nous ont interrogés Raouf et moi, chacun à notre tour, avec le même discours sirupeux. Ils avaient connu mon père, ils connaissaient l'oncle, le grand-père... Nous étions une famille honorable... Nous devions coopérer avec eux.

Leurs questions fusaient.

— Pourquoi avez-vous contacté un avocat français ? Pourquoi ne faites-vous pas confiance aux institutions marocaines ? Pourquoi n'avez-vous pas demandé la grâce royale sur la tombe de Mohammed V ?

— Vous êtes une fille du Palais, vous connaissez les habitudes... Jamais Sa Majesté n'aurait pu vous refuser la grâce et tout se serait bien passé.

— Et maintenant soyez honnêtes, dites-nous qui sont vos complices. Votre histoire de tunnel ? A d'autres... Vous n'aviez rien pour creuser... C'était tellement surveillé.

— On ne s'échappe pas de Bir-Jdid...

Je me suis assez vite lassée de répondre et j'ai laissé parler mon interlocuteur, le contrôleur général Guessous, un parent éloigné de Mamma Guessous. Je me suis demandé où il voulait en venir, car il avait visiblement une idée derrière la tête.

Au-dessus de son bureau une grosse horloge était accrochée. Il la regardait fréquemment, l'air anxieux. J'ai fini par comprendre. On approchait de l'heure des informations. Il a allumé la radio. Après le générique musical, le speaker a donné les titres :

— Evasion spectaculaire de quatre des enfants du général Oufkir...

Guessous a éteint le poste avec rage. Je n'avais plus rien à lui dire et lui non plus.

On m'a fait quitter la pièce. En rejoignant Raouf, je lui ai raconté ce que j'avais entendu, mais il a refusé de me croire.

— Kika, tu rêves. Tu prends tes désirs pour des réalités.

— Raouf, je ne suis pas folle. Je peux te répéter mot pour mot les paroles du journaliste...

J'ai tout de même réussi à le convaincre...

Une paix intérieure m'a alors envahie, une sensation de bien-être comme je n'en avais plus connu ces dernières années. Cette annonce était la preuve que nous avions gagné. Le monde entier était enfin au courant.

Une demi-heure plus tard, Guessous est revenu nous voir. A son visage, j'ai compris que notre situation avait changé. Ils avaient sans doute tenté de convaincre les Français de ne pas répandre la nouvelle de notre évasion. Peut-être même essayé de les persuader que l'affaire Oufkir était une affaire intérieure marocaine, malgré cette navrante atteinte aux droits de l'homme. Malheureusement pour eux, l'information avait été rendue publique. Il fallait nous considérer différemment.

On nous a fait entrer dans une autre pièce, vide celle-là. Ils ont envoyé chercher des matelas neufs que des policiers ont déposés par terre, puis on nous a apporté des plateaux débordants de nourriture. Nous avons mangé avec délices, il y avait des petits pains, du beurre, du thé.

Pour nous, ce commissariat était un hôtel cinq étoiles. Nous nous sommes chamaillés pour savoir comment nous installer pour dormir. Nous étions épuisés mais heureux. Notre mission était accomplie.

Nous nous sommes endormis en pensant aux nôtres. Maman pouvait être fière de ses enfants. Pendant quatre jours, avec nos faibles moyens, nous avions mis le pays sur les dents.

On nous traitait à présent avec déférence. Nous étions redevenus des êtres humains et cela nous faisait du bien. Le lendemain matin, le procureur général nous a autorisés à utiliser sa salle de bains personnelle située dans les locaux du commissariat. Nous en avions rarement vu de si grande. Plus d'une centaine de flacons différents étaient rangés sur sa coiffeuse, de l'eau de Cologne, du parfum, des bombes de mousse à raser, des bouteilles de shampooing et d'après-shampooing.

Pour nous qui avions vécu onze ans avec une demi-boîte de Tide par mois en guise de savon, cette soudaine opulence nous faisait rire aux larmes. Nous avions oublié la société de consommation. Comment pouvait-on s'encombrer d'autant d'objets inutiles ?

Nous soupesions les bouteilles, nous dévissions les bouchons, nous nous aspergions d'eau de toilette et de lotions d'après-rasage. Nous étions quatre gosses lâchés dans un parc d'attractions. Les miroirs nous plaisaient moins, nous évitions de nous y attarder. Notre regard, surtout, nous paniquait. Nos yeux étaient exorbités comme ceux des enfants du tiers-monde qui souffrent de malnutrition.

Nous nous sommes enfermés pour nous laver. En ouvrant les robinets trop fort, nous avons provoqué une inondation. Nous avons épongé tout de suite la moquette avec les serviettes et les peignoirs. Nous avions peur des auréoles. Encore ce vieux réflexe du tunnel...

Puis nous sommes sortis tous les quatre en riant. Nous sentions trop fort le parfum. Raouf avait un besoin urgent d'être examiné par un dentiste. Ses abcès buccaux étaient gonflés de pus, mais le praticien chez qui on l'emmena refusa de le toucher. L'infection était si grave que mon frère risquait un arrêt cardiaque. Il faudrait l'opérer plus tard.

Guessous tentait de nous traiter avec neutralité, comme il était de son devoir de fonctionnaire ; mais sous la sécheresse du ton, perçaient à la fois l'admiration pour nos exploits et la compassion pour notre état. Nous devions vraiment avoir une allure bien pitoyable pour qu'il propose, de lui-même, de nous habiller de neuf...

On nous a conduits au centre-ville en voiture. Des souvenirs ont afflué. J'ai pensé à ces onze ans au Palais où je voyais, comme à présent, la vie défiler derrière la vitre. Toute ma vie, le monde extérieur avait été hors d'atteinte. Je me suis demandé combien de temps il me faudrait encore avant de goûter pour de bon à la liberté. Ouvrir la porte aurait été si simple. Mais je n'avais plus de forces.

Dans les boutiques où on nous emmenait, les vendeuses étaient aux ordres de la police. C'étaient leurs circuits, leurs indics, les maillons du filet tissé serré pour que ce pays s'habitue à obéir. On s'adressait à nous avec déférence, on voulait satisfaire nos moindres désirs, mais je n'avais envie de rien et surtout, rien ne m'allait. Maria était trop maigre, les vêtements flottaient sur elle. Moi, j'étais trop enflée. J'ai choisi cependant une jupe et une longue tunique. Dans une boutique de chaussures, j'ai pris des sabots, pour le confort. Mes pieds étaient toujours ensanglantés, mais je ne sentais même plus la douleur.

On nous a transférés à Casablanca, au commissariat Ben Chérif, tristement connu des prisonniers politiques, qui était dirigé par Yousfi, le commissaire divisionnaire de la ville. Il avait interrogé maman quelques jours après la mort de mon père, puis il avait été envoyé à Tamattaght quand notre réseau avait été démantelé.

Nous avons monté et descendu des escaliers, traversé un long couloir au bout duquel Yousfi, Allabouch, le directeur de la DST, et trois autres commissaires nous attendaient.

S'il avait fallu filmer ce moment, un metteur en scène aurait sans doute ajouté une voix off pour en faire ressortir l'émotion. Ou bien il aurait fait du son avec les clameurs s'élevant des cellules des prisonniers pour célébrer notre victoire.

Mais rien de tout cela ne s'est produit. Notre arrivée a eu lieu dans le silence.

Un silence tellement pesant que l'émotion qui s'en dégageait n'en était que plus intense. Nous avons vécu un moment surprenant. Ces cinq hommes, serviteurs fervents du régime, nous ont félicités.

— Bravo, a dit Yousfi. C'était vraiment la Grande Evasion, votre histoire.

Il a continué à nous complimenter sur notre courage. Pendant qu'il nous parlait, je gardais les yeux fixés au sol.

— Non, me dit-il, non. Il n'y a pas deux minutes que tu es là et déjà tu évalues les dalles pour pouvoir t'échapper. Une fois ça suffit, tu ne crois pas ?

Nous avons tout de suite demandé des nouvelles des nôtres. On nous a rassurés, elles allaient bien. D'ailleurs nous allions les revoir tout de suite. Yousfi a appelé un vieil homme au pas traînant dans ses savates, qui était chargé de bander les yeux des prisonniers.

Il tenait un bâton à la main et en passant devant chaque porte, il criait : « Banda banda. » On l'appelait d'ailleurs ainsi. Banda Banda a ouvert une porte et nous a fait pénétrer dans une cellule.

Une vieille dame courbée mangeait une soupe.

C'était maman.

La grève de la faim, la tentative de suicide, l'anxiété due à notre évasion l'avaient prématurément vieillie. J'avais devant moi une petite femme maigre et ridée, recroquevillée sur elle-même. Elle portait lentement la cuiller à sa bouche, avec des gestes mesurés de vieillarde.

Elle a relevé ses grands yeux noirs vers moi. Ils étaient empreints d'une tristesse infinie. Son regard était vide. Elle ne me reconnaissait pas.

Nous nous sommes bousculés pour nous jeter tous les quatre à ses genoux. Sa main s'est mise à trembler. Elle a déposé sa cuiller sur la table et a murmuré, si bas que nous l'entendions à peine :

— Mes enfants... vous êtes... mes enfants.

Nous avions tant changé qu'elle ne nous avait pas identifiés tout de suite. Ce n'était pas seulement parce que nous portions des vêtements neufs. Ces quatre jours de liberté avaient déposé dans nos regards la petite flamme de la vie, que nous croyions pour toujours éteinte. Nous étions de l'autre côté, hors les murs, tandis qu'elle se morfondait encore.

Maman portait un foulard autour de la tête. Le soir de notre évasion, Soukaïna et elle s'étaient juré de se raser le crâne si on ne nous rattrapait pas dans les douze heures qui suivaient. Elles avaient tenu parole. Ces deux-là s'entendaient à merveille pour les folies. Mimi était blanche comme de la craie. Achoura et Halima avaient les yeux hagards.

Le premier moment de surprise passé, nous nous sommes tous embrassés longuement. On riait, on se roulait par terre, on criait :

— On a gagné, le cauchemar est terminé, on n'est plus à Bir-Jdid

Maman et les filles se trouvaient au commissariat Ben Chérif depuis le mardi 21 avril. Elles étaient arrivées trois jours après notre évasion. Au début, leurs conditions de détention avaient été épouvantables.

On les avait placées contre un mur, en enfilade, vêtues de djellabas militaires, la capuche enfoncée sur leurs yeux bandés. Elles avaient été obligées de demeurer des heures immobiles, à écouter les hurlements de douleur de Borro qu'on torturait dans la pièce voisine et qui criait qu'il n'y était pour rien. Elles n'avaient pas mangé depuis longtemps, et Soukaïna, trop affaiblie pour rester debout, s'était évanouie. Pour unique nourriture, on leur avait donné de la pâtée pour chiens, un liquide innommable, baveux, où surnageait de la fécule de riz.

Pendant les interrogatoires que maman avait subis, on l'avait harcelée de questions pour qu'elle avoue où nous comptions aller. Elle ignorait que le plan des ambassades avait échoué. Croyant les diriger vers une fausse piste, elle leur avait répondu que nous irions à Tanger.

C'était impossible à leurs yeux. Pour eux, nous n'avions pas quitté les environs de Bir-Jdid. Au mieux, nous étions descendus de l'autre côté, vers la frontière du Sahara occidental. Mais la grosse Malika, la fille de l'ami de mon grand-père, nous avait dénoncés à Rabat.

Ils s'étaient alors rendus à l'évidence. Nous pouvions nous trouver partout au Maroc. Ils avaient fouillé Rabat et ensuite Tanger, en se concentrant, comme nous l'avions prévu, sur les points où nous pouvions fuir du pays.

Deux heures avant notre arrivée au commissariat Ben Chérif, le traitement ignoble des prisonnières avait cessé. On leur avait enfin apporté de la nourriture décente, des escalopes panées, des haricots verts, servis dans des assiettes et non plus dans des écuelles en fer-blanc. Maman avait alors compris que nous avions été repris. La nouvelle lui fut confirmée un peu plus tard par Allabouch, le directeur de la DST.

Nous avons raconté notre cavale avec force détails. Elles nous regardaient avec des yeux incrédules et nous sentions bien à quel point elles étaient fières de nous. Pendant que nous parlions, maman se levait fréquemment, nous touchait, nous embrassait, répétait les mêmes phrases.

— Mes enfants, mes petits chéris. C'est incroyable ce que vous avez pu changer...

C'était vrai. Le plus terrible pour nous était de nous apercevoir que nous ne faisions plus vraiment partie d'un tout. Nous nous sentions un peu coupables.

Nous avons donc écouté les récits de maman et de Soukaïna avec beaucoup d'attention, comme s'il fallait nous racheter de ce surplus de liberté que nous avions vécu sans elles.

Après l'évasion

A huit heures trente, ce lundi matin, les gardes entrèrent comme tous les matins dans la cellule de maman et lui apportèrent le café préparé par Achoura. Ils commencèrent leur fouille. Maman était très calme. Les cinq femmes avaient passé la nuit à trembler pour nous, surtout lorsqu'elles entendaient hurler la meute des chiens errants. Ne nous voyant pas revenir, elles s'étaient peu à peu rassurées.

Ils visitèrent sa cellule, sondèrent partout. La porte des WC était restée entrebâillée.

— Mon fils est malade, leur dit-elle. Il a passé la nuit aux toilettes. Vous voulez entrer pour vérifier?

Ils refusèrent poliment malgré son insistance. Ils ressortirent, fermèrent la cellule de maman, entrèrent chez nous. Soukaïna avait eu le temps de maquiller les dalles. Ils furent un peu étonnés qu'elle les reçoive. D'habitude, c'était moi qui m'avançais pour leur parler.

Ma petite sœur était sereine, elle aussi. Elle avait puisé dans notre réussite la force de leur tenir tête.

— Malika et Maria ont leurs règles, dit Soukaïna.

C'était la seule phrase à prononcer pour que les geôliers ne s'approchent pas davantage. Soukaïna avait arrangé nos lits de façon à leur faire croire que nous dormions encore. Comme à son habitude, Mimi resta cachée sous sa couverture et ne releva pas la tête. Mais au moment où ils quittèrent la pièce, elle poussa un grand soupir propre à les rassurer.

Tout ces détails faisaient partie d'une stratégie mise au point avec minutie, comme le reste. Les gardes entrèrent dans la pièce du tunnel, grattèrent, fouillèrent, tapèrent sur les murs. Pas une seule fois leurs godillots ne se posèrent sur les dalles creuses. Ils passèrent rapidement chez Achoura et Halima pour une visite de routine. Elles ne les inquiétaient pas. De leurs cellules, maman et Soukaïna les surveillaient. Elles entendirent les pataugas, tchak, tchak, tchak, puis les clés.

Maman était partagée entre l'excitation et la peine pour ces pauvres bougres qui depuis onze ans rythmaient nos journées, et que notre évasion allait mettre en danger.

Juste avant qu'ils arrivent à la cellule de Raouf, maman frappa violemment à sa porte. Ils revinrent sur leurs pas et lui demandèrent ce qu'elle voulait.

— J'ai oublié de vous dire quelque chose de très important. Revenez.

Ils obéirent, ouvrirent à nouveau sa cellule.

— Voilà, dit-elle, Malika, Maria, Raouf et Abdellatif se sont évadés.

Ils ne réagirent pas. Elle les secoua un par un.

— Allez dans les toilettes, vous verrez bien. Abdellatif n'est pas là. Allez chez les filles, chez Raouf, soulevez les draps, regardez partout, sous les lits... Ils se sont évadés, je vous dis.

Il ne fallut pas moins d'une bonne dizaine de minutes pour que la nouvelle parvienne à leur cerveau embrumé. Pendant que maman s'échauffait, ils la regardaient avec commisération, comme si elle était subitement devenue folle.

— Ressaisissez-vous, madame Oufkir, voyons, vous êtes une femme raisonnable, d'habitude...

Mais maman ne les lâchait plus. Elle virevoltait dans la cellule, soulevait la paillasse, entrait dans les toilettes.

— Mais en quelle langue faut-il que je vous le répète ? Quatre de mes enfants se sont évadés...

Ils se mirent à fouiller partout en la suivant. Puis ils se

regardèrent. Le petit n'était nulle part. Il y eut un silence pani-qué. Ils ouvrirent à nouveau notre cellule. Ils nous savaient capables du pire. Et si Abdellatif avait réussi à se faufiler chez nous et s'était caché pour leur faire peur ? Soukaïna les reçut en souriant.

— Elles sont là, elles dorment, elles ont leurs règles, dirent-ils. Tu nous l'as dit, on les voit bien...

— Non, dit Soukaïna, elles ne sont pas là. Regardez.

Ils soulevèrent nos couvertures. A notre place, Soukaïna avait disposé deux tas de vêtements. Ils regardèrent sous les lits, fouillèrent du mieux qu'ils le purent puis se rendirent chez Raouf où ils cherchèrent aussi, sans résultats.

Ils eurent alors un moment de démence. Notre évasion les condamnait à une mort certaine. Ils entrèrent dans notre cellule avec des pioches et firent sauter les dalles de notre chambre. De là, ils passèrent à la cellule du tunnel et firent encore sauter des dalles sans pour autant découvrir le passage. Ils ne compre-naient rien. Ils paniquaient, criaient et couraient dans tous les sens.

Puis ils entrèrent dans la cellule de Achoura et Halima et les frappèrent violemment pour les faire avouer. Ils n'osaient pas toucher maman ou mes sœurs. Maman intervint alors et tam-bourina à sa porte pour leur parler. Ils étaient si affolés qu'ils ne l'écoutaient pas. Elle dut hurler pour se faire entendre.

— Calmez-vous, leur conseilla-t-elle, très maîtresse d'elle-même. Et cessez de tout détruire. Vous connaissez Rabat. Quand ils vont arriver, ils diront que vous êtes complices.

Les pauvres bougres étaient sur le point de s'écrouler de terreur.

— Vous avez raison, on va tout replacer comme avant.

— Non, dit maman, c'est trop tard. Lancez plutôt l'alerte.

Les gardes étaient bien ennuyés. Borro n'était pas là. Comme il n'était pas de service le dimanche, il en profitait pour aller voir ses enfants et rentrait tard le lendemain. Le lundi matin, les gardes perquisitionnaient sans lui. Ils n'avaient pas l'habitude de prendre des responsabilités et se retrouvaient complètement perdus. Ils suivirent cependant les conseils de maman. La nouvelle de notre évasion tomba directement à l'état-major et au ministère de l'Intérieur.

A peine une heure plus tard, l'ignoble Borro arrivait. Lui qui deux mois auparavant avait menacé maman avec un pied de vigne, lui qui nous narguait avec sa stature de gorille et ses petits yeux injectés de sang, lui qui se flattait d'avoir su nous mater, se tenait devant elle, le teint cireux, les yeux baissés. Il évitait son regard.

Elle jubilait mais s'appliquait à ne rien lui montrer.

Selon lui, notre évasion était impossible. Nous nous étions cachés quelque part. Il ordonna de regarder sur les toits. Bien entendu, la fouille ne donna rien.

Il releva les yeux sur maman et lui dit d'une voix tremblante :

— Ils se sont évadés.

Il avait vieilli de vingt ans en moins d'une heure. Finis l'arrogance, la méchanceté, le mépris. Il traînait le pas, se laissait guider par maman et Soukaïna. Il ressemblait à un condamné que l'on mène à la potence.

Les gardes enfermèrent maman et mes sœurs dans notre cellule. Elles restèrent ainsi un bon moment à attendre. Un peu plus tard, elles entendirent le ciel qui vibrait, noirci soudain par une armada d'hélicoptères qui atterrirent dans les champs. Des officiers en grande tenue d'apparat envahirent la caserne.

Les portes de la prison s'ouvrirent. Des policiers entrèrent, tenant de féroces bergers allemands en laisse. Ils leur donnèrent nos haillons à renifler et les lâchèrent dans la nature. Elles eurent alors très peur. Les mouhazzins furent remplacés par des gendarmes, aux méthodes moins frustes.

Ils bandèrent les yeux de maman et la firent sortir dans la caserne, puis asseoir avec brutalité. Le ton était menaçant. Il ne s'agissait plus des gardes que l'on pouvait manipuler ni de Borro que nous commencions à connaître. Les officiers parlaient durement, sans humanité. Ils allaient lui faire payer notre audace.

Maman tremblait de peur mais elle ne se laissa pas démonter. Dès la première question, elle interrompit celui qui l'interrogeait.

— Général Ben Slimane, dit-elle, pas la peine de ruser, j'ai reconnu votre voix.

L'homme se leva immédiatement et fut remplacé par un autre. Les yeux bandés, maman percevait leur malaise. Ils avaient tous été des familiers de mon père, elle les avait reçus des centaines de fois à la maison. Le second officier eut droit aux mêmes réflexions que Ben Slimane.

— Tu n'as même pas le courage de me faire face, dit-elle, méprisante. Tu es pourtant un soldat. Tu es donc obligé de m'interroger en me bandant les yeux ? Quoi que vous fassiez et même au bout du monde, je vous reconnaîtrai tous, ajouta-t-elle.

Elle ne voulait rien leur dire et, malgré sa peur, elle restait digne et courageuse.

— Madame Oufkir, soyez raisonnable. Si vous ne nous révélez pas où ils sont, cela peut être dangereux pour eux. Ils risquent d'être mangés par les loups qui pullulent dans la région.

— Je préfère qu'ils soient mangés par les loups que par vous...

Ils la raccompagnèrent dans sa cellule. Soukaïna subit les interrogatoires à la place de maman, les yeux bandés, elle aussi. Elle avait pourtant neuf ans à son entrée en prison et ne pouvait reconnaître personne. Mais après chaque interrogatoire, elle décrivait à maman la voix des officiers et maman les identifiait.

Ils voulaient savoir où nous nous trouvions, usaient de tous les moyens, les menaces, l'intimidation, les supplications, le chantage affectif, mais Soukaïna leur tenait tête, imperturbable, malgré sa frayeur et son angoisse.

La première fois qu'ils entrèrent dans la prison en la ramenant à sa cellule, elle les entendit s'adresser à Borro.

— On aura ta peau, lui dirent les généraux. Comment as-tu pu faire vivre ces enfants dans des conditions pareilles ?

Nous ne nous en rendions même plus compte, mais l'endroit était impressionnant de crasse et d'insalubrité. A force de cuisiner au charbon de bois, les murs et les grillages étaient noirs de suie. Tout était délabré, grisâtre, sombre et ruisselant d'humidité. Le confort était plus que sommaire : paillasses, caisses de carton en guise de meubles, terre battue. Des animaux en cage auraient été mieux traités.

Les généraux savaient que le roi exerçait sa vengeance sur nous, mais jamais ils n'auraient pu imaginer que nous vivions dans de telles conditions. Pour eux, nous recevions des livres, du courrier, nous étions relativement choyés. Ils interrogèrent Soukaïna sur notre alimentation. Elle leur révéla que nous ne connaissions plus le goût de certains aliments, le lait, le beurre, les fruits. Elle décrivit nos repas, expliqua comment nous nous faisions des sandwiches aux herbes bouillies. Les généraux étaient d'autant plus horrifiés que les aliments entraient normalement dans la caserne ; les soldats n'étaient privés de rien.

Ils n'avaient pas encore repéré le trou contre le grillage. Au bout de vingt-quatre heures, ils ne comprenaient toujours pas comment nous nous étions échappés. Un tunnel était infaisable. Il fallait du matériel, des bras. Maman, Soukaïna et Mimi étaient dans un état physique déplorable.

Où auraient-elles trouvé la force de creuser ?

— On n'a pas eu besoin de bras musclés, lâcha finalement Soukaïna au bout de quelques interrogatoires, où les mêmes questions revenaient sans cesse. Pour nous évader, il nous aura fallu quinze ans de prison, quinze ans de souffrances inhumaines, quinze ans de faim, de froid, de peur, de privations. Quant à l'intelligence, vous nous avez laissé tout ce temps-là pour la faire fructifier.

Ils craquaient. Ils voulaient tout savoir. Tout comprendre. Par la force, s'il le fallait.

Mais Soukaïna était lâchée. Elle racontait sans se faire prier, prenait un malin plaisir à utiliser notre vocabulaire : lampions, éléphants... Ils la regardaient, éberlués, partagés entre l'incompréhension et la colère. Se moquait-elle d'eux ? Ils pourraient se fâcher... En dépit de la terreur qui lui nouait le ventre, ma sœur demeurait très polie. Les interrogatoires étaient vraiment éprouvants et Soukaïna, malgré sa bravoure, n'en menait pas large. Mais elle était consciente du rôle qu'elle jouait.

Il faut dire qu'elle se débrouillait à merveille. C'était la première fois que cette jeune femme de vingt-quatre ans, prisonnière depuis l'âge de neuf ans, tenait le devant de la scène. Elle était comme un muet qui soudain recouvre l'usage de la parole. Elle se découvrait drôle, intelligente, rusée, narquoise, insolente. Elle tenait son public en haleine, même si ledit public était en rage devant une telle audace.

Malgré leur ton menaçant, ils étaient subjugués, intrigués, parfois hilares.

— Mais puisque vous n'aviez pas de montres, comment saviez-vous l'heure pour refermer le tunnel ?

— Cornélius.

— Qui est ce Cornélius ? Un complice ? Ne te moque pas de nous, sinon...

— Mais dis-nous, vous vous êtes pris pour Galilée...

Soukaïna s'en donnait à cœur joie. Ils étaient vraiment secoués.

— Mais c'est l'évasion du siècle. C'est incroyable...

De temps en temps, ils l'interrompaient :

— Votre père a de quoi être fier de ses enfants.

Ils voulaient savoir qui les avait éduqués en prison.

— Malika, répondait-elle. Elle nous a appris à lire, à écrire, à parler, à nous tenir à table. Elle nous a instruits, elle nous a soutenus. Elle nous a servi de mère, de père, de professeur. Nous lui devons tout ce que nous sommes.

Tout le monde fumait devant elle. Après leur départ, elle ramassait les mégots. Un officier la voyant faire lui dit :

— Je n'aurais jamais pu survivre à ce que vous avez vécu.

Et il lui tendit de vraies cigarettes.

Elle donnait tellement de détails précis et vérifiables qu'ils finissaient par la croire. Mais elle ne voulait pas leur indiquer l'endroit où nous avions creusé. Avant de partir, nous avions été formels, ils devaient le trouver d'eux-mêmes. Elle s'amusait avec eux, comme à la main chaude. C'est tiède, c'est froid, c'est brûlant.

Finalement elle trouva que le petit jeu avait assez duré. Ils s'énervaient, se montraient cassants, la menaçaient de plus en plus violemment.

Elle les amena alors à la cellule.

— Le tunnel est là, cherchez.

Ils lui ôtèrent son bandeau des yeux et elle put constater que tous les généraux étaient en grande tenue. Ils braquèrent leurs torches sur les dalles. Ils lui demandèrent d'attendre le cameraman pour les ouvrir. Ils voulaient la filmer et la photographier dans l'action pour envoyer les preuves de notre évasion au roi, je suppose.

Soukaïna ôta les dalles, fit sauter la couche de ciment, tira toute seule les éléphants et les lampions devant leurs yeux ébahis.

Ils appelèrent les gendarmes pour qu'ils s'assurent qu'il y avait bien un passage. Puis ils envoyèrent le cameraman filmer le parcours, ainsi que nos maigres outils, la cuiller, le manche de couteau, le couvercle de boîte à sardines.

Les chiens rapportèrent ce que nous avions abandonné dans notre fuite, le poivre, la barre de fer, les haillons. Les hélicoptères ratissèrent toute la région en vain, nous étions introuvables.

Ils embarquèrent alors maman et les autres au commissariat de Casablanca. Elles étaient transies de peur et d'angoisse, bien plus pour nous dont elles n'avaient pas de nouvelles, que pour leur propre sort.

A Ben Chérif, maman s'efforçait cependant de garder la tête froide. D'après l'attitude de leurs geôliers, nous n'avions pas encore été retrouvés et c'était la seule chose qui lui importait.

Halima fut giflée et frappée à plusieurs reprises. Elle ne se privait pas de donner aux policiers des leçons de morale qui les mettaient hors d'eux. C'était une femme très arrogante qui se glorifiait de sa fidélité à notre encontre et de son amour pour nous.

— Je les ai suivis en prison parce que je le voulais, et si c'était à refaire, clamait-elle, je le referais. Ne comptez pas sur moi pour les trahir.

Leurs mauvais traitements cessèrent un peu avant notre arrivée, quand il fut clair que le monde entier était au courant de notre évasion. Ils ne pouvaient plus se permettre, désormais, de nous maltraiter. Nous avons passé la nuit ainsi, à parler, à rire, à nous embrasser et nous féliciter.

Nous avions vengé mon père.

Nous fêterions désormais le 19 avril, date de notre évasion, comme le jour qui nous avait rendu notre dignité.

Le séjour à Ben Chérif dura deux mois et demi, pendant lesquels nous n'avons pas cessé de manger. Les premiers jours, les plateaux défilaient sans arrêt. Haricots verts, escalopes panées, riz, desserts, le menu n'était pas varié, mais pour nous, c'était Byzance.

Pour rester fidèles à notre tradition de la prison, nous avions surnommé Raouf : « Bou-Ssena », ce qui signifie « dent unique » parce que le pauvre n'avait plus que trois dents. Mon frère s'était lui-même caricaturé, long et maigre, les pommettes saillantes, le cou en tire-bouchon et la mâchoire sertie d'une seule dent où brillait un diamant.

On nous avait donné un poste de télévision. Nous qui n'avions connu que le noir et blanc, nous découvrions le monde en couleurs. Le Maroc défilait sous nos yeux et nous ne reconnaissions rien. J'étais bien obligée de convenir que ce pays s'était modernisé et de rendre au roi cet hommage. J'étais partagée entre la fierté pour mon peuple et la rancœur contre ce souverain qui avait si bien réussi avec des moyens si indignes.

Sa fille, la princesse Meriem se mariait et les reportages se succédaient sur la famille royale. Je ne voyais plus le bourreau mais l'homme qui avait veillé sur mon enfance. Mes larmes coulaient sans que je puisse m'en empêcher. Cette attitude étonnait les autres qui ne pouvaient pas comprendre cette fidélité à mon passé. C'était ainsi. J'oscillais sans cesse de la nostalgie à la haine, de l'émotion à la peur.

Avec la télévision, nous avons eu droit à un magnétoscope. Allabouch possédait une grande vidéothèque de films saisis et il nous les prêtait à volonté. Les flics parlaient beaucoup de *Rocky*, aussi nous étions-nous décidés pour Stallone. Mais c'était un film porno : le grand Sylvester avait commencé sa carrière ainsi. Passé le premier moment de stupeur, nous avons tous hurlé de rire. Le lendemain, maman remercia Allabouch pour l'éducation sexuelle qu'il entendait donner à ses enfants. Très gêné, le directeur se confondit en excuses.

Les interrogatoires avaient repris. Ils savaient tout de l'évasion à présent, mais ils voulaient connaître nos intentions. Ils nous reprochaient d'avoir pris des avocats français au lieu d'avocats marocains. Comme si nous avions eu le choix... Le plus souvent, ils tentaient de nous faire tomber dans les pièges les plus grossiers. Mais quinze ans de geôle nous avaient appris à ruser et ils en étaient pour leurs frais. Cela ne nous avançait guère : nous ne savions toujours pas quel allait être notre sort. Nous n'avions plus de nouvelles de Dartevelle.

Après un conseil de famille, nous avons décidé d'écrire au roi. Nous voulions lui demander l'autorisation d'émigrer au Canada. Allabouch était inquiet : il avait peur que nous nous laissions aller à insulter Sa Majesté, ce qui n'était pas dans nos intentions. La lecture de notre lettre le fit bondir d'indignation.

— Ne dites pas ci, ne dites pas ça...

Nous étions catégoriques, il n'était pas question de modifier la moindre phrase. Nous ne voulions pas rester au Maroc. Le Canada était un bon choix car le roi ne nous aurait jamais laissés partir pour la France. Nous étions bien embarrassants : il ne pouvait plus nous escamoter avec une opinion internationale au courant de notre histoire. Mais qu'allait-il faire de nous ?

En attendant sa réponse, nous nous comportions comme des prisonniers modèles dans ce commissariat qui nous paraissait le comble du luxe, à côté de ce que nous avions vécu. Nous ne protestions jamais, même quand on nous bandait les yeux pour aller à la salle de bains ou aux toilettes. Pour une fois cette surveillance nous faisait plaisir car elle nous rehaussait au même rang que les héros que nous admirions.

Nous ne nous lassions pas de mesurer l'estime et l'admiration que les policiers nous portaient et que nous pouvions lire à tout moment dans leurs yeux. Chaque jour un peu plus, nous savourions notre victoire et l'ampleur de notre vengeance sur le roi.

— Vous les avez niqués, disaient-ils, en faisant le V de la victoire.

Un jour que nous faisions les cent pas dans le couloir, nous avons croisé par hasard deux prisonniers palestiniens. Ils se retrouvèrent face à nous. Les policiers les virent mais un peu tard, et se précipitèrent sur eux pour les emmener. Mais ils eurent le temps de hurler en arabe que nous avions gagné, que la victoire était à nous.

Au bout du couloir, après les toilettes et les douches, une grille était gardée en permanence par un policier en armes et en treillis. Cette surveillance nous intriguait. Harcelés par nos questions, les policiers finirent par nous répondre qu'il s'agissait de l'endroit où l'on interrogeait les prisonniers.

Nous voulions absolument aller voir. Notre requête leur semblait bizarre mais, à force d'insister, ils finirent par y accéder. De l'autre côté de cette grille, un couloir étroit était bordé par des portes de cellules.

J'ai supplié le policier qui m'accompagnait. Il a haussé les épaules.

— Comme tu voudras, mais je t'aurai prévenue. Ça va t'achever.

Il a ouvert une lucarne. La cellule était si minuscule qu'on pouvait difficilement se tenir debout ou même couché, tant le plafond était bas. Un homme était allongé à même une dalle de béton. Il était avachi, sans réactions. Dans la pénombre, il me fixa sans me voir.

Je l'ai regardé moi aussi, les yeux pleins de larmes. Je lui ai murmuré :

— Courage, courage.

Je m'en suis voulu tout de suite. C'était comme si j'avais donné deux gouttes d'eau à quelqu'un qui se mourait de soif dans le désert.

Le policier referma la porte mais j'avais eu le temps de voir le visage du prisonnier qui s'était mis à trembler.

Je sanglotais.

— Je t'avais dit de ne pas y aller, me dit le flic.

Cet homme était un prisonnier politique. Un parmi tant d'autres.

Nous attendions la réponse du roi sans beaucoup d'illusions. Au bout de deux mois, Allabouch nous convoqua et nous annonça que Sa Majesté avait mis provisoirement à notre disposition, à Marrakech, une maison meublée, dotée de tout le confort. Il y avait même un jardin. Nous serions entièrement pris en charge, nourris, habillés, soignés.

Pour nous qui sortions de l'enfer, cette proposition était inespérée. Nous y habiterions en attendant que Sa Majesté prenne une décision au sujet de la demande d'immigration que nous lui avions transmise.

La nouvelle fut bien accueillie. Dans notre excitation, nous avons éludé les vraies questions. Serions-nous vraiment libres un jour ? Et dans combien de temps ?

Mais nous n'avions pas encore la force de nous les poser. Nous étions si fatigués que nous n'aspirions qu'à manger et à dormir.

Marrakech

(1ᵉʳ juillet 1987-19 février 1991)

Six mois d'euphorie

La maison que Sa Majesté nous a royalement attribuée est située à Targa, à quelques kilomètres de Marrakech, le lieu favori de villégiature de la bourgeoisie casablancaise. Du vivant de mon père, le ministère de l'Intérieur nous prêtait là-bas une ferme, où nous aimions passer nos vacances d'hiver et monter à cheval le week-end. Nous en avons gardé d'excellents souvenirs.

De toutes les villas des environs, la nôtre est la plus isolée, ceinte de hauts murs qui laissent voir, à l'extérieur, la cime des arbres. Un jardin en friche l'entoure. La maison qui date sans doute de l'époque coloniale est de vastes dimensions et d'un aspect, sinon agréable, du moins confortable.

Après Bir-Jdid, elle nous semble un palais. L'intérieur nous enchante par la longueur des couloirs, la clarté des pièces et leur multitude. La plupart des chambres sont situées à l'étage. Je partage la mienne avec Maria. Soukaïna, Mimi, Abdellatif et maman se sont installés séparément. Raouf, qui a besoin de fuir le gynécée, s'est attribué la chambre du bas donnant sur le jardin. Achoura et Halima se sont établies près de la cuisine.

La prisonnière

La maison possède deux salons comme dans les belles maisons bourgeoises. Le plus petit est meublé à l'occidentale, avec un canapé et des fauteuils moelleux disposés autour d'une imposante cheminée. Le second est décoré à la marocaine de matelas au sol et d'une table basse. Nous qui avons tant manqué de lumière, nous nous extasions sur la blancheur des murs, le nombre de fenêtres, les interrupteurs électriques. Nous avons des robinets d'eau douce, froide et chaude, un luxe, de vrais sanitaires et des baignoires...

Ce n'est sans doute pas le paradis, mais pour les parias de Bir-Jdid, cela s'en rapproche.

Très excités, les enfants courent partout, rient, crient, se chamaillent pour la répartition des chambres. Mon humeur n'est pas aussi joyeuse. Encore des murs, encore des portes, encore des policiers, encore des interdictions de sortir, de se promener, de vivre...

Encore une prison, même si elle ressemble à une vraie maison. Où est la liberté dont nous avons tant rêvé? Pour ne pas gâcher leur bonheur, je mets un bémol à mes doutes et je suis le mouvement en feignant l'enthousiasme.

— Oui, c'est formidable, oui, nous allons être heureux. Et puis n'est-ce pas provisoire?

Au diable les soupçons, on verra bien plus tard.

On nous a donné carte blanche pour le mobilier de nos chambres, nos vêtements et nos besoins quotidiens. Il nous suffit de demander pour obtenir ce que nous désirons, livres, disques, cassettes vidéo, papier, cahiers, stylos, magazines féminins et journaux marocains. La presse internationale, *Le Monde, Libération*? Il ne faut pas rêver... On nous a aussi procuré une chaîne stéréo, une télévision, un magnétoscope et des postes de radio. Mais quand nous ne sommes pas sages, on nous censure les émissions télévisées.

Le caïd de Marrakech et son adjoint sont chargés du marché quotidien. Le premier jour, ils nous suggèrent d'établir une liste de provisions. Nous pouvons obtenir tout ce qui nous fait envie ou plaisir.

Je ne comprends pas tout de suite ce qu'ils entendent par

« tout ». Un kilo de viande hebdomadaire me paraît suffisant pour neuf. Ecrire le mot « beurre », ou même y penser, est inconcevable. Ils ne saisissent pas mes hésitations. J'insiste.

— Pouvons-nous avoir aussi des fruits ? Du lait frais ? Du chocolat ? Des bonbons ? Ces denrées-là ne nous sont donc plus interdites ?

Ils ont dit vrai. Nous commandons, ils apportent. Peu à peu, nous nous enhardissons. La nourriture devient notre seule obsession, notre unique raison d'être. Tous les soirs nous réfléchissons avec sérieux à nos menus du lendemain, et nous les concoctons avec le cuisinier de la police qu'on a mis à notre disposition. En arrivant, ce brave homme ne savait pas cuisiner. En nous quittant quatre ans plus tard, il est devenu un vrai cordon-bleu.

C'est que nous sommes devenus exigeants sur la qualité de nos recettes. Nous voulons des crêpes, et des galettes, et aussi des tajines et des couscous, des crèmes et des compotes. Et puis, tiens, tous les jours, un gros gâteau d'anniversaire bourré de crème... Avec les aliments, nous retrouvons le goût de vivre.

Souvent, je me réveille au milieu de la nuit, le corps baigné de sueur, assaillie par des cauchemars ou des souvenirs terribles. Je ne sais plus où je suis. Bir-Jdid ? Borro ? Benaïch ? Ces fantômes me poursuivent. Je m'habille à la hâte et je descends tout doucement vers la cuisine. Je croise alors un membre de ma famille, frappé de la même insomnie, qui remonte avec un plateau chargé de nourriture.

— C'est toi, Raouf ? Qu'est-ce que tu manges, Abdellatif ?

Le fou rire nous gagne. Nous revenons ensemble vers le réfrigérateur et nous comparons nos choix. Nous nous empiffrons de concert. L'assouvissement de ces fringales nocturnes nous prouve que nous ne sommes plus au bagne.

Nos corps manquent de tout, nos maladies sont innombrables. Les hémorroïdes de Mimi lui valent un mois d'hospitalisation. Nous souffrons de fièvres inexpliquées, d'abcès, de phlegmons, nous perdons nos cheveux, nous n'avons plus de muscles, plus de chair, plus de dents, rien que la peau et les os, et encore, dans quel état... Mais nous avons beau manger sans arrêt, nous bourrer de vitamines et de médicaments, nos carences sont telles qu'il nous semble à chaque fois verser de l'eau dans du sable.

Pour récupérer, je me défonce toute la matinée dans le sport : jogging, gym, et foot avec mes frères. J'ai demandé des ouvrages sur l'alimentation des sportifs et je suis devenue une encyclopédie vivante sur le sujet. J'ai suivi ce régime pendant deux ans mais mon corps reste longtemps dans un état lamentable. Je m'astreins cependant à ces efforts, un peu comme une handicapée qui recommence à marcher.

Le reste de la journée, j'écoute de la musique et je lis. Je suis boulimique de livres autant que de nourriture : romans, essais, livres d'histoire sur la Deuxième Guerre mondiale et sur la Russie, tout me passionne. Les premiers temps, je ne me contente pas de lire. Je me sens tellement inculte que j'apprends des mots et des poésies par cœur. Je consulte le dictionnaire, je lis Baudelaire et Chateaubriand, je refais des phrases comme un enfant de classe primaire.

On m'a procuré en fraude une petite machine à écrire qui appartient à mon grand-père et, cédant à la pression générale, j'ai entrepris de retranscrire l'Histoire. J'ai commencé à prendre des notes pour un scénario. Je tiens aussi mon journal.

Je me gave de films et de séries télévisées, même si la plupart me rendent perplexes. *E. T.* me semble une énigme indéchiffrable. Je ne comprends rien aux soucoupes volantes, aux effets spéciaux, à la philosophie du film. Quinze ans de retard sur la modernité paraissent difficilement rattrapables.

Je crois bien que c'est moi, l'ovni.

Soukaïna peint et écoute les chansons de Patricia Kaas pour laquelle elle éprouvera longtemps une passion violente. Abdellatif joue au foot ; Raouf a commencé une première année de droit par correspondance ; maman écoute ses chères informations et épluche la presse qu'on veut bien lui apporter. Nous nous recyclons tous, chacun à sa manière.

Le soir, nous organisons des fêtes où tout le monde se met sur son trente et un. Dès sept heures du soir, la maison bruisse d'une agitation joyeuse. On repasse les vêtements, on bâtit des ourlets, on gomine ses cheveux, on se coiffe, se maquille, se manucure les mains et les pieds. Et on se retrouve dans le salon devant un splendide buffet.

Avec la vie qui recommence, nous réapprenons les émotions si longtemps contenues. Nous avons laissé nos « tenues de combat » au placard, nous sommes redevenus plus humains. Nos corps ont recommencé à vivre.

Je suis souvent très perturbée comme on l'est à l'adolescence quand un slow pathétique nous met le cœur en émoi. Car malgré mes trente-quatre ans, je ne suis encore qu'une toute jeune fille taraudée par un besoin désespéré d'amour et qui sanglote des heures, toute seule, dans sa chambre.

Nous avons une chanson préférée que nous ne nous lassons pas d'écouter. Il s'agit du générique du film *La Lumière des justes*, interprété par Charles Aznavour. Elle s'intitule « Etre ».

L'un de nous branche la chaîne et nous nous serrons les uns contre les autres, en reprenant en chœur le refrain :

— Etre, mourir pour mieux renaître...

Est-ce la voix poignante d'Aznavour qui nous fait sangloter ? Ou les paroles qui semblent avoir été écrites exprès pour nous ?

Tous les matins, le commissaire El Haj passe à la villa pour prendre des nouvelles, et savoir si nous sommes satisfaits de notre sort. En réalité, il est chargé de nous sonder sur notre détermination à nous installer au Canada. Nous ne sommes pas dupes.

Nous connaissons bien les façons de procéder du régime. On vous enrobe de paroles mielleuses, on endort votre méfiance par des compliments, une fausse complicité, puis la question piège fuse au moment où l'on s'y attend le moins. Fort heureusement, nous sommes devenus experts à ce jeu du chat et de la souris et nous tentons nous aussi de soutirer, l'air de rien, le plus d'informations que nous pouvons.

Nous sommes dans l'expectative. Nos avocats français, maître Dartevelle et maître Kiejman, n'ont plus donné signe de vie. Ce silence nous inquiète. Nous sommes bien traités, certes, mais si nos limites ont été repoussées, si nous pouvons à présent marcher, courir, respirer, toujours dans les limites du terrain vague, nous restons toujours des prisonniers.

Le 3 juillet, on nous annonce enfin la visite de Georges Kiejman. C'est la première fois que nous le rencontrons. Visiblement ému de nous voir et très respectueux de nos personnes, il nous fait un petit discours très bien tourné. Pour avoir perdu des membres de sa famille en camp de concentration pendant la guerre, il sait ce que nous pouvons éprouver et se sent obligé de défendre notre affaire jusqu'au bout. Il s'engage à ce que nous retrouvions la liberté.

Ses paroles me paraissent justes, emplies de vraie compassion pour les persécutés que nous avons été. Enfin quelqu'un nous réhabilite, reconnaît notre statut de victimes. Enfin, on nous comprend et cela nous réchauffe le cœur.

Il nous a raconté son entrevue avec le roi qui a eu lieu quelques jours plus tôt. Celui-ci a parlé de nous avec chaleur et passion. Il me considère comme sa fille et a raconté à l'avocat qu'il m'a lui-même élevée, m'a donné mes premières raclées et a ri à mes premières farces.

Dans cette malheureuse affaire je suis, prétend-il, son seul point noir avec le petit Abdellatif pour lequel il se tourmente aussi.

Maître Kiejman semble assez touché de mes relations filiales avec le souverain. Il ignorait cette partie de mon histoire.

— Vous savez, Malika, pendant les trois heures de notre conversation, votre nom est revenu sans arrêt. Sa Majesté a beaucoup d'affection pour vous.

Nous sommes tous bien plus sceptiques que lui sur la prétendue sensibilité de Sa Majesté à notre égard, mais nous gardons nos réflexions pour nous.

L'avocat a demandé au roi de nous libérer. Ce dernier n'est pas contre, mais il refuse de nous laisser partir pour la France. Ses arguments nous semblent bien spécieux. Sa Majesté redoute qu'un membre de la communauté marocaine attente à notre vie. Maître Kiejman nous relate les craintes du roi avec une certaine ironie, nous semble-t-il.

D'ailleurs, il possède la parade :

— Votre Majesté, les Oufkir veulent émigrer au Canada.
Le roi a fait mine d'être étonné. Il a réfléchi, puis il a proposé de nous envoyer en Israël. Sa logique est imparable. Le
souvenir de mon père est respecté là-bas puisqu'il a laissé émigrer les Juifs marocains par milliers [1].

Sa Majesté omet simplement d'ajouter qu'il nous exile dans
un pays en guerre, à la merci de n'importe quel intégriste à qui
on peut bourrer le crâne des meilleurs arguments pour nous
supprimer.

Maître Kiejman a senti le piège. Il a argumenté tant et plus.
A la fin de l'entretien, il a obtenu de Sa Majesté l'assurance
que nous obtiendrions nos passeports et nos visas pour le Canada. Le roi ne veut plus entendre parler de nous, mais en
contrepartie nous devons nous taire sur ce que nous avons vécu.
Maître Kiejman s'est engagé pour nous.

Notre avocat a un autre message à me transmettre. Alain
Delon l'a appelé et l'a assuré de son amitié à notre égard. Il est
prêt à nous aider sur le plan matériel et à payer les frais de
justice si besoin est. Maître Kiejman ajoute cependant que
l'acteur ne prendra aucune position politique. Il a encore des
intérêts au Maroc.

Je suis tout de même très réconfortée par ce petit clin d'œil.
Ainsi, Alain ne m'a pas oubliée. Il a sûrement reçu un des
petits pamphlets que nous avons écrits en prison et que nous
avons adressés aux personnalités politiques et à un certain
nombre de nos anciennes relations, quand nous étions en
cavale, à Rabat. De tous ceux-là, il est le seul à s'être manifesté
et cela me touche infiniment. Je décline cependant l'offre en
demandant à maître Kiejman de le remercier pour moi.

L'été est torride cette année-là mais cela ne nous importe
guère. Notre départ pour le Canada est fixé à la fin du mois
d'octobre, aussi nous pouvons bien supporter les désagréments
de la chaleur. Nous sommes heureux, euphoriques, triom-
phants. Nous allons pouvoir refaire notre vie.

---

1. Après la guerre des Six Jours, en 1968, les Juifs marocains ont émigré
en masse en Israël, en France et au Canada. Le général Oufkir, qui comptait
beaucoup d'amis parmi la communauté, a facilité leur départ.

L'inconnu nous fascine. Nous échafaudons les projets les plus insensés. Nous allons vivre tous ensemble dans une immense ferme composée de sept maisons, reliées les unes aux autres par des couloirs souterrains menant à une salle de jeu. Nous ne nous marierons pas mais nous aurons de nombreux partenaires amoureux. Nous ne nous quitterons jamais. Les petits poursuivront des études et les grands travailleront. Nos divagations habituelles nous reprennent.

De temps en temps la pensée qu'on veut se débarrasser de nous me traverse l'esprit mais je m'efforce de la chasser, tout comme j'écarte l'idée que tout cela est impossible, trop beau pour être vrai, et que nous ne serons jamais libres.

On a enfin autorisé mon grand-père à venir nous voir. On nous a prévenus comme toujours, à la dernière minute. Il est arrivé le 10 octobre. A soixante-douze ans passés, il est resté le bel homme de naguère, grand, digne, le visage à peine ridé. Seul son regard mouillé indique que le chagrin le ravage. En nous voyant tous réunis, il éclate en sanglots et ne peut plus se calmer avant un long moment.

Il serre maman dans ses bras, il nous embrasse à tour de rôle et nous regarde tous avec une grande tendresse mêlée d'une infinie tristesse. Il semble anéanti. C'est sûr, il a pitié de nous, de notre allure encore misérable, de nos visages d'anciens enfants que la vie a durcis trop vite. Nous avons tant changé. Dans ses yeux, nous lisons que nous sommes des revenants. Notre retour est un miracle. Et nous comprenons, en le voyant, tout ce qui nous sépare encore du monde des vivants.

J'ai la gorge serrée mais je ne peux pas pleurer, ni même prononcer son nom. Enfant, je l'avais surnommé Baba el Haj et ce nom lui est resté. Mais depuis la mort de mon père, je n'arrive plus à dire *baba*[1]. Un blocage qui m'oblige à garder mes distances avec le vieil homme.

Le moment est cependant très émouvant pour tout le monde. Il y a longtemps que je n'ai vu maman aussi heureuse. Elle est

---

1. Baba = papa.

très attachée à son père. Il s'est démené pendant toutes ces années pour nous arracher à notre triste sort. Il a contacté Amnesty International, la Ligue des droits de l'homme et bien d'autres organisations encore. Il a écrit à toutes les personnalités politiques, rencontré le prince Moulay Abdallah qui lui avait permis de nous envoyer des livres.

Il n'a plus eu de nouvelles de nous depuis Tamattaght. A diverses reprises, il nous a crus morts, assassinés par balles. On lui a raconté que Mimi était morte d'une crise d'épilepsie, que Raouf et moi avions été abattus en tentant de nous enfuir. Un de ses amis lui a même affirmé qu'il a vu de ses propres yeux le cadavre de maman à l'hôpital Avicenne.

Il s'est résigné à prendre notre deuil. Il n'a pas voulu croire mon oncle Wahid qui lui a pourtant juré qu'il nous avait vus tous les quatre chez les Barère. Il nous parle de la mort de Mamma Khadija et de son remariage. Tout cela, les Barère nous l'ont appris. Mais nous ne savons pas qu'il a eu un autre fils, qu'il a appelé Raouf.

La famille lui a reproché ce choix. On ne donne pas à un nouveau-né le prénom d'un parent vivant.

— Mais, dit-il en pleurant, j'étais tellement sûr que vous étiez tous morts...

Cette façon de perpétuer le souvenir nous touche.

Les nôtres ont subi de nombreuses tracasseries depuis notre emprisonnement. Au quotidien, ils n'ont pas échappé à la surveillance, aux écoutes, aux interrogatoires, aux tracasseries de toutes sortes. La société marocaine leur a fermé ses portes. La famille de mon père a subi bien pire encore, là-bas, dans le désert où on l'a reléguée et privée de tout. On ne fréquente pas les proches des Oufkir.

Il nous a raconté tout cela en s'efforçant de nous sourire, malgré ses larmes, et en ponctuant presque toutes ses phrases de : « Dieu est grand. »

Pour préparer notre voyage fixé au 27 octobre, le caïd a été chargé de nous acheter des valises et des vêtements. Il nous a fournis aussi en manteaux, anoraks, grosses chaussures. Etablir des listes nous amuse follement. Nous choisissons avec soin les formes, assortissons les couleurs. Nous sommes comme des enfants devant un arbre de Noël.

On nous a donné des cartes d'identité et des passeports, puis on nous les a repris la veille de notre départ. Ce détail m'a déplu. Il va dans le sens du malaise que j'éprouve sans pouvoir le formuler. J'ai beau me raisonner, trouver dans nos préparatifs, dans l'attitude des policiers avec nous, les preuves que je cherche, je crois de moins en moins qu'on va nous laisser partir. Je ne réussis plus à participer à la surexcitation générale, à faire attention au brushing de l'une, à la tenue de l'autre.

Dans la nuit, je réveille maman et je lui fais part de mes soupçons. Elle ne veut pas me croire, m'accuse d'avoir l'esprit tortueux. Plus naïve que moi, elle se refuse souvent à voir le mauvais côté des choses. La vie au Palais m'a appris la méfiance ; je sais qu'il ne faut pas prendre pour argent comptant ce que le roi nous propose.

Je sors de sa chambre abattue, au bord des larmes. Seul Raouf peut me comprendre. Je me glisse dans sa chambre ; il m'écoute avec attention, sceptique d'abord, puis mes arguments le font vaciller.

Il ne dort pas de la nuit et moi non plus.

A sept heures du matin, ce 27 octobre, nous sommes tous les neuf sur le pied de guerre, parfumés, coiffés, habillés, nos valises et nos sacs bouclés. En réalité, nous sommes déguisés en voyageurs, les uns plus ridicules que les autres. Nous avons oublié ce que c'est que prendre un avion et partir. Les mots ont perdu leur sens, aussi nous conformons-nous à leur apparence. Nous endossons les rôles que nous devons jouer.

Nous attendons nerveusement dans le salon, Raouf et moi un peu plus anxieux que les autres qui ne se doutent encore de rien. Pour eux, dans quelques heures nous serons loin. Pour nous...

Je lui jette un coup d'œil. Il m'adresse un sourire nerveux. Maman surprend nos mimiques. Les deux mains serrées sur son vanity-case, elle est plus pâle que je le pensais. Mes craintes l'auraient-elles ébranlée ?

Allabouch, le commissaire El Haj, Othman Bouabid[1] et le caïd arrivent en même temps. Ils évitent nos regards, ils semblent gênés.

Un autre coup d'œil à Raouf. Comment vont-ils s'y prendre pour nous avouer que ce départ n'est qu'une mascarade ? Il va leur falloir un peu d'imagination.

Ils n'en ont même pas besoin. Les mots coulent de leurs lèvres, plus sirupeux que de coutume. Un océan de miel.

— Sa Majesté vous demande d'attendre encore un petit peu... Elle n'est pas tout à fait préparée à l'idée de votre départ. Haja, Sa Majesté désire vous voir avant que vous partiez, ajoutent-ils, en s'adressant à maman.

Une fois de plus, notre rêve s'écroule. Nous sommes repartis pour quatre longues années d'emprisonnement.

Une prison dorée

— Mais madame Oufkir, vous ne pourrez pas partir tant que vous n'aurez pas rencontré Sa Majesté, puisque vous avez vous-même demandé à le voir...

La situation s'est retournée contre nous. Maman a joué le jeu, et écrit une lettre sollicitant une audience au roi, puisque tel était son prétendu souhait, mais le résultat a été tout autre...

Il y a eu sans doute d'autres explications à notre départ avorté. Maman a refusé de signer la promesse écrite que nous ne porterions pas plainte contre l'Etat marocain, malgré l'engagement de Kiejman auprès du roi.

Ce dernier n'a peut-être pas bien pris la mesure de nos problèmes de santé, ni envisagé l'ampleur des dégâts. Six mois après Bir-Jdid, nous sommes toujours dans un état physique calamiteux. Quatre d'entre nous ont des problèmes pulmonaires qui risquent de dégénérer.

---

1. Le directeur de cabinet du ministre de l'Intérieur, Driss Basri.

Faut-il se risquer à nous montrer au monde et donner ainsi la preuve de cette atteinte flagrante aux droits de l'homme ? Les services d'immigration canadiens rendraient compte de notre état, la presse en parlerait. Le roi ne veut sûrement pas de cette mauvaise publicité. Il faut d'abord nous retaper avant de nous laisser affronter l'extérieur.

Mais aujourd'hui encore, même avec tous les soins de la terre, nous portons toujours sur nos corps les séquelles de ces années terribles. Mimi accumule les crises d'épilepsie, Maria a eu un cancer de la vessie, Raouf va de pneumonies en infections, Soukaïna et moi avons une santé chancelante.

Quant à notre Abdellatif, c'est avant tout son âme qu'ils ont éteinte.

Notre avocat avait pourtant cru aux promesses jusqu'à la dernière minute. Il nous attendait à Casablanca où nous devions prendre l'avion. Notre départ devait se dérouler dans la plus grande discrétion, mais il y a eu des fuites et des représentants de la communauté juive marocaine nous attendaient à l'aéroport de Montréal avec des banderoles de bienvenue. Le ministère des Finances avait débloqué pour nous une somme de quatre millions de dirhams déposés dans une banque canadienne, et pour maître Kiejman cet argent était une preuve supplémentaire de la bonne volonté du pouvoir.

Je suis plutôt encline à croire que notre faux départ était une mise en scène bien montée. Le roi n'en était pas encore quitte avec nous ; nous devions encore payer.

Nous n'avons revu maître Kiejman que quelques mois plus tard, au début de l'année 1988. Il était terriblement en colère. Il nous a déclaré qu'il allait poursuivre le Maroc devant les instances internationales et a désigné Allabouch du doigt.

— C'est votre faute et celle des gens qui tirent les ficelles au-dessus de vous. Je n'ai pas l'habitude de traiter avec des gens sans parole...

Soukaïna l'a pris à part et lui a demandé si son suicide pourrait servir à nous faire libérer. Depuis le 27 octobre, cette idée la hantait. Maître Kiejman a soupiré et a repris ses invectives contre ce régime qui massacre des enfants innocents

Il a tempêté pendant un bon moment. Mais sa colère n'a servi à rien, pas plus que la grève de la faim que nous avons entamée en avril 1988, quelques semaines après sa visite. Cette grève a duré vingt jours. Il nous fallait des perfusions, nous étions mal en point, mais nous n'avons cessé le combat que contraints par la réalité. C'était encore sans espoir.

Notre départ raté nous a fait régresser dans le temps. Nous sommes redevenus les prisonniers que nous étions depuis quinze ans, à la fois résignés et révoltés, passifs et rebelles. En guise de consolation, il m'arrive de me dire que mon sort s'est amélioré et que je ne le dois qu'à mes efforts. Je ne manque pas non plus de lucidité : le roi est si puissant et nous sommes si faibles... Au moins avons-nous la satisfaction de l'avoir fait plier.

Chacun de nous est retombé dans la routine. On ne croit plus en grand-chose. On lit, on fait un peu de sport, on regarde la télévision. Abdellatif joue au foot avec notre cousin Hamza, qui a le même âge que lui et qui s'est installé avec nous, dès qu'il a pu venir nous voir.

Notre famille est autorisée à nous rendre visite en fin de semaine, au prix de mille difficultés. Ils sont systématiquement fouillés. Mais nous n'organisons plus de fêtes improvisées, hormis pour Noël et les anniversaires. Finis les goûters qui nous réunissaient dans la joie, finis les dîners tous ensemble. Chacun mange seul, dans sa chambre.

Nous vivons en pyjama, toujours le même, usé à force d'avoir été lavé et relavé. Nous allons pieds nus, nous ne faisons plus attention à notre apparence. Quand nous nous rencontrons dans la maison, nous ressassons les mêmes questions :

— Quand notre affaire va-t-elle se dénouer? Quand va-t-on nous libérer?

Marrakech diffère cependant de Bir-Jdid grâce à la lumière. Nous ne ratons jamais celle du matin, c'est un moment de renaissance, une impression extraordinaire. Toute la journée nous restons dehors pour en profiter et, quand la nuit tombe, nous ne nous lassons pas de faire marcher les interrupteurs.

Je reçois du courrier de mes anciens amis mais je ne supporte pas leurs excuses, leur culpabilité. Leurs lettres ne sont que de longues litanies où ils tentent de justifier quinze ans de silence et d'indifférence. Je ne veux pas renouer avec mon passé et je n'ai rien à leur répondre. D'ailleurs, ils ne comprendraient rien. Nous apprenons la mort de mon oncle paternel, Moulay Hachem, le frère de mon père. On ne nous autorise pas à sortir, même sous bonne escorte, pour assister à son enterrement. Nnaa, notre grand-mère, est morte un peu avant notre évasion. Elle nous a attendus tant qu'elle l'a pu. Elle n'aura pas eu la joie de nous revoir.

Nous élevons des dizaines d'animaux, des chats et des chiens errants, qui vivent, mangent et dorment avec nous. Encore traumatisés par la mort de nos pigeons, nous ne les laissons pas sortir de nos chambres. Bientôt nous avons dix chats et trois chiens sur lesquels nous reportons notre immense besoin d'amour. Car nous sommes frustrés, sentimentalement et sexuellement.

En prison, nous nous étions habitués à bannir nos moindres pulsions, nos moindres désirs. Pendant les premiers six mois à Marrakech, nous avons entrouvert la porte à nos émotions. Nous avons baissé la garde.

Après notre faux départ, nous avons tenté de nous endurcir à nouveau comme au temps de notre isolement forcé. Nous menons un ersatz de vie. Nous la sentons vibrer autour de nous, il suffirait de si peu pour en jouir. Mais ce peu est inaccessible. Nous nous disons souvent que nous n'aurions pas survécu quinze ans dans ces conditions-là. Nous préférons de loin le rien à l'à-peu-près, le combat à la résignation.

Après avoir touché du doigt la liberté, nous sommes presque revenus à la case départ avec la sensation horrible qu'elle ne sera jamais pour nous. Je revis sans cesse notre évasion. Je suis habitée par elle. J'en fais des cauchemars la nuit.

Notre traitement s'est durci. Les policiers ont placé des micros dans la cheminée du salon que Raouf a découverts et arrachés.

En mesure de rétorsion, on nous a brouillé les émissions de TV5 qui parlent du Maroc. On resserre la garde autour de nous. On m'interdit certains livres que j'ai demandés et qui traitent de la révolution russe et de l'Allemagne nazie. Pourquoi? Mystère...

Il nous reste encore un brin d'humour. Nous avons commandé *La Grande Evasion* en cassette. On nous l'a bien sûr refusée.

Nous envisageons de creuser un tunnel pour nous échapper encore. La terre du jardin est meuble, mais cela nous prendrait une énergie qui nous fait défaut. Nous pensons même à un petit avion qui viendrait se poser dans le champ qui se trouve derrière le mur. Nous envoyons une de nos tantes en repérage.

L'idée d'une évasion nous aide à tenir, nous prouve que nous ne sommes pas encore tout à fait morts ou enterrés vivants.

Nous sommes toujours à Marrakech quand éclate la guerre du Golfe qui arrange bien les affaires du roi. Elle lui permet de se poser en médiateur du monde arabe et de tenter de faire oublier les prisonniers politiques, les innombrables disparitions, les bagnes, les droits de l'homme bafoués, l'autre réalité d'un souverain impitoyable.

En près de vingt ans de détention, nous avons pris le pli d'analyser les événements extérieurs par rapport à notre cas. Cette guerre nous est-elle favorable ou pas? Elle ne change pas notre sort d'un iota.

Un an plus tard, en 1991, est publié en France le livre de Gilles Perrault, *Notre ami le roi*. Nous apprenons la nouvelle par la télévision marocaine et, à en juger par le tollé qui se fait entendre dans tout le pays, ce livre ne fait pas plaisir à Sa Majesté. Le gouvernement et la population soutiennent Hassan II.

On nous demande d'apporter notre contribution à cette grande cause. Nous devons écrire une lettre pour dénoncer Perrault et affirmer haut et fort à quel point Sa Majesté est un grand roi doublé d'une personnalité exceptionnelle.

Ce livre, affirment Allabouch et Bouabid, a été téléguidé par les ennemis du royaume, Danielle Mitterrand et Georges Kiejman en tête. Nous devons renoncer publiquement à notre avocat qui a osé s'attaquer à la personne du roi. La lettre sera publiée dans *Le Figaro*.

En dépit de mille stratagèmes pour éviter l'écriture de cette missive, nous sommes obligés de leur obéir, mais elle n'est publiée que bien plus tard. L'heure de la libération est-elle proche ?

Ils nous donnent à lire l'ouvrage de Perrault, pourtant interdit au Maroc, pour que nous puissions nous rendre compte par nous-mêmes.

Par sa violence contre le roi, ce livre me fait l'effet d'un troisième coup d'Etat. Ainsi, quelqu'un d'extérieur, un Français de surcroît, a eu l'audace de s'en prendre à la personne royale, d'accuser, de dénoncer, sans trembler ni plier.

Pourtant le livre est truffé d'inexactitudes et prête complaisamment le flanc aux rumeurs. Ainsi notre captivité est-elle relatée au chapitre « les masques de fer », de même que notre évasion. Mais, outre les approximations, les invraisemblances, les oublis et les détails inventés, Perrault insinue, comme tant d'autres avant lui, que nous n'avons pas pu nous évader tout seuls. Selon lui, un geôlier corrompu ou même plusieurs ait pu nous aider à l'extérieur. Pour nous qui n'avons eu comme seule fierté, depuis près de vingt ans, que cette évasion réalisée à mains nues, ces phrases font l'effet d'un coup de poignard. Il module cependant ses propos en concluant qu'en ce cas, on ne nous aurait pas laissés nous débrouiller dans la nature, sans argent, ni appuis...

Plus blessantes encore sont les attaques personnelles. A l'en croire, maman « marquait une préférence pour les jeunes officiers » quand elle était mariée avec mon père. En revanche, il ne sait rien des circonstances de leur divorce, confond les dates, les causes, les événements, et prête même à maman une liaison, une de plus, avec Hassan II. Il ajoute, sans preuves, sur la foi des ragots, que « tout Rabat murmurait que [Soukaïna] était l'enfant du roi ». Une « révélation » qui a perturbé fortement ma petite sœur pendant longtemps.

Moi-même, je n'échappe pas aux commérages. Selon lui, j'ai suivi les traces de ma mère. Mon père fermait les yeux : « Il avait l'entraînement.» D'autres insinuations de même acabit parsèment les pages.

Pour avoir vécu à l'intérieur du Palais, puis, plus tard, au milieu des courtisans, je suis habituée aux rumeurs. Venant des Marocains, elles ne m'atteignent pas. En revanche, ce qui me chagrine, ce qui chagrine maman, mes frères et mes sœurs, est qu'un homme comme Gilles Perrault ait pu en faire état. Il a manqué l'occasion d'écrire un livre documenté avec sérieux, et cela me perturbe bien plus que cette désinformation. Il y a tant à révéler qu'il n'aurait pas dû se contenter de reproduire des on-dit. La vérité aurait largement suffi à démolir le despote. Mais il a osé.

C'est la première fois que quelqu'un s'attaque à la personne du roi et cette raison suffit à elle seule pour que nous refusions d'entreprendre toute action qui puisse lui nuire.

Et puis, il nous défend vraiment malgré ses sous-entendus malveillants : «...au nom de quelle étrange morale infliger pendant quinze ans l'épouvante à des enfants innocents? Est-il dans le monde un seul Code pénal pour punir le crime de descendance?»

Rendons à César... Nous lui devons sans aucun doute une fière chandelle.

Le bout du tunnel

Allabouch, Bouabid et le walli[1] de Marrakech reviennent nous voir au milieu du mois de février de l'année 1991. Avec eux, les conversations ressemblent à des parties d'échecs. Chacun avance son pion selon ce que son adversaire a dit, et nous réfléchissons à chaque parole prononcée avant de répondre. Sans en avoir l'air, par petites doses, ils nous assènent des vérités, des sentences.

Au début de notre arrivée à Marrakech, ils nous ont dit avec une certaine amertume, un peu de rage aussi, que nous pou-

---

1. Walli : gouverneur.

vions être fiers de nous. Notre évasion aurait des répercussions bien plus politiques que nous ne le pensions.

— Grâce au retentissement de votre évasion dans le monde, la presse internationale va s'intéresser de plus en plus au sort des prisonniers politiques au Maroc[1], avait constaté Bouabid.

Ce jour-là, nos anges gardiens s'installent sur un divan et commencent à bavarder de tout et de rien, en s'éternisant sur des détails.

Le walli me taquine sur le féminisme pour me faire sortir de mes gonds. Il aime bien me provoquer. Tout cela est bon enfant, mais nous ne comprenons pas où ils désirent en venir. Depuis près de trois heures, nous parlons pour ne rien dire.

Bouabid me regarde alors et me dit à brûle-pourpoint, sur le ton de la conversation :

— VOUS ÊTES LIBRES.

La bombe explose à nos pieds.

Mais elle ne provoque aucun effet sur nous.

Nous ne comprenons pas, ou ne voulons pas comprendre. Nous continuons à parler comme si nous n'avions pas entendu.

Allabouch, Bouabid et le walli se regardent, interloqués. Nous sommes ailleurs. A mille lieues de nous douter du sens de leurs paroles. Un peu mal à l'aise cependant, car nous sentons bien que quelque chose de bizarre est en train de se passer.

— Mais bon Dieu, hurle Allabouch, il y a dix-neuf ans et demi que vous attendez cet instant et c'est tout l'effet que ça vous fait ? Vous êtes libres, je vous dis ! Libres...!

Libre ? Que signifie ce mot ? Nous étions prisonniers l'instant d'avant et voilà qu'on nous dit que notre calvaire

---

1. Le 29 octobre 1987, le Parlement européen invite le Maroc à libérer les 400 disparus et les autres prisonniers politiques. En 1991, Amnesty salue la libération de 270 disparus, dont certains depuis dix-neuf ans. Serfaty est expulsé vers la France et est interdit de séjour au Maroc. Les frères Bourequat, qu'on accuse d'espionnage, arrivent à Paris en 1992. Mais Amnesty affirme qu'il en reste des centaines, notamment parmi les Sahraouis dont beaucoup sont morts à Tazmamart, un bagne du Haut Atlas, évacué et rasé en 1991. Le Maroc a reconnu en 1998, par le biais du Comité des droits de l'homme, le décès de 56 prisonniers politiques dans les prisons du royaume, entre 1960 et 1980, sur une liste de 112 disparus.

touche à sa fin ? On nous octroie notre liberté en une seconde, comme on nous l'a ôtée vingt ans auparavant. Le bon vouloir du monarque...

Disent-ils la vérité ? Ne nous mène-t-on pas encore une fois en bateau ? Avant de bien les assimiler, ces trois petits mots « vous êtes libres » nous replongent dans notre vieil état de prisonniers traqués. Nous n'avons aucune réaction. Nous n'osons plus parler ni nous regarder.

Il nous faut un bon moment pour admettre que le roi nous a graciés. L'opinion publique a fait pression, les Américains et les Français s'en sont mêlés.

Quand je peux recouvrer l'usage de la parole, je leur demande pourquoi ils ont mis si longtemps à nous annoncer la nouvelle.

— Cela fait un bout de temps qu'on fait réunion sur réunion pour trouver la meilleure façon de vous le dire. On ne pouvait pas vous le balancer de but en blanc, c'était impossible, nous ne voulions pas vous tuer.

Libres... Ainsi, nous sommes libres... Mais où aller ? Nous n'avons plus de maison, et presque plus d'amis. Que vont-ils faire de nous une fois que nous serons arrivés à Rabat ? Vont-ils nous larguer comme des colis devenus encombrants ?

— Patientez, nous disent-ils, et faites-vous à l'idée de cette liberté que vous devez à la grâce de Sa Majesté. Nous reviendrons vous chercher dans une semaine.

Après leur départ seulement, nous nous embrassons, nous exprimons notre joie à la fois bruyante et étrangement désincarnée. Nous sommes follement heureux à l'extérieur et vides à l'intérieur. Libres...

Une semaine n'est pas de trop pour nous habituer à cette idée. Les heures de la journée ne sont déjà plus les mêmes. Le soleil ne brille plus de la même façon, ne se couche plus comme avant, ne se lève plus sur une autre journée encore plus morne.

Le ciel est plus bleu, la nature reprend des couleurs, nous retrouvons l'appétit. Nos sensations sont plus intenses. Je vois désormais la vie en cinémascope et non plus sur un écran minuscule.

Nous sommes comme des aveugles qui retrouvent subitement la vue, avec la part d'angoisse et de terreur que cela peut comporter.

— Moi, dit Raouf, je vais rattraper le temps perdu avec les femmes...

— Apprendre la musique, rêve Soukaïna, rencontrer Patricia Kaas.

— Devenir footballeur professionnel, s'exclame Abdellatif.

— Me marier, avoir un enfant, murmure Mimi en rougissant.

Et moi, moi... Moi, je veux aimer, voyager, me promener, manger, parler, rire, chanter, faire du cinéma, étudier, m'asseoir à la terrasse d'un café, travailler dans la publicité... Tout cela dans l'ordre ou dans le désordre.

Et pourquoi pas en même temps?

Tout de suite après, nous nous affolons. En sommes-nous capables? N'est-ce pas trop tard? Plus les jours passent et plus nous avons peur. Et plus nous avons peur d'avoir peur.

Pour nous rassurer, nous nous concentrons sur les valises et les paquets.

Notre famille est venue nous voir comme prévu à la fin de la semaine. Nous ne leur avons encore rien dit de notre libération prochaine.

Ma tante Mawakit, qui est médium, nous lisait régulièrement les cartes. Elle avait toujours vu que nous serions libérés un jour prochain mais elle ne pouvait pas préciser la date. Ce samedi-là, elle prend ses tarots et me demande de couper de la main gauche. Elle m'annonce sans préambule que notre libération est imminente.

— Comme médium, Mawakit, tu te poses là, dis-je en haussant les épaules. Cela fait quatre ans et demi que nous sommes retenus prisonniers et je ne vois pas comment cela pourrait changer.

Plus elle insiste et plus je nie. Elle assure que ses cartes ne se trompent jamais, me supplie de lui dire la vérité, implore maman et les autres. Nous restons tous de marbre.

Ce petit jeu a duré près de deux heures.

Après quoi, je lui ai enfin avoué ce que je ne réussissais toujours pas à formuler :

— Nous sommes libres, Mawakit. Libres.

ÉPILOGUE

Une drôle de liberté

Les premiers pas

Voilà, nous sommes libres.

A force d'avoir tourné et retourné le mot dans nos têtes, d'en avoir rêvé pendant vingt ans, jour et nuit, nous ne sommes même plus certains de savoir ce qu'il veut dire.

Libre signifie : sortir dans la rue sans avoir des policiers à nos trousses.

Pendant cinq ans, nous allons être suivis, surveillés, écoutés, serrés de près.

Libre signifie : avoir le droit de travailler.

Il n'y a que moi qui aie pu trouver un vrai emploi au Maroc parce qu'un patron courageux a bravé les interdits.

Libre signifie : fréquenter qui on veut, aimer qui on veut, aller où on veut.

Nos amis sont tous interrogés par la DST ; nos amours étrangères sont illicites.

On ne nous rend pas nos passeports.

Mais nous sommes tout de même libres...

Et nos premiers pas dans le monde ont lieu le 26 février de l'année 1991.

Pour ma renaissance, j'ai choisi avec soin ma tenue. Un jean, une chemise d'homme, une cravate, et un blazer de soie marine. Je veux plaire à la liberté, la charmer et la séduire. Les valises sont prêtes, les animaux patientent sans broncher dans leurs cages. Ils ont compris que le moment est important. Historique. Pour une fois, nous attendons la police et la DST avec impatience. Un convoi de voitures et de fourgons s'est garé devant notre maison, ce vendredi 20 février 1991. Il y a eu du monde, du bruit, des allées et venues, de l'agitation. Sans doute est-ce cela être libres : voir plus de gens en une heure que nous n'en avons vu en vingt ans. Les portes du jardin s'ouvrent, et mon cœur avec elles.

Inoubliable sensation.

Elles ne se refermeront plus jamais sur nous.

On s'est répartis dans les voitures et le convoi a démarré. Tout se mélange dans ma tête, les bruits, les odeurs, les couleurs et l'excitation du moment. Enfin, je peux regarder au-dehors sans tristesse ni terreur, bien au contraire. Le spectacle de la rue me fascine dans ses moindres détails : deux amoureux qui se prennent la main, une mère accompagnée de sa fille, un chien qui gambade, un oiseau qui se pose sur une branche.

Tout cela va bientôt m'appartenir.

On nous a arrêtés dans une petite ville et proposé de descendre de voiture pour nous dégourdir les jambes. Pleins de défiance, nous ne bougeons pas : quel mauvais tour veut-on encore nous jouer ? Il faut de longues palabres pour que nous acceptions leur offre.

En entrant dans le café, j'ai un vertige, je me prends les pieds dans une marche et je trébuche. Je ne sais plus me déplacer. D'ailleurs, je ne sais plus rien. Dites, comment fait-on pour marcher ? Pour mettre un pied devant l'autre et recommencer, comme dit la chanson ? Comment fait-on pour se planter devant un comptoir, commander un Coca d'un air nonchalant, le verser dans son verre et le boire avec des petits murmures de satisfaction ?

Dites, comment fait-on pour vivre ?

Dans ce bar où nous nous sommes alignés, comme une file

de prisonniers dociles, la lumière nous semble trop forte, la musique trop agressive. Nous nous sentons traqués. Nous préférons remonter dans les voitures. De Marrakech à Rabat, le trajet prend trois heures, que je passe à regarder l'extérieur avec avidité. J'ai pu constater les changements survenus au Maroc lors de mon évasion, puis à travers les films et les émissions de télévision, mais je revois toutes ces transformations d'un œil enthousiaste. Je m'étonne presque de cet amour que je sens vibrer en moi. J'ai hâte d'arriver. Je presse le chauffeur d'aller plus vite. Le convoi stoppe enfin à Rabat, devant la maison de mon oncle Wahid. Toute la famille se tient devant la porte, en grande tenue marocaine. Ils ont préparé du lait et des dattes, comme le veut la coutume de bienvenue. Ce devrait être un moment de joie, mais leurs regards comme les nôtres sont empreints d'une immense tristesse. On ne peut pas effacer vingt ans en cinq minutes.

On ne pourra jamais les effacer.

En descendant de voiture, je ne tiens plus sur mes jambes. J'ai oublié ce qui s'est passé ensuite. Je sais qu'on m'embrasse, qu'on m'étreint, qu'on me passe de bras en bras. Je suis émue, sans doute. Etrangement passive pourtant. Je ne peux rien exprimer.

Les jours qui suivent, la maison ne désemplit pas. On se presse pour nous voir. Comme au marché ou dans une exposition, nous sommes livrés à la foule de ceux qui nous aiment et ne nous ont pas oubliés. Et qui ont quand même attendu deux ou trois jours une autorisation du Palais, avant de se présenter à nous.

Mon amie Houria arrive parmi les premières. Fidèle parmi les fidèles, elle avait voulu nous accompagner en exil. A peine me voit-elle en haut des escaliers, qu'elle se précipite vers moi tandis que j'esquisse un mouvement de recul. Je veux fuir, j'ai peur de renouer avec ma jeunesse. Elle m'a avoué ensuite que mon regard l'a effrayée. En vingt ans, je suis devenue une étrangère. Comme tous ces gens le sont à présent pour moi.

Assise sur une chaise, je les regarde défiler et je ne comprends pas pourquoi presque tous se mettent à pleurer en nous apercevant. Avons-nous tant changé? Tant vieilli? Sommes-nous si abîmés? Il me semble qu'on m'a droguée. J'ai envie de me retrouver seule, enfermée dans une chambre obscure. C'est impossible. L'appartement de mon oncle est tout petit. Nous devons nous entasser pour dormir en bas, dans le salon. Les premières nuits, je n'ai pu fermer l'œil.

Wahid insiste pour que je sorte. Sortir? Les journalistes se pressent devant la maison, réclament des interviews, mais nous refusons de parler. Comment affronter cette foule? Il me faut trois jours pour avoir le courage d'approcher la porte. Je demande à mon oncle de l'ouvrir pour moi.

— Kika, pourquoi ne le fais-tu pas toi-même? Tu es libre à présent...

Je l'entrebâille tout doucement et risque un œil à l'extérieur. Tout est flou au-dehors, les trottoirs, les voitures, les passants. C'est un magma gris où je ne distingue rien, et qui m'effraye plus encore que la prison. La tête me tourne, je manque m'évanouir. Je dois attendre encore un peu pour affronter l'extérieur. Mes frères, eux, sont sortis tout de suite.

Allabouch et Bouabid, nos « anges gardiens », sonnent tous les jours en fin d'après-midi. Ils s'asseyent dans le salon comme de vieilles connaissances et demandent à Wahid de leur servir l'apéritif. Ils tentent de nous sortir de notre état de choc, en parlant de tout et de rien, ils plaisantent, essayent de nous faire rire.

Comment nos anciens tortionnaires ont-ils pu à ce point se transformer? Sont-ils nos bourreaux ou nos bienfaiteurs? Je suis tiraillée. Ils semblent avoir la solution à tous nos problèmes, détenir la clé de nos vies entre leurs mains. Ils veulent donner les réponses à notre place. Ils nous conseillent sur les moindres détails. Ils sont très nerveux à l'idée que la presse nous talonne, ne veulent pas qu'on réponde aux demandes d'interviews. Sa Majesté ne le supporterait pas.

Nous obéissons mais nous avons tort. Il aurait mieux valu parler aux journalistes et nous servir des médias comme moyen de pression. Mais on ne se débarrasse pas tout de suite des réflexes de prisonnier. Nous avons peur. Nous éprouverons cette terreur irrationnelle, incontrôlable, avec la honte qui l'accompagne, tant que nous resterons au Maroc. Les policiers nous tiennent compagnie jour et nuit. Nous sommes protégés ou surveillés selon le rôle qu'on voudra bien donner à cette garde rapprochée, qui ne nous lâche jamais. On a mis un chauffeur à notre disposition : c'est pour mieux savoir où nous allons. On nous suit dans nos moindres déplacements, on écoute nos conversations téléphoniques, on interroge tous ceux qui nous approchent. Libres, nous ?

Maître Kiejman nous téléphone dès les premiers jours. Lui a-t-on déconseillé de venir nous voir ? Il ne se manifeste pas plus. Tout de suite après son appel, on nous annonce que Sa Majesté a ordonné qu'on nous restitue nos biens et qu'elle a mis à notre disposition deux grands du barreau marocain, maître Naciri et maître El Andalouss.

Les deux ténors viennent nous voir séparément. A les en croire, tout va se régler très vite, il suffit de faire un inventaire et on nous rendra le tout. Nous avons fait cet inventaire, avec l'un puis avec l'autre, et nous avons attendu comme ils nous le suggéraient. Nous attendons toujours.

Ma tante nous propose son appartement. Je m'y installe avec ma sœur Maria et toutes nos bêtes. Nous sortons peu, nous rasons les murs par crainte de marcher au centre du trottoir. Nous sommes effrayées par la lumière, le bruit, les voitures. Nous chancelons à chaque pas. Nous sommes persuadées que tout le monde nous regarde, ce qui finit par arriver tant nous devons paraître étranges. Mais nous mettons un point d'honneur à nous habiller et à nous maquiller, même pour traverser la rue. C'est notre façon de fêter la liberté.

Plus tard, quand je réussirai à aller plus loin que le petit périmètre que je me concède, à visiter d'autres quartiers de la ville, à prendre toute seule un taxi ou le train, à marcher dans des endroits inconnus, je garderai longtemps cette angoisse, ces sueurs qui me prennent tout à coup au milieu du chemin. J'aurai du mal à m'orienter.

Même à Paris, huit ans après ma sortie de prison, il m'arrive encore de paniquer dans la foule, de me perdre sur un trajet que je connais pourtant par cœur. Je n'ai plus de repères dans l'espace.

Il me faut tout réapprendre. A marcher, à dormir, à manger, à m'exprimer. Pendant des années, j'ai été un élément du temps, je m'y suis intégrée au point que je ne sais plus à présent comment le structurer. Je n'ai pas de matin, pas d'après-midi, pas de limites. Une heure peut durer des jours ou des minutes. J'ai du mal à comprendre le temps des autres, leur rapidité ou leur lenteur, leurs impératifs d'horaires. Et je n'y parviens toujours pas.

Drôle de sensation que la renaissance. Au début, il m'arrive d'être saturée. Le ciel, le soleil, la lumière, le bruit, le mouvement, tout cela m'enchante et m'épuise. Je ne peux pas sortir toute une journée sans être prise de vertiges. Ensuite je deviens plus audacieuse. M'arrêter dans un café, me faire servir un verre, aller au restaurant, entrer dans un magasin, aller au marché, conduire, sont des actes qui me coûtent mais qui me causent un plaisir immense. Je goûte le moindre instant de liberté.

Chaque jour est un miracle qui me grise. J'en redemande. Me réveiller tous les matins est un plaisir nouveau. Pourtant, je mesure à présent tous les artifices de la vie. S'habiller, se maquiller, rire, s'amuser, n'est-ce pas jouer un rôle ? Ne suis-je pas plus profonde, lestée de ces vingt ans où je n'ai « pas vécu », que tous ceux qui se sont agités en vain tout ce temps-là ?

Je me compare souvent à quelqu'un qui a entendu toute sa vie le bruit d'une fête foraine sans pouvoir y participer. Je n'étais pas dans l'action, certes, mais cela signifie-t-il pour autant qu'il ne s'est rien passé dans ma vie toutes ces années ? En prison, ma vie intérieure a été mille fois plus riche que celle des autres, et mes réflexions mille fois plus intenses. J'étais bien plus avertie que les gens libres. J'ai appris à réfléchir sur le sens de la vie et de la mort.

Aujourd'hui, tout me paraît factice. Je ne peux plus rien prendre au sérieux

Abdellatif a retrouvé son cher cousin Hamza, le fils de Faw-zia, qui a interrompu ses études au Canada pour se rapprocher de lui. Ensemble, ils font les quatre cents coups. Mon petit frère apprend à vivre : les sorties nocturnes, les femmes, la musique, la danse, les cafés... Il semble heureux. Hamza est son plus cher ami.

Soukaïna peint, écrit ; Mimi se soigne péniblement et Raouf tente de rattraper le temps perdu avec les femmes. Nous ne sommes pas d'accord à ce sujet. Pour moi, cette quête éperdue est surtout une fuite en avant. Je ne crois qu'au grand amour et je l'attends.

Maman compte ses anciens amis. Il n'y a pas foule. Dans la bonne société, on nous évite, notre nom effraye. Pendant vingt ans, il a été imprononçable, sous peine des sanctions les plus terribles. Les gens l'ont enfoui si profondément que pour eux nous sommes morts. Notre résurrection dérange.

La plupart d'entre eux ont réduit à peu de chose ce qui nous est arrivé. Vingt ans de « résidence surveillée », dans un « château », ce n'est pas si grave... Après tout nous sommes toujours vivants, et physiquement à peu près intègres.

Notre père, le bourreau, le félon, le régicide, n'a eu que ce qu'il méritait. Et puis ne sommes-nous pas ses héritiers ? On ne nous le dit pas en face, mais on nous le laisse entendre. On le fait savoir à notre entourage proche. Nous sommes accusés, coupables, ennemis de la monarchie. Nous gênons.

Pour mes trente-huit ans que je fête le 2 avril, un mois et demi après avoir quitté Marrakech, je reçois quatre cents cartes postales venant du monde entier. Les gens ont appris notre libération par Amnesty International et me témoignent leur solidarité de cette façon.

Je suis à la fois touchée et révoltée. C'est en prison qu'il nous fallait ces manifestations d'amitié. Libres, nous n'avons besoin de rien et surtout pas de souhaits de vie en rose. Tout cela vient trop tard.

Trop tard, c'est l'impression que nous ressentons de plus en plus. Trop tard pour l'amour, l'amitié, la famille. Trop tard pour la vie. A notre exaltation succèdent de grands moments d'abattement. N'aurait-il pas mieux valu mourir ?

Quelques semaines après notre sortie, on nous emmène Raouf et moi dans la nouvelle boîte de nuit en vogue à Rabat, Amnésia. Ce soir-là, le prince héritier Sidi Mohammed, fils aîné de Hassan II, et ses sœurs sont attablés dans une alcôve privée avec quelques membres de leur cour. En nous voyant, il demande qu'on le rejoigne.

J'ai connu le prince à sa naissance. Il avait neuf ans quand on nous a emprisonnés. Je lui suis reconnaissante de m'épargner l'humiliation d'avoir à me courber pour lui embrasser la main. Il a beau avoir changé, être maintenant un adulte, je revois l'enfant que j'ai connu et, à travers lui, le roi, à qui il ressemble beaucoup.

Je suis émue et lui aussi. Il sait trouver les mots sincères qui nous touchent. Il nous dit que sa maison sera toujours ouverte pour nous, et lui toujours là pour nous aider. Nous pouvons frapper à sa porte à toute heure.

Puis il appelle son directeur de cabinet et répète ses paroles devant lui.

— Mais le passé est le passé, ajoute-t-il. Vous devez aller de l'avant, ne pas vous retourner sur ce que vous avez vécu.

Il ne fait aucune allusion à son père. La princesse Lalla Meriem se tient derrière lui, aussi pâle et troublée que nous, mais elle ne se manifeste pas.

Notre rencontre fait le tour de Rabat.

Un peu plus tard, un article paraît à ce sujet dans *Le Monde*. L'auteur y explique d'une plume convaincue la nouvelle stratégie du roi pour récupérer l'affaire Oufkir. Selon le journaliste, le souverain enverrait ses enfants en éclaireurs pour tenter une réconciliation. La réaction de Sidi Mohammed et des siens ne se fait pas attendre. Ils nous évitent désormais lorsqu'on se rencontre.

Ma rencontre avec Lalla Mina a lieu un peu plus tard. Elle m'invite à déjeuner et j'accepte volontiers. Je n'ai aucune animosité envers elle. La revoir, c'est retrouver mon enfance, ranimer des sentiments que j'ai enfouis au plus profond de moi, mais qui ne sont peut-être pas morts. Je veux aussi prouver au roi que, moi, je sais faire la différence entre lui qui reste mon ennemi, et les membres de sa famille.

Lalla Mina n'a pas quitté la villa Yasmina, où elle habite toujours. Mais elle a installé des haras dans un immense domaine, situé dans les environs de Rabat non loin du palais de Dar-el-Salem[1]. L'équitation est restée sa grande passion. Elle a relancé les courses de chevaux au Maroc, et créé des centres équestres.

Pour la rejoindre, je dois traverser à pied la moitié du domaine. Je reconnais de nombreux visages familiers qui s'arrêtent sur mon passage et me saluent. Je suis agréablement surprise : ainsi, on ne m'a pas tout à fait oubliée.

Je la vois d'abord à travers une porte vitrée. Elle a beaucoup changé mais je reconnais tout de suite dans cette grosse femme en jodhpurs la petite fille qu'elle a été. Elle a le même sourire, les mêmes mimiques, le même regard espiègle. Cela me trouble fort.

Quand la princesse m'aperçoit, elle sort de son bureau, reste quelques secondes interdite, marche lentement vers moi... Puis elle accélère son allure et finalement elle se met à courir et elle se jette dans mes bras. Elle me serre très fort et me prend la main. Elle ne dit rien pendant quelques minutes puis elle réussit à articuler :

— Kika, tu vas bien ?

Je la suis dans son bureau, plus émue que je ne veux bien me l'avouer. Cette voix, cette démarche... Le passé me revient par bouffées. Nos rires, nos jeux, Zazate, les fêtes, Mamaya et même l'horrible Rieffel...

Elle donne des ordres pour qu'on ne nous dérange pas et ferme la porte. Nous restons debout, face à face, sans pouvoir parler. Elle me fixe longuement et je soutiens son regard. J'ai les yeux pleins de larmes. Elle se retient de pleurer mais je vois bien que sa lèvre tremble.

---

1. Voir page 44.

Puis elle se tourne et frappe la table de son poing :
— C'est la honte de notre famille.

Elle me pose des questions précises, elle veut tout savoir. Malgré mon affection pour elle que je sais intacte à présent, je reste prudente.

Je connais trop bien son milieu pour ne pas ignorer que mes moindres paroles vont être rapportées, commentées, disséquées.

— Réponds-moi, me dit-elle, c'est vrai qu'on a tué vos pigeons ? Vrai que chaque jour ils en tuaient deux ou trois ?

Elle savait donc tout de notre vie, au jour le jour...

Nous avons longtemps parlé. Elle me donne des nouvelles des uns et des autres. Pendant des années, me dit-elle, Latéfa, la femme du roi, a plaidé notre cause, ce qui ne m'étonne pas de cette femme courageuse. A chaque fête religieuse, elle lui a glissé un mot en notre faveur. Elle s'arrangeait pour le faire lorsqu'il allait voir sa petite-fille, qu'il a prénommée Soukaïna.

Le souverain aime tant l'enfant que lorsque quelqu'un est condamné, il lui suffit de prononcer son prénom devant lui pour obtenir sa grâce. Dans ces occasions, Latéfa lui parlait surtout de mon frère Abdellatif. Elle espérait toucher sa corde sensible mais il ne l'entendait pas.

Je suis heureuse de revoir mon amie d'enfance, mais mal à l'aise en sortant de chez elle. N'en ai-je pas trop dit, emportée par ma joie de la revoir ? N'ai-je pas oublié ma prudence ?

Lalla Mina m'invite souvent. Elle veut m'imposer à nouveau dans ce milieu qui n'est plus le mien, aussi j'espace volontairement mes visites, puis je ne viens plus du tout.

La vie nous a séparées, mais je continue à lui porter une affectueuse tendresse. Je vois toujours en elle l'enfant et l'adolescente qu'elle a été, ma presque sœur, ma compagne de solitude. Je n'ai pas plus d'animosité envers elle qu'envers ceux que j'ai jadis aimés au Palais.

Eric

Décidément, le Maroc ne veut pas de nous. Travailler nous est impossible. Je dois à l'obstination et au courage de Nourredine Ayouche, patron de l'agence de publicité Shem's, d'obtenir un emploi sérieux. Il ne craint ni les pressions, ni les ennuis, ni la police. Chez lui, j'apprends pendant trois ans le métier de directrice de production. Ma première paye est pour maman.

Mimi réalise son rêve. Elle se marie avec un cameraman. Leur fille, Nawel, naît en novembre 1994. Raouf est devenu père : Tania a vu le jour en septembre 1993. L'enfant est née à Genève mais mon frère n'obtient pas l'autorisation de se rendre en Suisse pour recueillir son premier sourire.

Non sans mal, Maria a réussi à adopter un adorable petit garçon, Michaël, qui porte le nom d'Oufkir. Achoura habite avec elle et l'aide à élever l'enfant. Halima est retournée dans sa famille mais elle se plaint de n'y être pas comprise. Un cancer la ronge. De nous tous, elle est la plus atteinte. Elle revient vivre avec maman.

Soukaïna compose des chansons, écrit et peint. Ses dons s'épanouissent. Elle a demandé un passeport qu'elle ne réussit pas à avoir.

Quelques amies nous aident à surmonter l'ostracisme, la solitude et le manque de liberté. Soundous, Neïla, Nawel et Sabah, que j'ai fini par retrouver, nous entourent de leur affection, sans se soucier des filatures, des interrogatoires, et surtout de la réprobation générale.

Une seule certitude me fait tenir : ma vie ne se fera pas au Maroc.

Au printemps de l'année 1995, je suis invitée au mariage d'une amie, Mia. Elle épouse Kamil, que nous avons revu et qui est resté tel que je l'imaginais : bon et fidèle. Elle me demande de m'occuper de la décoration. J'accepte sans bien savoir pourquoi. D'habitude, je fuis ce genre de réceptions mondaines. Je m'y sens mal à l'aise. Je déteste ces femmes bijoutées, pomponnées, ces regards hypocrites, ces valeurs qui n'en sont pas, l'argent, le pouvoir, la réussite, le mépris pour le petit peuple.

Trois garçons, amis de la mariée, sont arrivés de Paris. Ils seront le soir même à la fête marocaine. Les invitées célibataires sont toutes très excitées. On murmure qu'ils sont beaux, intelligents et... libres. Ils rendent visite à la future épouse dans l'après-midi.

Pendant que les jeunes femmes font assaut d'amabilités envers eux, je m'occupe de mon travail. Discuter avec le photographe, le décorateur, ajouter une couche de peinture, s'occuper des nappes, des fleurs et des drapés... Je ne chôme pas, ce qui ne m'empêche pas d'examiner les nouveaux venus à la dérobée.

L'un d'entre eux retient mon attention. Il est grand, souriant, de petites lunettes cerclées entourent ses yeux malicieux et tendres. Mais je ne dois pas rêver. Cet homme n'est pas et ne sera jamais pour moi. Je ne veux pas de liaison avec un Français tant que je n'aurai pas le droit de passer les frontières. Et puis une des invitées se l'est déjà « attribué ». Je n'ai aucune chance.

Vers huit heures, je rentre chez moi pour revêtir mon caftan de cérémonie. Le téléphone sonne. Au bout du fil, une de mes amies, voyante à ses heures. Elle ne me semble pas dans son état normal. Je la trouve étrangement exaltée.

— Kika, tu l'as rencontré, tu l'as rencontré...

— Mais qui ?

— Tu sais très bien de qui je parle... Je l'ai vu cent fois dans mes cartes... Celui qui arrive de l'Atlantique. L'homme de ta vie. Il est là, tu l'as vu mais tu ne l'as pas remarqué. Tu vas le revoir ce soir.

J'ai beau me raisonner, me dire que ce ne sont là que des sornettes, j'arrive à la soirée dans un état curieux, le cœur battant, prête à la croire. Ce mariage est ma première vraie sortie dans le monde. A côté de toutes ces filles richement habillées et parées, je suis vêtue et maquillée sans artifices. Mais cela m'est égal. Il y a bien longtemps que j'ai pris le parti de la simplicité.

Mes amies sont déjà installées à la table des Parisiens et me font de grands signes pour que je les rejoigne. Il y a du bruit, de la musique, des rires, des regards braqués sur moi. Je ne me sens pas très à l'aise. Je regrette déjà d'avoir accepté de venir. Un verre ou deux et puis je rentrerai chez moi. J'ai soudain besoin de la tranquillité de ma petite chambre. Je ne m'habitue toujours pas à la foule.

L'homme que j'ai repéré dans l'après-midi se lève dès qu'il me voit. En moins d'un instant, il s'est assis à côté de moi. Il me raconte qu'il est architecte et qu'il a été élevé au Liban. Il parle l'arabe couramment, comprend nos plaisanteries « intraduisibles ». C'est un plus.

Il me prend la main avec naturel. A ma peau, à la pression de mes doigts, à ma voix, à la façon que j'ai de m'adresser à lui, de le regarder, il a tout de suite compris que je ne suis qu'une enfant craintive déguisée en femme.

Je ne peux m'empêcher de réfléchir à toute vitesse, de me demander où tout cela va me mener. Une petite voix que je ne contrôle pas me souffle cependant de ne pas trop me poser de questions. Il est beau, jeune et plein de vie. Et puis il est si doux, si naturel, que soudain je ne ressens plus la peur.

Avec lui, je n'ai jamais eu peur. J'ai eu l'impression de le connaître depuis des siècles. C'est la première fois qu'un homme me donne un tel sentiment de force, de sécurité. Mon intuition me souffle que jamais il ne ploiera sous la pression, jamais il ne subira d'influences.

J'ai su qu'il allait m'aimer pour ce que j'étais, sans se poser de questions.

Je ne me suis pas trompée. Eric ne m'a jamais déçue. Dans tous les moments critiques, il a été là, il m'a insufflé son énergie, son courage, sa confiance, sa joie de vivre. Il m'a sauvée de la mort, il a transformé mon obscurité en clarté.

Il a su m'apprivoiser.

Je ne suis pas simple à aimer. Personne, même pas lui, ne peut comprendre ce qui nous lie. Il est solidaire de mon cauchemar, il veut bien frôler ma folie ; il me concède le droit de m'évader de temps à autre pour me replonger dans mon refuge, dans ma cellule. Il a admis la différence qui existe entre nous : je ne serai jamais comme les autres.

Tout ce qui me semblait perdu avec lui ne l'est plus. Il m'a libérée des Enfers.

Ma vie ne se fera pas au Maroc.

Pourtant j'aime profondément mon pays, son histoire, sa langue, ses coutumes. J'aime le petit peuple, pauvre, opprimé, mais fier, drôle et généreux. Entre lui et moi, il n'y a pas de barrières. Les gens me disent souvent que je suis *chahbia*, issue du peuple. C'est le plus beau compliment qu'on puisse me faire.

En prison, la haine m'a aidée à survivre. Celle que j'éprouvais à l'égard du souverain se confondait avec celle que je croyais ressentir envers mon pays. A ma sortie, j'ai rejeté les deux.

Aujourd'hui, j'oscille entre le ressentiment le plus profond et le désir sincère de ne plus éprouver de haine. La haine ronge, la haine paralyse et empêche de vivre. La haine ne me fera jamais rattraper les années perdues. Ni à moi, ni à ma mère, ni à mes frères et sœurs. Mais il me reste encore du chemin à parcourir.

J'ai retrouvé ma sérénité et l'amour du Maroc dans le désert. Je l'ai parcouru de long en large avec une prédilection pour le Tafilalet, le berceau de mes ancêtres paternels. Le désert m'a apaisée. Il m'a réconciliée avec mon passé, m'a fait comprendre que je n'étais que de passage. Là-bas, nul besoin d'artifices, je suis vraiment moi-même. Rien n'a d'importance que l'infini.

Je me sens venir de cette terre, j'y appartiens corps et âme. Au milieu des dunes ocre, dans ces immensités de sable mordoré, dans ces palmeraies peuplées par les hommes bleus, j'ai compris où étaient mes racines. Je suis marocaine dans mes tripes, dans mon être profond.

Mais je me sens aussi très française par la culture, la langue, la mentalité, l'intellect.

Ce n'est plus incompatible.

En moi, l'Orient et l'Occident cohabitent enfin en paix.

Pendant un an, Eric Bordreuil a fait des allers et retours réguliers de Paris à Casablanca pour retrouver Malika Oufkir, la femme qu'il aime.

Le 25 juin 1996, Maria Oufkir, la sœur cadette de Malika, s'est évadée du Maroc par bateau, avec son fils adoptif Michaël et sa cousine Achoura Chenna. Elle a gagné l'Espagne puis la France. Cette évasion a marqué la fin du cauchemar de la famille Oufkir. Sous la pression internationale, le gouvernement leur a remis à tous passeports et visas.

Le 16 juillet 1996, Malika Oufkir est arrivée à Paris avec son frère Raouf et sa sœur Soukaïna. Elle a quarante-trois ans.

Elle a passé vingt ans de sa vie dans les prisons marocaines, où elle est entrée à l'âge de dix-huit ans, puis encore cinq ans en liberté surveillée au Maroc.

Le 10 octobre 1998, Eric Bordreuil et Malika Oufkir se sont mariés à la mairie du XIIIe arrondissement à Paris.

Remerciements

A tous ceux, toutes celles, qui nous ont aidées à aller jusqu'au bout de cette aventure, nous adressons nos plus vifs remerciements.

Merci à Jean-Claude et à Nicky Fasquelle.

Merci à Manuel Carcassonne (et ses babouches).

Merci à Susan Chirazi (sans laquelle...) et à Soraya Khatami.

Merci à Isabelle Josse, Aurélie Filipetti, Martine Dib, Stephen Smith, Paulo Perrier, Marion Bordreuil, Françoise et Pierre Bordreuil ; merci à Hugo pour ses petits gâteaux, à Léa pour son sourire, à Nanou pour ses bisous ; merci à Roger Dahan, à Sabah Ziadi, à Soundous Elkassri.

Enfin, merci à Eric Bordreuil et à Guy Princ pour leur soutien inconditionnel dès la toute première minute, et pour leur infinie patience.

TABLE

Achevé d'imprimer en mars 1999
sur presse Cameron
*par **Bussière Camedan Imprimeries***
à Saint-Amand-Montrond (Cher)
pour le compte des éditions Grasset
61, rue des Saints-Pères, 75006 Paris

N° d'Édition : 11118. N° d'Impression : 991264/4.
Première édition : dépôt légal : février 1999.
Nouveau tirage : dépôt légal : mars 1999.

Imprimé en France

ISBN 2-246-52831-3